2024年度版

パブロフ流で
みんな合格

EXAMPRESS
簿記教科書

日商簿記3級 テキスト&問題集

著・画 公認会計士 よせだ あつこ

SHOEIS

本書内容に関するお問い合わせについて

このたびは翔泳社の書籍をお買い上げいただき、誠にありがとうございます。弊社では、読者の皆様からのお問い合わせに適切に対応させていただくため、以下のガイドラインへのご協力をお願い致しております。下記項目をお読みいただき、手順に従ってお問い合わせください。

ご質問される前に

弊社Webサイトの「正誤表」をご参照ください。これまでに判明した正誤や追加情報を掲載しています。

正誤表　https://www.shoeisha.co.jp/book/errata/

ご質問方法

弊社Webサイトの「書籍に関するお問い合わせ」をご利用ください。

書籍に関するお問い合わせ　https://www.shoeisha.co.jp/book/qa/

インターネットをご利用でない場合は、FAX または郵便にて、下記“翔泳社 愛読者サービスセンター”までお問い合わせください。
電話でのご質問は、お受けしておりません。

回答について

回答は、ご質問いただいた手段によってご返事申し上げます。ご質問の内容によっては、回答に数日ないしはそれ以上の期間を要する場合があります。

ご質問に際してのご注意

本書の対象を超えるもの、記述個所を特定されないもの、また読者固有の環境に起因するご質問等にはお答えできませんので、予めご了承ください。

郵便物送付先およびFAX番号

送付先住所　〒160-0006　東京都新宿区舟町5
FAX番号　03-5362-3818
宛先　㈱翔泳社 愛読者サービスセンター

※本書の内容は、2024年1月現在の法令・基準等に基づいて書かれています。
※著者および出版社は、本書の使用による日本商工会議所簿記検定試験の合格を保証するものではありません。
※本書で使用されている団体名、個人名は、すべて架空のものです。実在する名称とは一切関係ありません。また、記載されている製品名はそれぞれ各社の商標および登録商標です。
※本書の出版にあたっては正確な記述につとめましたが、著者や出版社などのいずれも、本書の内容に対してなんらかの保証をするものではなく、いかなる結果に関してもいっさいの責任を負いません。
※本書に記載されたURL等は予告なく変更される場合があります。

日商簿記3級の概要

日商簿記検定には、統一試験（紙の試験）と、ネット試験（CBT方式）の2種類があります。いずれも出題範囲や試験時間、受験料も同じです。

統一試験は、指定された会場で、6月（第2日曜日）、11月（第3日曜日）、2月（第4日曜日）の年3回と毎年受験日が決まっています。

ネット試験は、パソコンが用意されたテストセンターで受験し、席が空いていればいつでも何回でも試験を受けられます。

統一試験は、受験を希望する各商工会議所のホームページから申し込みをしますが、ネット試験は全国統一申込サイトがあります。詳しくは、次の表をご覧ください。

	統一試験	ネット試験
試験日	6月、11月、2月	随時
会場	指定された学校、会議室など	テストセンター
申し込み	受験希望地の各商工会議所 https://links.kentei.ne.jp/examrefer	全国統一申込サイト https://cbt-s.com/examinee/examination/jcci.html
試験時間	3級は60分	
出題範囲	出題区分表による	
受験料	3,300円(2024年3月までは2,850円) ※別途手数料が必要な場合があります。	
受験方法 メリット		
合格率	34%前後	42%前後

◎ 日本商工会議所の簿記検定のサイト：
https://www.kentei.ne.jp/bookkeeping/

◎ 検定情報ダイヤル：050-5541-8600（年中無休9:00～20:00）

本書の特徴

特徴1 統一試験とネット試験に対応している

本書は、**統一試験とネット試験、どちらにも対応したテキスト**です。まずは本書を読み、練習問題を解くことで基礎を身につけましょう。

> **購入特典** パブロフ簿記ネット試験の体験ページ
>
> 本書の購入特典として「パブロフ簿記」ホームページでネット試験（CBT方式）を体験できます。ソフトをダウンロードする必要がなく、ネット環境さえあればパソコンでもスマートフォンでも問題を解くことができるので、気軽にネット試験を体験できます。
>
> **ネット試験体験ページのURLおよびパスワードはP.384に記載しています。**

特徴2 練習問題を動画で学習できる

本書に収載してある**すべての練習問題**には、著者による**動画解説**が付いています。もし「理解が不十分な分野」や「解き方がわからない問題」があっても、丁寧な解説を聞けばグングン実力が伸びます。

各練習問題のページに付いている**QRコード**を読み込むと、その練習問題の動画解説を見ることができます。

特徴3 付属データで学習しやすい

次のデータは以下のサイトからダウンロードできます。

- 練習問題の解き直し用の答案用紙
- ホームポジション一覧（P.013～P.014に収載の内容）

https://www.shoeisha.co.jp/book/download/9784798182001

日商簿記3級の学習方法

簿記の学習にはコツがあります。学校での勉強や他の資格試験の学習のように、理解し暗記するだけでは、日商簿記3級には合格できません。もっとアウトプットに重点を置いた学習が必要です。

本書では「自然に日商簿記3級合格の実力が付く仕掛け」をたくさん用意しました。簿記学習のコツをつかんで、楽々合格しましょう。

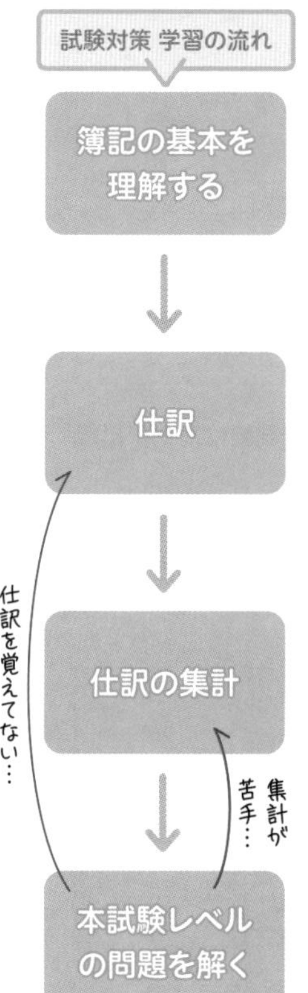

まずは、ざっくりテキストを最後まで読んでみる

おおまかに全体を理解したら、次のステップへ！

練習問題の仕訳を、8割書けるまで繰り返し練習

Part1の練習問題を解いてみる。
解き方がわからないときは動画解説を参考にしましょう。
テキストを見ずに8割は書けるようになったかも…
そんなあなたは、次のステップへ！

仕訳を精算表や貸借対照表、損益計算書に集計できるように練習

Part2、Part3の練習問題を解けるようになったら…
次のステップへ！

『パブロフ流でみんな合格 日商簿記3級 総仕上げ問題集』を解く

本書はテキスト＋基礎レベルの問題を掲載しています。一方、本書と同じシリーズの『総仕上げ問題集』には本試験レベルの問題を掲載しています。本書の問題を解けるようになったら、『総仕上げ問題集』で問題をたくさん解きましょう。

著者のブログ「パブロフ簿記」（https://pboki.com/）では受験生からの質問をまとめた「よくある質問」が見られるよ。

本書の使い方 ～合格への近道～

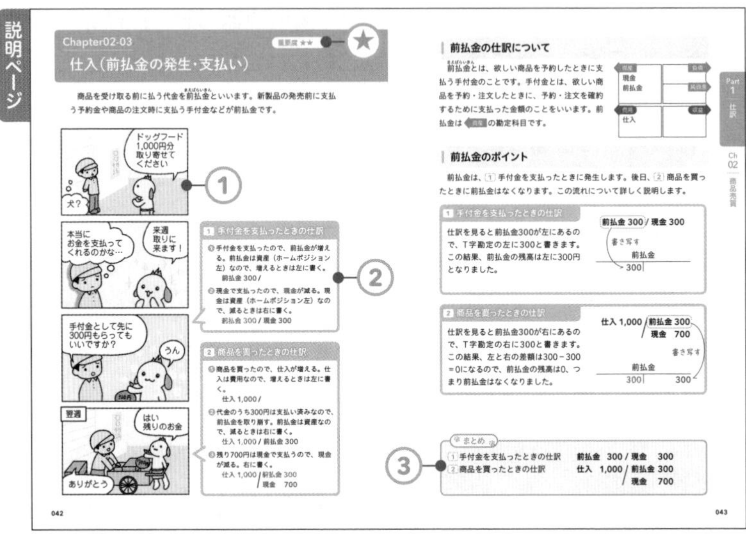
説明ページ

Chapter02-03　重要度★★

仕入（前払金の発生・支払い）

商品を受け取る前に払う代金を前払金（まえばらいきん）といいます。新製品の発売前に支払う予約金や商品の注文時に支払う手付金などが前払金です。

1 手付金を支払ったときの仕訳

❶手付金を支払ったので、前払金が増える。前払金は資産（ホームポジション左）なので、増えるときは左に書く。
前払金 300 /

❷現金で支払ったので、現金が減る。現金は資産（ホームポジション左）なので、減るときは右に書く。
前払金 300 / 現金 300

2 商品を買ったときの仕訳

❶商品を買ったので、仕入が増える。仕入は費用なので、増えるときは左に書く。
仕入 1,000 /

❷代金のうち300円は支払い済みなので、前払金を取り崩す。前払金は資産なので、減るときは右に書く。
仕入 1,000 / 前払金 300

❸残り700円は現金で支払うので、現金が減る。右に書く。
仕入 1,000 / 前払金 300
現金 700

042

前払金の仕訳について

前払金（まえばらいきん）とは、欲しい商品を予約したときに支払う手付金のことです。手付金とは、欲しい商品を予約・注文したときに、予約・注文を確約するために支払った金額のことをいいます。前払金は 資産 の勘定科目です。

前払金のポイント

前払金は、1 手付金を支払ったときに発生します。後日、2 商品を買ったときに前払金はなくなります。この流れについて詳しく説明します。

1 手付金を支払ったときの仕訳

仕訳を見ると前払金300が左にあるので、T字勘定の左に300と書きます。この結果、前払金の残高は左に300円となりました。

2 商品を買ったときの仕訳

仕訳を見ると前払金300が右にあるので、T字勘定の右に300と書きます。この結果、左と右の差額は300－300＝0になるので、前払金の残高は0、つまり前払金はなくなりました。

まとめ

1 手付金を支払ったときの仕訳	前払金 300	現金 300
2 商品を買ったときの仕訳	仕入 1,000	前払金 300
		現金 700

Part 1 仕訳　Ch 02 商品売買

043

㊤ 重要度★★★は試験によく出題される内容、重要度★★は試験にたまに出題される内容、重要度★はさらっと読めばよい内容

① 4コマ漫画で取引を理解　② 仕訳を書く順番を学ぶ　③ まとめで確認

④ 実際の試験の問題文に慣れる　⑤ 問題文の指示から仕訳へ導く解き方を学ぶ

⑥ 状況を整理する下書きの書き方を学ぶ　⑦ 動画解説を見る

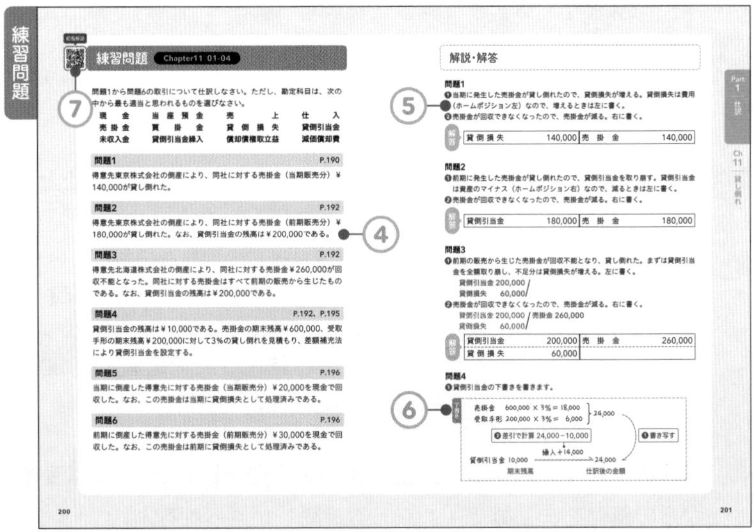
練習問題

練習問題　Chapter11 01-04

問題1から問題6の取引について仕訳しなさい。ただし、勘定科目は、次の中から最も適当と思われるものを選びなさい。

現金	当座預金	売上	仕入
売掛金	買掛金	貸倒損失	貸倒引当金
未収入金	貸倒引当金繰入	償却債権取立益	減価償却費

問題1　P.190

得意先東京株式会社の倒産により、同社に対する売掛金（当期販売分）¥140,000が貸し倒れた。

問題2　P.192

得意先東京株式会社の倒産により、同社に対する売掛金（前期販売分）¥180,000が貸し倒れた。なお、貸倒引当金の残高は¥200,000である。

問題3　P.192

得意先北海道株式会社の倒産により、同社に対する売掛金¥260,000が回収不能となった。同社に対する売掛金はすべて前期の販売から生じたものである。なお、貸倒引当金の残高は¥200,000である。

問題4　P.192、P.195

貸倒引当金の残高は¥10,000である。売掛金の期末残高¥600,000、受取手形の期末残高¥200,000に対して3%の貸し倒れを見積もり、差額補充法により貸倒引当金を設定する。

問題5　P.196

当期に倒産した得意先に対する売掛金（当期販売分）¥20,000を現金で回収した。なお、この売掛金は当期に貸倒損失として処理済みである。

問題6　P.196

前期に倒産した得意先に対する売掛金（前期販売分）¥30,000を現金で回収した。なお、この売掛金は前期に貸倒損失として処理済みである。

200

解説・解答

問題1

❶当期に発生した売掛金が貸し倒れたので、貸倒損失が増える。貸倒損失は費用（ホームポジション左）なので、増えるときは左に書く。

❷売掛金が回収できなくなったので、売掛金が減る。右に書く。

解答

貸倒損失	140,000	売掛金	140,000

問題2

❶前期に発生した売掛金が貸し倒れたので、貸倒引当金を取り崩す。貸倒引当金は資産のマイナス（ホームポジション右）なので、減るときは左に書く。

❷売掛金が回収できなくなったので、売掛金が減る。右に書く。

解答

貸倒引当金	180,000	売掛金	180,000

問題3

❶前期の販売から生じた売掛金が回収不能となり、貸し倒れた。まずは貸倒引当金を全額取り崩し、不足分は貸倒損失が増える。左に書く。
貸倒引当金 200,000 /
貸倒損失 60,000 /

❷売掛金が回収できなくなったので、売掛金が減る。右に書く。
貸倒引当金 200,000 / 売掛金 260,000
貸倒損失 60,000 /

解答

貸倒引当金	200,000	売掛金	260,000
貸倒損失	60,000		

問題4

❶貸倒引当金の下書きを書きます。

Part 1 仕訳　Ch 11 貸し倒れ

201

「効率的な学習法」を動画で解説！
https://pboki.com/use/3_text.html

「解く力を確実に身につけたい」「テキストを読み進めていくだけで合格ができるのか不安」……。こういった方に向けて、本書の使い方を動画で詳しく解説しました。また、購入特典であるネット試験（模試）の使い方も紹介していますので、ぜひご覧ください。

CONTENTS

Part1 仕訳

Part2 財務諸表等

Part3 帳簿等

ホームポジション一覧の使い方

次のページに、切り離して使える「ホームポジション一覧」を付けています。たくさん書いてありますが、はじめから全部暗記しなくても大丈夫。本書を進めていく中で、以下のようにわからないことが出てきたら戻って確認してください。

❶ 勘定科目の名前がわからなくなったとき

❷ 勘定科目の意味を知りたいとき

勉強していると似たような勘定科目が出てきます。例えば「売掛金と買掛金ってどう違うのか」。わからなくなったらホームポジション一覧を使って参照ページを確認しましょう。

❸ 仕訳を書くときに、ホームポジションが右側か左側か、わからなくなったとき

仕訳を書くときに、勘定科目のホームポジションが必要になる場合があります。わからなくなったらホームポジション一覧を見て確認しましょう。

❹ 精算表、貸借対照表、損益計算書でどこに書くのか、わからなくなったとき

Chapter17の精算表を解くときに、勘定科目を貸借対照表と損益計算書のどちらに書くのか、判断する必要があります。わからなくなったときはホームポジション一覧を見て確認しましょう。

最終的に、勘定科目を資産、負債、純資産、収益、費用の５つの区分に分けることができれば、簿記3級マスターです。

これだけは覚えておこう「ホームポジション一覧」

※WEBからダウンロードもできます。詳細はP.004「特徴3 付属データで学習しやすい」をご覧ください。

貸借対照表の勘定科目

左側（借方）

資産	
現金	P.086
小口現金	P.090
普通預金	P.094
当座預金	P.096
定期預金	P.094
売掛金	P.046
クレジット売掛金	P.048
受取手形	P.076
電子記録債権	P.078
受取商品券	P.068
前払金	P.042
商品	P.291
繰越商品	P.060
差入保証金	P.184
貯蔵品	P.176
未収入金	P.119
立替金	P.136
仮払金	P.180
仮払法人税等	P.144
仮払消費税	P.148
未収収益	P.210
前払費用	P.218
貸付金	P.126
手形貸付金	P.130
建物	P.111
車両運搬具	P.111
備品	P.111
土地	P.111

右側（貸方）

負債	
買掛金	P.040
支払手形	P.074
電子記録債務	P.081
前受金	P.050
未払金	P.110
未払配当金	P.164
未払法人税等	P.145
未払消費税	P.148
預り金 （所得税預り金 社会保険料預り金 従業員預り金）	P.138
仮受金	P.182
仮受消費税	P.148
未払費用	P.206
前受収益	P.222
借入金	P.128
手形借入金	P.130

純資産	
資本金	P.156
利益準備金	P.164
繰越利益剰余金	P.161

その他の勘定科目

現金過不足	P.088
損益	P.160
貸倒引当金	P.192
減価償却累計額	P.112

現金過不足と損益は、一時的な仮の勘定科目なので最終的にはゼロになります。
貸倒引当金と減価償却累計額は、精算表では負債に表示され、貸借対照表では資産のマイナスとして表示されます。

キリトリ線

キリトリ線

損益計算書の勘定科目

左側(借方)

費用	
仕入	P.038
売上原価	P.060
発送費	P.056
給料	P.136
法定福利費	P.138
減価償却費	P.112
広告宣伝費	P.172
通信費	P.172
水道光熱費	P.173
修繕費	P.120
租税公課	P.174
旅費交通費	P.173
支払手数料	P.048、P.098
支払保険料	P.173
支払家賃	P.184
消耗品費	P.173
雑損	P.088
貸倒引当金繰入	P.192
貸倒損失	P.190
支払利息	P.128
固定資産売却損	P.116
法人税、住民税及び事業税(法人税等)	P.146

右側(貸方)

収益	
売上	P.044
受取手数料	P.170
受取家賃	P.170
受取利息	P.126
雑益	P.088
固定資産売却益	P.117
償却債権取立益	P.196

覚え方

勘定科目が「支払○○」「○○費」「○○損」の場合は、費用になります。
勘定科目が「受取○○」「○○益」の場合は、収益になります。
※例外として「支払手形」は負債、「受取手形」は資産なので注意しましょう。

キリトリ線

キリトリ線

Part1 | 仕訳

Chapter01

簿記の基礎

Chapter01-01

重要度★

簿記の目的

会社はお金を稼ぐためにいろいろな取引をします。
これを記録するための方法が簿記です。

パブロフ

ドッグフードを売る会社の社長。
犬。
会社で必要な簿記をお兄さんから教えてもらっている。
日商簿記3級を受けるので暇なときは勉強している。

お兄さん

パブロフのドッグフード店の近くに住んでいる公認会計士。
飼い犬のドッグフードを買いに行くついでに、パブロフに簿記を教えてあげている。

簿記の目的について

会社で行われる日々の取引は簿記を使って記録します。**簿記**では、日々の取引を**帳簿**に**記録**し、最終的に**財務諸表**（ざいむしょひょう）と呼ばれる報告書を作成します。帳簿とは、形式が決まっている取引の記録帳です。

簿記の目的は、①取引の記録、②もうけと財産の集計を行うことです。

①取引の記録	日々の取引を**仕訳**（しわけ）として記録します。
②もうけと財産の集計	もうけの金額や、会社にある財産の金額を一目でわかるように集計し、最終的に財務諸表を作成します。①で記録した仕訳を合計すると②が完成します。

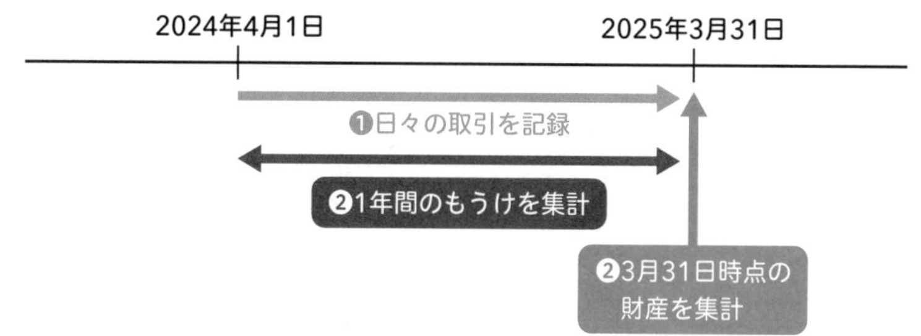

会計期間とは

いつから、いつまでの記録を取るかを決めたものが会計期間（かいけいきかん）です。会計期間は基本的に1年間。次の図だと、当期の会計期間は2024年4月1日（2024/4/1）～2025年3月31日（2025/3/31）の1年間になります。この1年間のことを2024年度ともいいます。**期首**（きしゅ）とは当期の初日のこと、**期末**（きまつ）とは最後の日のことで**決算日**（けっさんび）ということもあります。**期中**（きちゅう）とはその間のことをいいます。

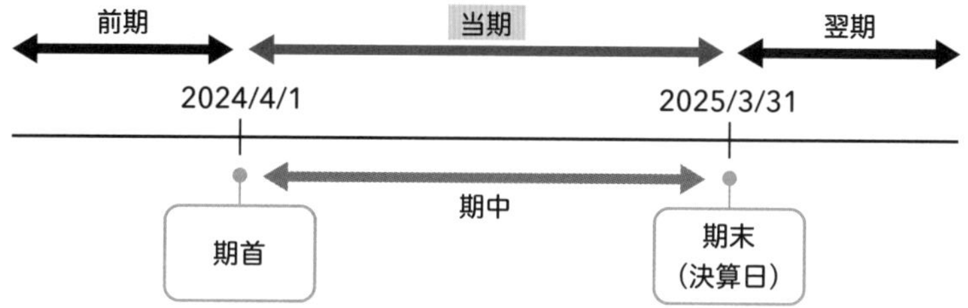

Chapter01-02

重要度★

簿記全体の流れ

株式会社(かぶしきがいしゃ)ではどのような取引が行われ、簿記でどのように記録するのかを、まずはざっくりマンガで見ていきましょう。

設立したとき

株式会社の設立については
Chapter09で
詳しく学習します

期中の取引

期中の取引の仕訳は
各Chapterで
詳しく学習します

決算❶

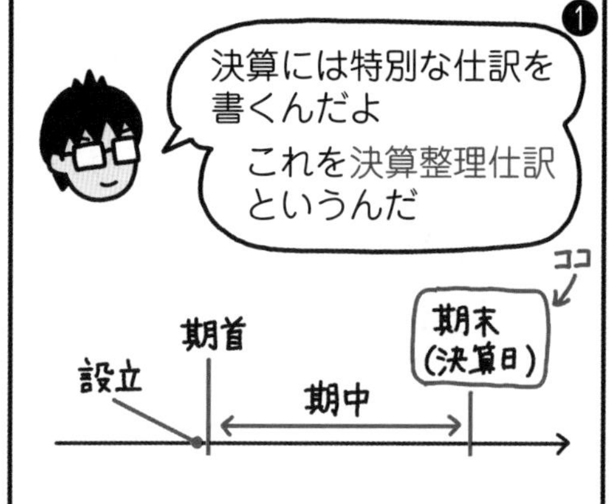
決算には特別な仕訳を
書くんだよ
これを決算整理仕訳
というんだ
ココ
期首
期末
(決算日)
設立
期中

どうして
決算整理仕訳を
書かなければ
いけないの？
期中に
いっぱい
書いたのに～

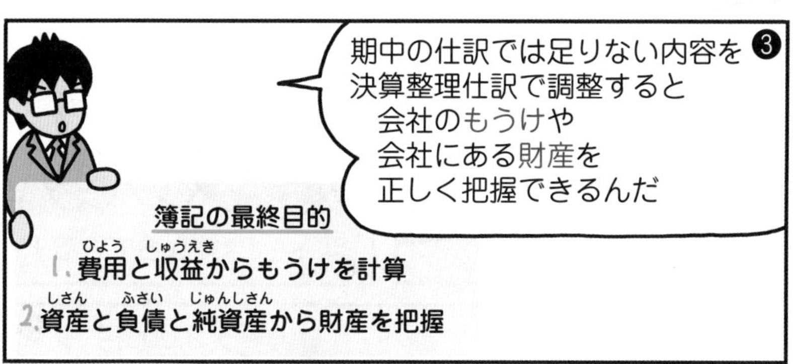
期中の仕訳では足りない内容を
決算整理仕訳で調整すると
会社のもうけや
会社にある財産を
正しく把握できるんだ
簿記の最終目的
1. 費用と収益からもうけを計算
2. 資産と負債と純資産から財産を把握

決算整理仕訳は
大切なんだよ
なるほど～
決算整理仕訳については
各ChapterとChapter15で
詳しく学習します

決算❷

❶
決算整理仕訳が
終わったところで
利益を計算するよ
利益って何？

❷
利益は1年間でどれくらい
もうかったかを表すんだ
もうけの
ことだね
1年間
パブロフ
もうけ
好き

❸
実際に計算してみよう
計算…？
カタ
カタ
カタ
カタ

❹
収益－費用＝利益
で計算するよ
ずいっ
引き算ならできる！

❺
今回は
こんな感じ
収益10,000円
－費用8,000円
＝利益2,000円
2,000円
もうかった！

配当と損益計算書・貸借対照表

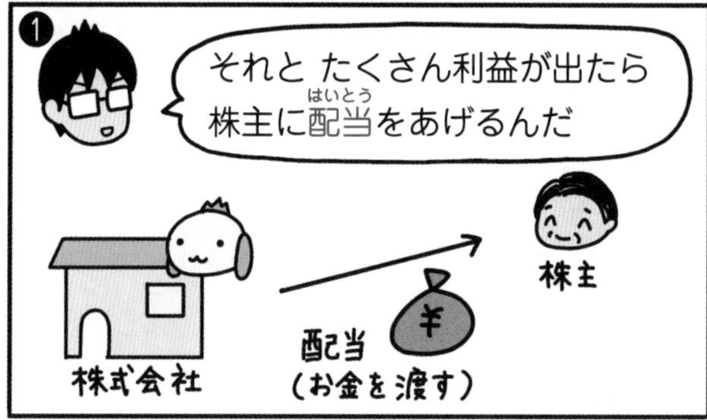

Chapter01-03

重要度★

取引の記録をするのが仕訳（しわけ）

パブロフの会社では、ドッグフードを販売しています。商品を販売するさいの取引をどのように記録するのか見ていきましょう。

仕訳を使う理由

ドッグフードを100円分売って、現金を100円もらったときに、なぜ、「3月6日、田中さんにドッグフードを100円分売った」と書くのではなく、仕訳を使わなければいけないのでしょうか。

仕訳を使う理由はたくさんありますが、まずは、**簡単に記録することができる**ことが挙げられます。もし1日100人にドッグフードを売ったとすると、「3月6日、田中さんにドッグフードを100円分売った」のように100回書くのは大変です。一方、仕訳は非常にコンパクトな形なので、簡単に記録することができます。

また、仕訳だと大量の取引が行われた場合でも金額を集計しやすいというメリットもあります。

仕訳で取引を記録しよう

左のページの取引を仕訳で表すと、次のようになります。

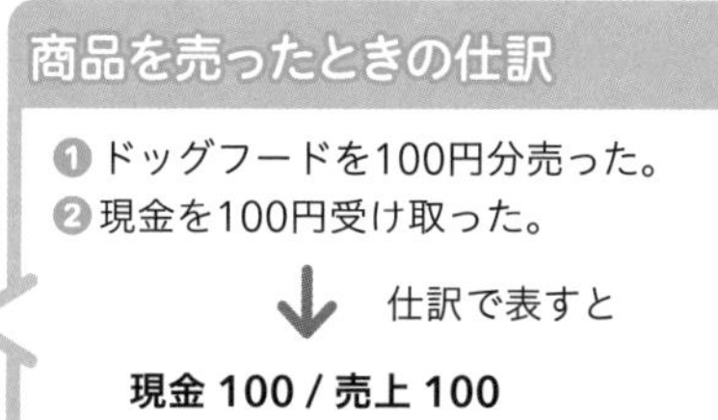

仕訳の書き方について、次のページから詳しく学んでいきましょう。

Chapter01-04

重要度★

仕訳と勘定科目（かんじょうかもく）

仕訳の書き方を学ぶ前に、仕訳の内容と勘定科目（かんじょうかもく）を学ぶ必要があります。詳しく見ていきましょう。

仕訳とは

仕訳とは、取引を記録する方法です。仕訳は、**勘定科目**と**金額**の2つの要素でできています。仕訳は、左側と右側に分かれています。簿記では、左側のことを借方（かりかた）、右側のことを貸方（かしかた）といいます。まずは左側、右側で仕訳の書き方を覚えましょう。テキストを1周するころには仕訳に慣れてきますので、なんとなく左側は借方、右側は貸方とわかるようになります。

左側の勘定科目　左側の金額　右側の勘定科目　右側の金額

仕訳：現金 100 / 売上 100

左側と右側を分ける線

勘定科目とは

勘定科目とは、取引の内容がわかるように決められた名称です。すべての会社で統一した名称を使うことで、誰が見ても取引の内容がわかるように、簿記では勘定科目を使用します。

現金（げんきん）とは、小銭やお札などのお金のことを表す勘定科目です。「お金」や「小銭」ではなく、仕訳では「現金」と書かなければいけないと決まっています。

売上（うりあげ）とは、商品を売ったことを表す勘定科目です。「売り上げ」ではなく、仕訳では「売上」と書かなければいけないと決まっています。

勘定科目の5分類

勘定科目は、その性質によって資産、負債、純資産、収益、費用の5つに分けられます。

資産	会社の財産。	**財産の内訳を表す**
負債	会社の支払い義務。	
純資産	資産と負債の差額。他人に負債の金額を支払った後、最終的に会社に残る財産。	
収益	会社が受け取る収入。 会社の利益にとってプラスになるもの。	**もうけの内訳を表す**
費用	商売に必要な支出。 会社の利益にとってマイナスになるもの。	

勘定科目を5つに分ける理由は、簿記の目的である財務諸表という報告書を作るためです。簿記3級で学習する財務諸表は、損益計算書と貸借対照表の2つです。

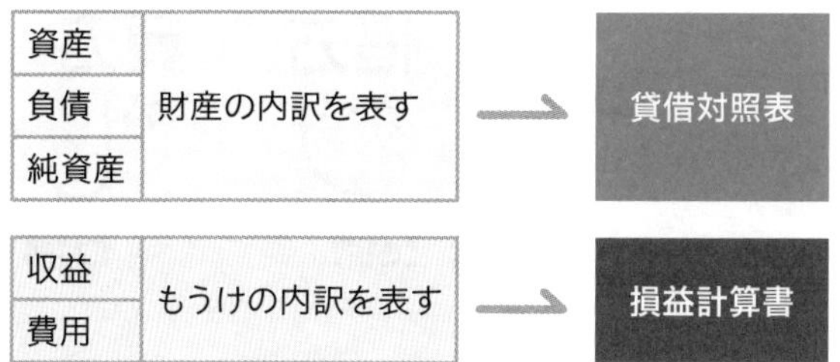

例えば次の勘定科目は、性質によって次のように分けることができます。

勘定科目	内　容	5分類
現金	会社のお金（お札や小銭）の金額。	会社の財産なので、**資産**に分類される。
普通預金	会社の普通預金口座の金額。	
土地	会社の保有している土地の金額。	
借入金	会社が銀行などから借りているお金（借金）の金額。	会社に支払い義務があるので、**負債**に分類される。
資本金	株主（会社の持ち主）が出資した金額。詳しくはChapter09で学習。	資本金は資産でも負債でもないので、**純資産**に分類される。
売上	商品を売った金額。	会社が受け取る収入なので、**収益**に分類される。
水道光熱費	水道代、ガス代、電気代の合計金額。	商売に必要な支出なので、**費用**に分類される。

勘定科目の5分類とホームポジション

勘定科目がどこに分類されるかを本書では勘定科目のホームポジションと呼びます。ホームポジションは5つに分類されますが、左側と右側に分けることもできます。簿記では左側のことを借方、右側のことを貸方といいますが、借方と貸方だとわかりにくいので、本書では左側、右側で説明します。

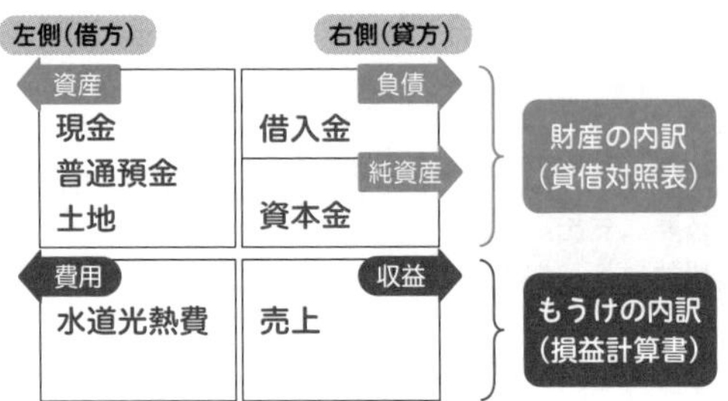

資産 というアイコンを見ると、矢印が左側を向いているので、ホームポジション左とわかるようになっています。また、収益 は矢印が右側を向いているので、ホームポジション右とわかります。

かりかた
借方
かり
左側

かしかた
貸方
かし
右側

借方と貸方が左側か右側かわからなくなったら、右の図のように思い出しましょう。

簿記３級で学習する勘定科目のホームポジションはP.013とP.014で一覧にしています。テキストを学習していくと自然に頭に入りますので一覧を暗記する必要はありません。勘定科目のホームポジションを探す場合にご利用ください。

仕訳を書いてみよう

勘定科目とホームポジションがわかったところで、次に仕訳をどのように書くのか見ていきます。仕訳には3つのルールがあります。このルールに従って仕訳を書きます。

ルール1　勘定科目が増えるときは、ホームポジション側に書く。
ルール2　勘定科目が減るときは、ホームポジションと反対側に書く。
ルール3　左側の合計金額と右側の合計金額は必ず一致する。

仕訳のルールをどのように使うのか、例題で見ていきましょう。

例題 1　ドッグフードを100円分売り、現金100円を受け取った。

解　答　現金 100 / 売上 100

解　説　例題の文章をイラストにすると次のようになります。今回出てくる勘定科目は、現金と売上の2つです。

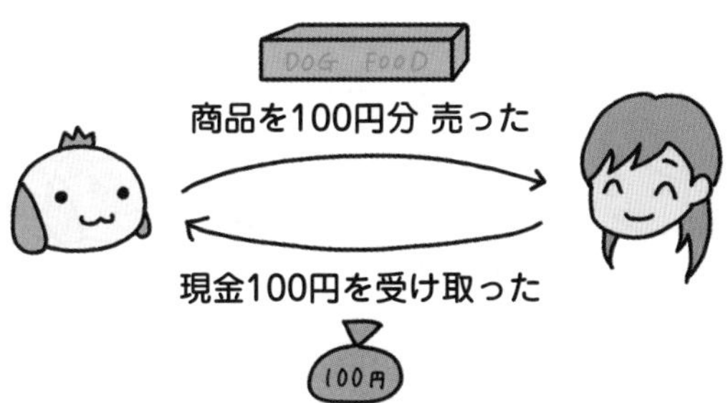

現金とは紙幣、硬貨などのお金のことです。現金は 資産 の勘定科目で、ホームポジションは左側です。

売上とは、商品を売ったときに使う勘定科目です。売上は 収益 の勘定科目で、ホームポジションは右側です。

次に仕訳の書き方について、詳しく説明します。

❶ドッグフードを100円分売ったので、売上という勘定科目が100円増えると考えます。売上は 収益→（ホームポジション右）なので、ホームポジションと同じ右側に**売上100**と書けば、売上が100円増えることになります（ルール1）。

/ 売上 100

❷ドッグフードを売った代金は現金で100円受け取ったので、現金という勘定科目が100円増えると考えます。現金は ←資産（ホームポジション左）なので、ホームポジションと同じ左側に**現金100**と書けば、現金が100円増えることになります（ルール1）。仕訳の左側と右側の金額は100で一致しています（ルール3）。

現金 100 / 売上 100

例題 2 今月の電気代200円を現金で支払った。

解 答 水道光熱費 200 / 現金 200

解 説 例題の文章をイラストにすると次のようになります。今回出てくる勘定科目は、現金と水道光熱費の2つです。

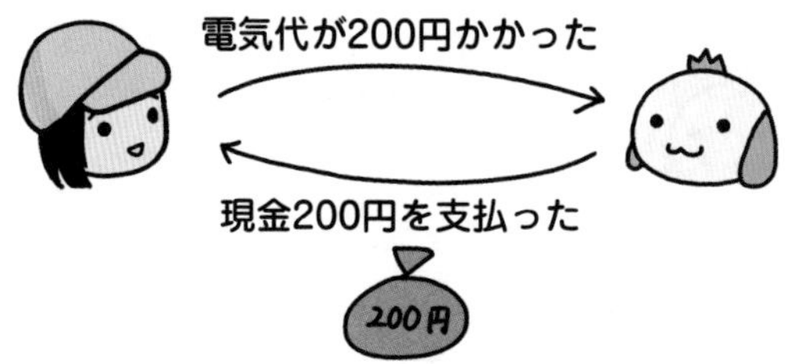

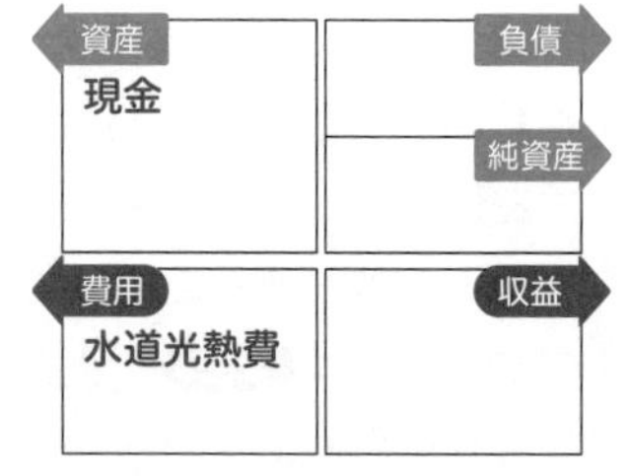

現金とは紙幣、硬貨などのお金のことです。現金は ←資産 の勘定科目で、ホームポジションは左側です。

水道光熱費とは、水道代、電気代、ガス代などの金額を表す勘定科目です。水道光熱費は ←費用 の勘定科目で、ホームポジションは左側です。

次に仕訳の書き方について、詳しく説明します。

❶電気代が200円かかったので、水道光熱費という勘定科目が200円増えると考えます。水道光熱費は 費用 （ホームポジション左）なので、ホームポジションと同じ左側に**水道光熱費200**と書けば、水道光熱費が200円増えることになります（ルール1）。

水道光熱費 200 /

❷電気代200円の代金は現金で支払ったので、現金という勘定科目が200円減ると考えます。現金は 資産 （ホームポジション左）なので、ホームポジションと反対の右側に**現金200**と書けば、現金が200円減ることになります（ルール2）。仕訳の左側と右側の金額は200で一致しています（ルール3）。

水道光熱費 200 / 現金 200

仕訳が2行以上になる場合

これまでは1行の仕訳を学習しました。2行以上の仕訳はどのように書くのか見ていきましょう。

例題 3 現金600円を支払い、その内訳は水道代100円と借入金500円の返済であった。

解 答 水道光熱費 100 / 現金 600
借入金　　　 500/

解 説 例題の文章をイラストにすると次のようになります。今回出てくる勘定科目は、現金と水道光熱費と借入金（かりいれきん）の3つです。

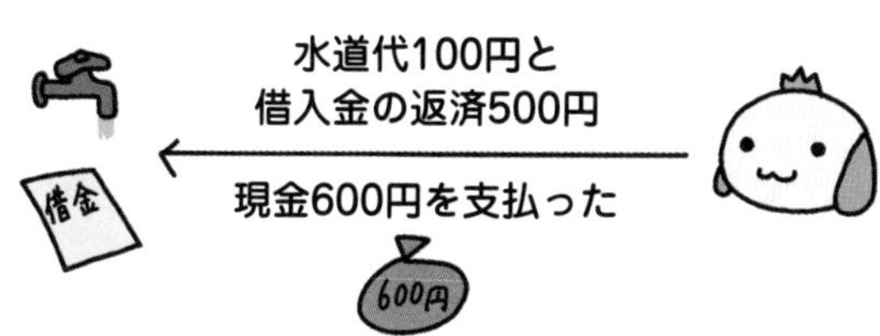

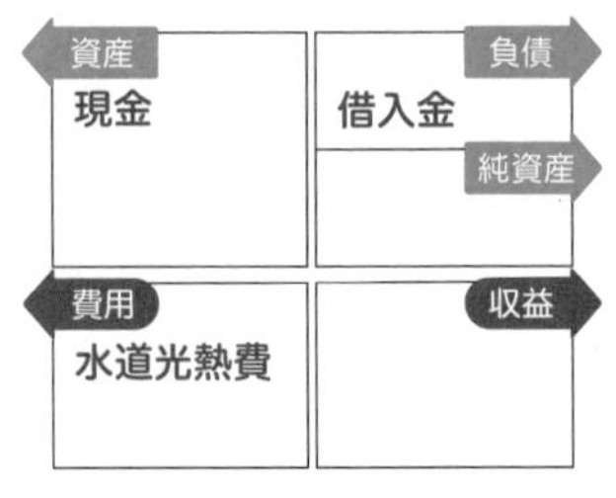

現金とは紙幣、硬貨などのお金のことです。現金は資産の勘定科目で、ホームポジションは左側です。

水道光熱費とは、水道代、電気代、ガス代などの金額を表す勘定科目です。水道光熱費は費用の勘定科目で、ホームポジションは左側です。

借入金とは、銀行や他の会社からお金を借りた金額を表す勘定科目です。借入金は負債の勘定科目でホームポジションは右側です。

次に仕訳の書き方について、詳しく説明します。

❶水道代が100円かかったので、水道光熱費という勘定科目が100円増えると考えます。水道光熱費は費用（ホームポジション左）なので、ホームポジションと同じ左側に**水道光熱費100**と書けば、水道光熱費が100円増えることになります（ルール1）。

水道光熱費 100 /

❷借入金500円を返済したので、借入金という勘定科目が500円減ると考えます。借入金は負債（ホームポジション右）なので、ホームポジションと反対の左側に**借入金500**と書けば、借入金が500円減ったことになります（ルール2）。

水道光熱費 100 /
借入金 500 /

❸水道代100円と借入金の返済500円の合計600円を現金で支払ったので、現金という勘定科目が600円減ると考えます。現金は資産（ホームポジション左）なので、ホームポジションと反対の右側に**現金600**と書けば、現金が600円減ることになります（ルール2）。仕訳の左側と右側の金額は600で一致しています（ルール3）。

水道光熱費 100 / **現金 600**
借入金 500 /

また、2行以上の仕訳は、勘定科目と金額さえ合っていれば、どちらを上に書いても正解です。例えば次の仕訳は、仕訳1でも仕訳2でも正解です。

仕訳1

水道光熱費 100 / 現金 600
借入金 500 /

仕訳2

借入金 500 / 現金 600
水道光熱費 100 /

仕訳の書き方の形式について

仕訳の書き方の形式は、主に①～④の形式があります。すべて同じ意味ですので、本書では、速く書ける①の形式で説明します。

① 簡便的な書き方1 【本書の書き方】
現金 100 / 売上 100

② 簡便的な書き方2
(現金) 100 (売上) 100

③ 丁寧な書き方
(借方)現金 100 (貸方)売上 100

④ 簿記検定の答案用紙の書き方

借方		貸方	
勘定科目	金額	勘定科目	金額
現金	100	売上	100

Chapter01-05

重要度★

仕訳と勘定科目の残高(ざんだか)の関係

ここまで見てきたように、日々の取引を仕訳として記録していきます。仕訳と勘定科目の残高(ざんだか)の関係を学びましょう。

仕訳と勘定科目の残高

一つひとつの仕訳は、1年間、積み重なっていくと考えます。仕訳が積み重なった金額を勘定科目の残高といいます。次の例を使って、仕訳と勘定科目の残高の関係について見ていきましょう。

●2024年4月1日

金庫に入っている現金は400円。

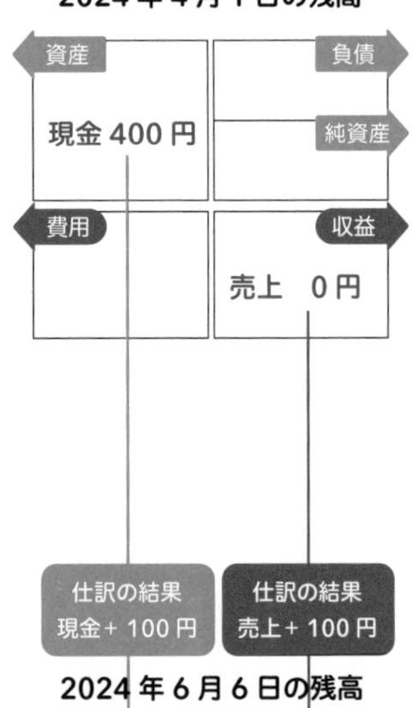

●2024年6月6日

商品を100円分売り、現金を受け取った。

現金 100 / 売上 100 →

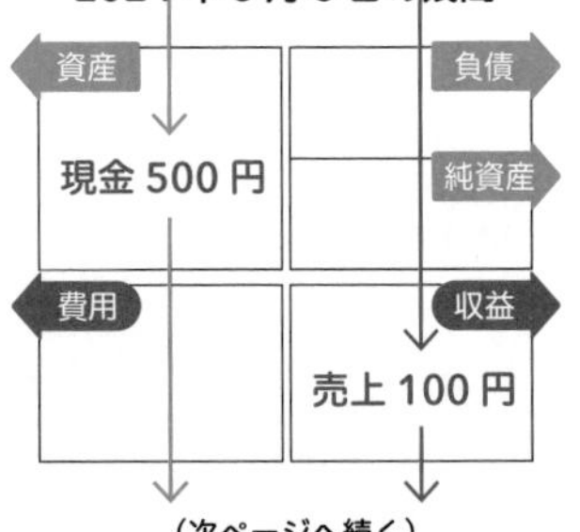

(次ページへ続く)

●**2024年8月2日**

商品を200円分売り、現金を受け取った。

現金 200 / 売上 200

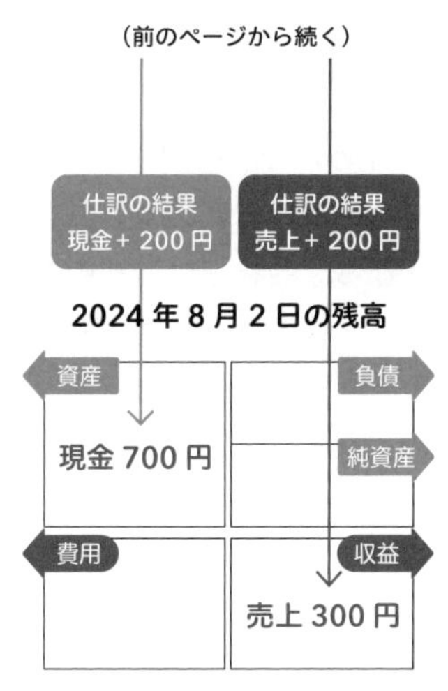

●**2025年3月31日**

当期が終わったので、1年間の取引を集計した。1年間の取引を集計した結果、3月31日に金庫に入っている現金は700円あり、また、1年間の売上が300円であることがわかる。

このように日々の取引を仕訳として記録することで、勘定科目の増加と減少を記録していき、各勘定科目にいくらの残高があるのかを把握することができます。簿記を使うことで**会社にある財産の金額**（今回の例だと現金700円）や**もうけの金額**（今回の例だと売上300円）が一目でわかるようになるのです。

簿記の1年間の流れ

当期の会計期間が2024年4月1日～2025年3月31日の1年間だとすると、簿記の流れは次のようになります。

なお、会社では、期中の仕訳や帳簿への記入が終わった後に**決算**(けっさん)を行います。決算とは、会社のもうけや会社にある財産を正しく把握するために行う手続きです。決算で行う、すべての勘定科目が正しくなるよう整理するための仕訳を、**決算整理仕訳**(けっさんせいりしわけ)といいます。

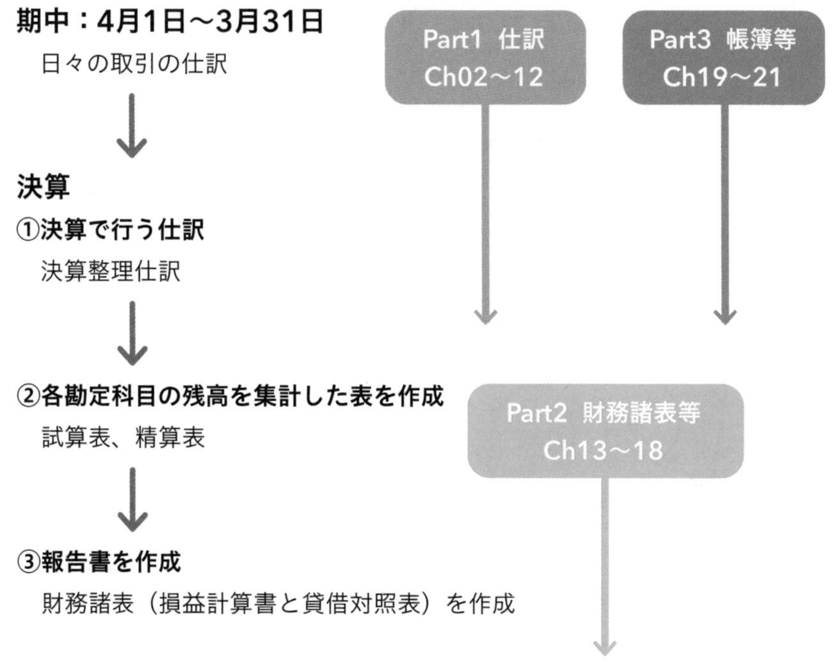

決算整理仕訳について

決算整理仕訳は、商品売買や固定資産などさまざまな項目で必要となります。本書では、決算整理仕訳の場合には4コマ漫画の左上に［決算］が付いており、期中の仕訳と区別しています。

Chapter02

商品売買

Chapter02-01

重要度★★★

仕入（現金で支払う）

商売を始めるとき、まずは会社で売るための商品を買ってきます。これを仕入（しいれ）といいます。仕入れの取引と仕訳について見ていきましょう。

商品を現金で買ったときの仕訳

❶商品を買ったので、**仕入**が増える。仕入は費用（ホームポジション左）なので、増えるときは左に書く。
仕入 800 /

❷現金で支払ったので、**現金**が減る。現金は資産（ホームポジション左）なので、減るときは右に書く。
仕入 800 / 現金 800

仕入の仕訳について

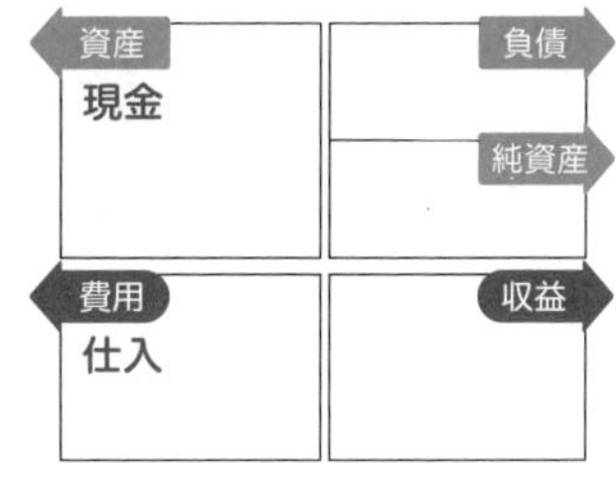

仕入とは、販売するための商品を買うときに使う勘定科目です。仕入は 費用 の勘定科目です。今回は仕入の代金を現金で支払っています。

現金とは紙幣、硬貨などのお金のことです。現金は 資産 の勘定科目です。現金の範囲については、Chapter04で詳しく学習します。

仕入の取引の流れ

簿記では、「商品を現金で買った」という1つの取引を❶商品の仕入れと、❷代金の支払方法に分解します。次のページから代金の支払方法がたくさん出てきますが、基本は同じです。どんなときでも、この2つに分けて考えましょう。

当社は仕入先から商品を仕入れ、仕入先へ代金を支払います。仕入先とは、当社が商品を仕入れる先の会社のことです。

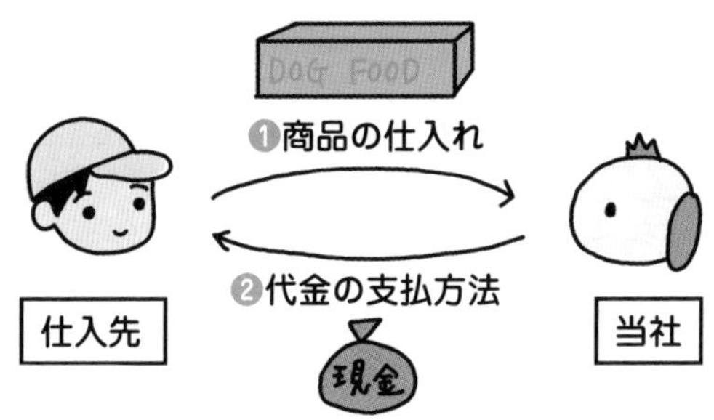

豆知識 **3分法とは**

簿記3級では、商品売買の仕訳は3分法により処理します。3分法とは、「仕入」「売上」「繰越商品」の3つの勘定科目を使う方法です。本書では商品売買の仕訳は3分法を前提に説明しています。

まとめ

商品を現金で買ったときの仕訳　　**仕入 800 / 現金 800**

Chapter02-02

重要度 ★★★

仕入（買掛金の発生・支払い）

会社が商品を買ったとき、代金を掛け払い（後払い）することがあります。買ったときの掛け払いの金額のことを**買掛金**といいます。

1 商品を掛けで買ったときの仕訳

❶ 商品を買ったので、**仕入**が増える。仕入は費用（ホームポジション左）なので、増えるときは左に書く。

仕入 1,000 /

❷ 商品を掛けで買ったので、**買掛金**が増える。買掛金は負債（ホームポジション右）なので、増えるときは右に書く。

仕入 1,000 / 買掛金 1,000

2 買掛金を支払ったときの仕訳

❶ 買掛金を支払ったので、**買掛金**が減る。買掛金は負債（ホームポジション右）なので、減るときは左に書く。

買掛金 1,000 /

❷ 現金で支払ったので、**現金**が減る。現金は資産（ホームポジション左）なので、減るときは右に書く。

買掛金 1,000 / 現金 1,000

買掛金の仕訳について

掛けとは、商品を買ったときにお金を支払わず、後で払うことです。**買掛金**は、当社が仕入先から商品を買ったが、代金をまだ支払っていないとき（後払いするとき）に使う勘定科目です。買掛金は 負債 の勘定科目です。

買掛金のポイント

買掛金は、1 商品を掛けで買ったときに発生します。後日、2 買掛金を支払ったときに買掛金はなくなります。

なぜ買掛金がなくなるか、T字勘定を使うとよくわかります。T字勘定は、仕訳が積み重なった金額である**残高**を表します。T字勘定の書き方は、その勘定科目が仕訳の左にあれば左に、仕訳の右にあれば右に書きます。そして、T字勘定の左と右の金額の差額が、勘定科目の残高です。

1 商品を掛けで買ったときの仕訳

仕訳を見ると**買掛金1,000**が右にあるので、T字勘定の右に**1,000**と書きます。この結果、買掛金の残高は右に1,000円となりました。

仕入 1,000 / 買掛金 1,000

書き写す

買掛金	
	1,000

2 買掛金を支払ったときの仕訳

仕訳を見ると**買掛金1,000**が左にあるので、T字勘定の左に**1,000**と書きます。この結果、左と右の差額は1,000－1,000＝0になるので、買掛金の残高は0、つまり買掛金はなくなりました。

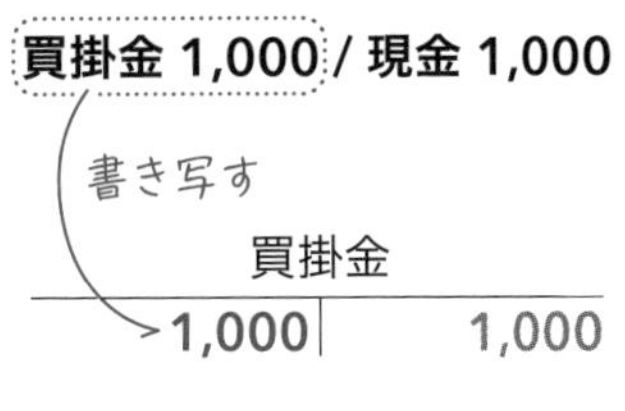

まとめ

1 商品を掛けで買ったときの仕訳　**仕入 1,000 / 買掛金 1,000**
2 買掛金を支払ったときの仕訳　**買掛金 1,000 / 現金 1,000**

Chapter02-03

重要度★★

仕入（前払金の発生・支払い）

商品を受け取る前に払う代金を前払金（まえばらいきん）といいます。新製品の発売前に支払う予約金や商品の注文時に支払う手付金などが前払金です。

1 手付金を支払ったときの仕訳

❶ 手付金を支払ったので、**前払金**が増える。前払金は資産（ホームポジション左）なので、増えるときは左に書く。

前払金 300 /

❷ 現金で支払ったので、**現金**が減る。現金は資産（ホームポジション左）なので、減るときは右に書く。

前払金 300 / 現金 300

2 商品を買ったときの仕訳

❶ 商品を買ったので、**仕入**が増える。仕入は費用なので、増えるときは左に書く。

仕入 1,000 /

❷ 代金のうち300円は支払い済みなので、**前払金**を取り崩す。前払金は資産なので、減るときは右に書く。

仕入 1,000 / 前払金 300

❸ 残り700円は現金で支払うので、**現金**が減る。右に書く。

仕入 1,000 / 前払金 300
現金 700

前払金の仕訳について

前払金とは、欲しい商品を予約したときに支払う手付金のことです。手付金とは、欲しい商品を予約・注文したときに、予約・注文を確約するために支払った金額のことをいいます。前払金は 資産 の勘定科目です。

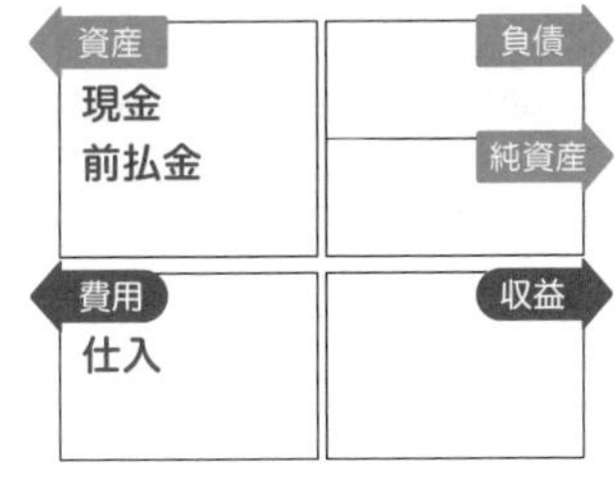

前払金のポイント

前払金は、1 手付金を支払ったときに発生します。後日、2 商品を買ったときに前払金はなくなります。この流れについて詳しく説明します。

1 手付金を支払ったときの仕訳

仕訳を見ると**前払金300**が左にあるので、T字勘定の左に**300**と書きます。この結果、前払金の残高は左に300円となりました。

2 商品を買ったときの仕訳

仕訳を見ると**前払金300**が右にあるので、T字勘定の右に**300**と書きます。この結果、左と右の差額は300－300＝0になるので、前払金の残高は0、つまり前払金はなくなりました。

仕入 1,000 / 前払金 300
　　　　　　 現金　 700

書き写す

前払金	
300	300

まとめ

1 手付金を支払ったときの仕訳	前払金　300	現金　300
2 商品を買ったときの仕訳	仕入　1,000	前払金 300 現金　700

Chapter02-04

重要度★★★

売上(うりあげ)（現金で回収）

会社は、お客さんに商品を売ってお金をもらいます。商品を売った金額を売上(うりあげ)といいます。

商品を現金で売ったときの仕訳

❶商品を売ったので、**売上**が増える。売上は収益（ホームポジション右）なので、増えるときは右に書く。

/ 売上 900

❷現金で受け取ったので、**現金**が増える。現金は資産（ホームポジション左）なので、増えるときは左に書く。

現金 900 / 売上 900

売上の仕訳について

売上とは、商品を売ったときに使う勘定科目です。売上は 収益 の勘定科目です。今回は売上の代金を現金で回収しています。

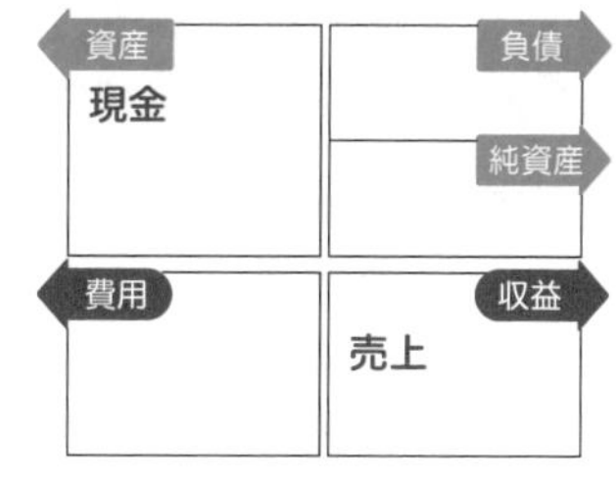

売上の取引の流れ

簿記では、「商品を現金で売った」という1つの取引を❶商品の売り上げと、❷代金の回収方法に分解します。次のページから代金の回収方法がたくさん出てきますが、基本は同じです。どんなときでも、この2つに分けて考えましょう。

当社は得意先へ商品を売り、得意先から代金を受け取ります。得意先とは、当社が商品を売る先のお客さんのことです。

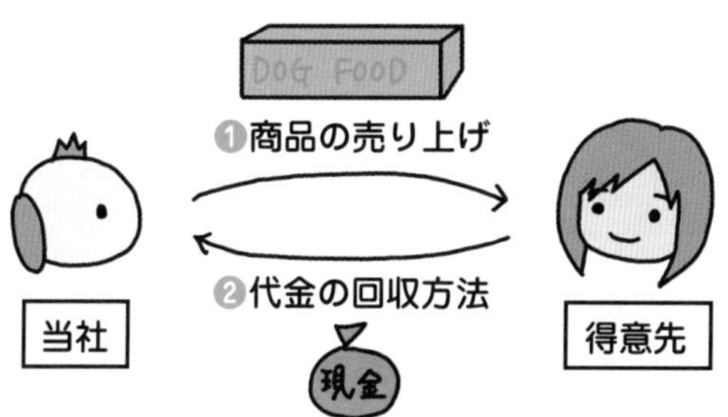

まとめ

商品を現金で売ったときの仕訳　**現金 900 / 売上 900**

Chapter02-05

重要度★★★

売上（売掛金の発生・回収）

　商品を売ったとき、代金を掛け払い（後払い）されることがあります。売ったときの掛け払いの金額のことを売掛金（うりかけきん）といいます。

1 商品を掛けで売ったときの仕訳

❶商品を売ったので、**売上**が増える。売上は収益（ホームポジション右）なので、増えるときは右に書く。

/ 売上 700

❷商品を掛けで売ったので、**売掛金**が増える。売掛金は資産（ホームポジション左）なので、増えるときは左に書く。

売掛金 700 / 売上 700

2 売掛金を回収したときの仕訳

❶売掛金を回収したので、**売掛金**が減る。売掛金は資産（ホームポジション左）なので、減るときは右に書く。

/ 売掛金 700

❷当座預金に入金されたので、**当座預金**が増える。当座預金は資産（ホームポジション左）なので、増えるときは左に書く。

当座預金 700 / 売掛金 700

売掛金の仕訳について

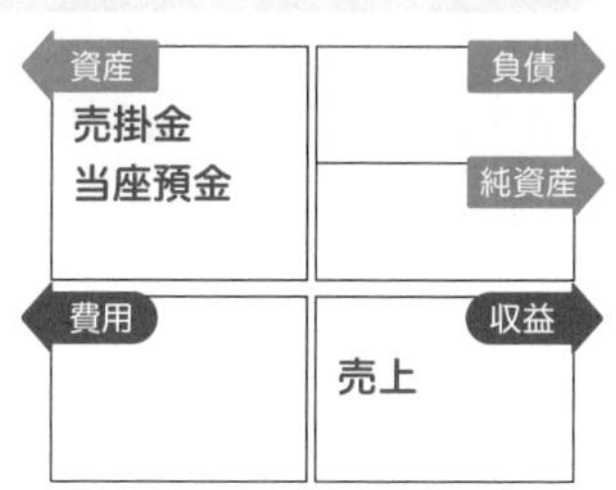

売掛金は、当社が得意先へ商品を売ったが、代金をまだ受け取っていないときに使う勘定科目です。売掛金は 資産 の勘定科目です。掛けで買ったときは買掛金、掛けで売ったときは売掛金を使います。

今回は売掛金を当座預金で回収しています。売掛金として後で受け取る約束をした代金について、得意先が当社の当座預金の口座へ振り込んだという流れです。**当座預金**は、会社用の銀行口座で、 資産 の勘定科目です。詳しくはChapter04で学習します。

売掛金のポイント

売掛金は、1 商品を掛けで売ったときに発生します。後日、2 売掛金を回収したときに売掛金はなくなります。この流れについて詳しく説明します。

1 商品を掛けで売ったときの仕訳

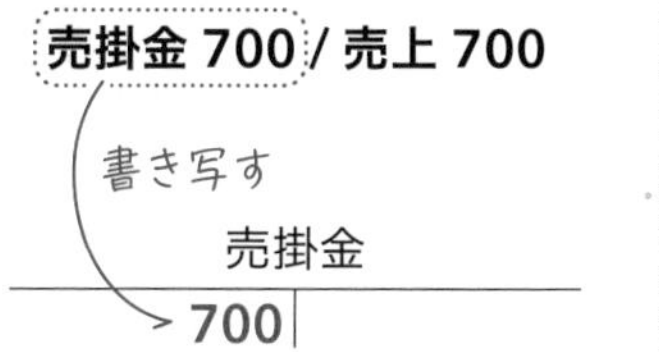

仕訳を見ると**売掛金700**が左にあるので、T字勘定の左に**700**と書きます。この結果、売掛金の残高は左に700円となりました。

2 売掛金を回収したときの仕訳

当座預金 700 / 売掛金 700

書き写す

売掛金	
700	700

仕訳を見ると**売掛金700**が右にあるので、T字勘定の右に**700**と書きます。この結果、左と右の差額は700－700＝0になるので、売掛金の残高は0、つまり売掛金はなくなりました。

まとめ

1 商品を掛けで売ったときの仕訳	**売掛金　700 / 売上　700**
2 売掛金を回収したときの仕訳	**当座預金 700 / 売掛金 700**

Chapter02-06

重要度 ★★

売上（クレジット売掛金）

商品を売ったとき、お客さんがクレジットカードで代金を支払うことがあります。その場合、クレジット売掛金を使って仕訳します。

1 商品を売ったときの仕訳

❶ 商品を売ったので、**売上**が増える。右に書く。

/ 売上 1,000

❷ クレジットカードで決済を受けたので、**クレジット売掛金**が増える。クレジット売掛金は資産（ホームポジション左）なので、増えるときは左に書く。

1,000－50＝950

クレジット売掛金 950 / 売上 1,000

❸ 手数料を支払ったので、**支払手数料**が増える。支払手数料は費用（ホームポジション左）なので、増えるときは左に書く。

クレジット売掛金 950	**売上 1,000**
支払手数料 50	

2 クレジット売掛金を回収したときの仕訳

❶ クレジット売掛金を回収したので、**クレジット売掛金**が減る。右に書く。

/ クレジット売掛金950

❷ 当座預金に入金されたので、**当座預金**が増える。左に書く。

当座預金 950 / クレジット売掛金950

クレジット売掛金の仕訳について

クレジット売掛金とは、商品を販売し、代金をクレジットカード決済で受けた場合に使用する勘定科目です。クレジット売掛金は 資産 の勘定科目です。

カード会社へ支払う手数料は、**支払手数料**を使用します。支払手数料は 費用 の勘定科目です。

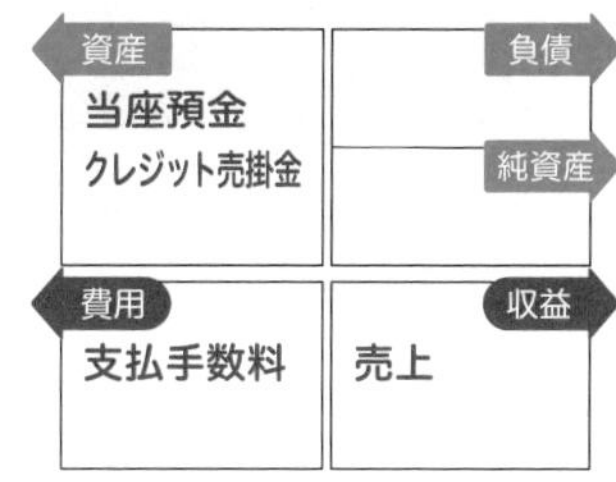

クレジットカードの取引の流れ

クレジットカードを利用すると、クレジットカードを発行したカード会社がカード所有者から代金を回収してくれます。商品を販売したパブロフの会社は、カード会社から回収した代金の振り込みを受けますが、そのさいに支払手数料が差し引かれます。

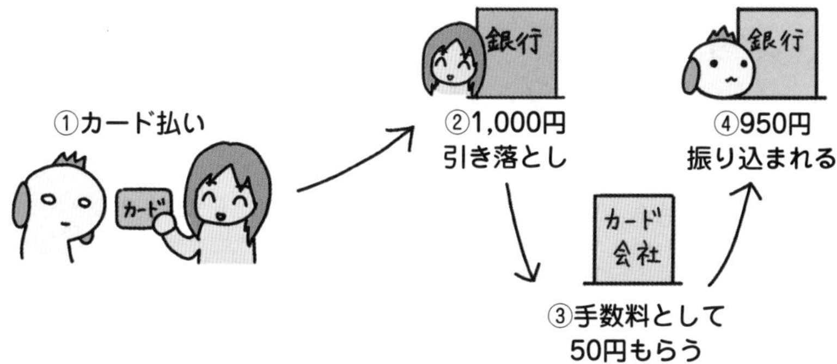

まとめ

1 商品を売ったときの仕訳　**クレジット売掛金 950 / 売上 1,000**
支払手数料 50

2 クレジット売掛金を回収したときの仕訳
当座預金 950 / クレジット売掛金 950

Chapter02-07

重要度★★

売上（前受金の発生・回収）

商品を渡す前に受け取る代金を前受金（まえうけきん）といいます。新製品の発売前に受け取る予約金や商品の受注時に受け取る手付金などが前受金です。

1 手付金を受け取ったときの仕訳

❶手付金を受け取ったので、**前受金**が増える。前受金は負債（ホームポジション右）なので、増えるときは右に書く。

/ 前受金 3,000

❷現金で受け取ったので、**現金**が増える。左に書く。

現金 3,000 / 前受金 3,000

2 商品を売ったときの仕訳

❶商品を売ったので、**売上**が増える。売上は収益なので、増えるときは右に書く。

/ 売上 6,000

❷代金のうち3,000円は受け取り済みなので、**前受金**を取り崩す。前受金は負債なので、減るときは左に書く。

前受金 3,000 / 売上6,000

❸残り3,000円は現金で受け取ったので、**現金**が増える。左に書く。

前受金 3,000 / 売上 6,000
現金　 3,000 /

前受金の仕訳について

前受金とは、商品の予約注文を受けたときに受け取った手付金です。前受金は 負債 の勘定科目です。

前受金は商品を渡す前に代金を回収したときに使います。一方、売掛金は商品を渡した後に代金を回収するときに使います。

前受金のポイント

前受金は、1 手付金を受け取ったときに発生します。後日、2 商品を売ったときに前受金はなくなります。この流れについて詳しく説明します。

1 手付金を受け取ったときの仕訳

仕訳の右に**前受金3,000**があるので、T字勘定の右に**3,000**と書きます。
前受金の残高は右に3,000円です。

2 商品を売ったときの仕訳

仕訳の左に**前受金3,000**があるので、T字勘定の左に**3,000**と書きます。
この結果、左と右の差額は3,000－3,000＝0になるので、前受金の残高は0、つまり前受金はなくなりました。

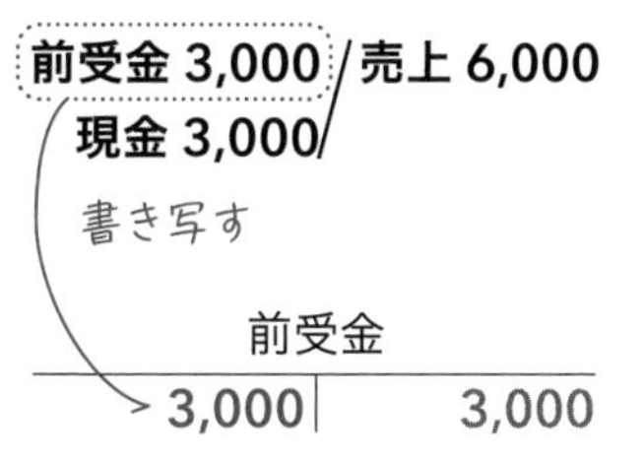

まとめ

1 手付金を受け取ったときの仕訳	現金 3,000 / 前受金 3,000
2 商品を売ったときの仕訳	前受金 3,000 / 売上 6,000 現金 3,000

動画解説

練習問題 Chapter02 01-07

練習問題の答案用紙は以下のサイトからダウンロードできます。
https://www.shoeisha.co.jp/book/download/9784798182001
ダウンロードしない場合は、次のように紙に仕訳を書きましょう。
仕入100,000 / 現金100,000

問題1から問題6の取引について仕訳しなさい。ただし、勘定科目は、次の中から最も適当と思われるものを選びなさい。

現　　金	**当座預金**	**仕　　入**	**売　　上**
前 受 金	**前 払 金**	**買 掛 金**	**売 掛 金**
支払手数料	**支払利息**	**受取手数料**	**クレジット売掛金**

問題1

P.038、P.040

商品¥260,000を仕入れ、代金のうち¥96,000は現金で支払い、残額は掛けとした。

問題2

P.042

商品¥150,000を注文し、手付金として¥50,000を現金で支払った。

問題3

P.038、P.042

商品¥150,000を仕入れ、代金のうち¥50,000はすでに支払ってある手付金で充当し、残額は現金で支払った。

問題4

P.044、P.046

商品¥360,000を売り上げ、代金のうち¥300,000は現金で受け取り、残額は掛けとした。

問題5

P.048

商品¥180,000をクレジット払いの条件で販売した。なお、信販会社への手数料¥5,400は販売時に計上する。

※信販会社…カード会社のこと。カード会社には他にも銀行などがある。

問題6

P.044、P.050

商品¥240,000を売り渡し、注文時に受けた手付金¥30,000を差し引き、残額を現金で受け取った。

解説・解答

問題1

❶商品を仕入れたので、仕入が増える。仕入は費用（ホームポジション左）なので、増えるときは左に書く。

仕入 260,000 /

❷代金のうち96,000は現金で支払ったので、現金が減る。現金は資産（ホームポジション左）なので、減るときは右に書く。

仕入 260,000 / 現金 96,000

❸問題文に「残額は掛けとした」と指示があり、商品を掛けで買ったということなので、買掛金が増える。買掛金は負債（ホームポジション右）なので、増えるときは右に書く。

260,000－96,000＝164,000

仕入 260,000 / 現金 96,000
/ 買掛金 164,000

借方科目	金額	貸方科目	金額
仕　　入	260,000	現　　金	96,000
		買 掛 金	164,000

問題2

❶商品を注文しただけで商品を受け取っていないので、仕入の仕訳は書かない。

❷手付金を支払ったので、前払金が増える。前払金は資産（ホームポジション左）なので、増えるときは左に書く。

前払金 50,000 /

❸現金で支払ったので、現金が減る。現金は資産（ホームポジション左）なので、減るときは右に書く。

前払金 50,000 / 現金 50,000

借方科目	金額	貸方科目	金額
前 払 金	50,000	現　　金	50,000

問題3

❶商品を仕入れたので、仕入が増える。仕入は費用（ホームポジション左）なので、増えるときは左に書く。

仕入 150,000 /

❷問題文に「すでに支払ってある手付金で充当」との指示があるので、事前に支払い済みの前払金を取り崩すことがわかる。前払金は資産（ホームポジション左）なので、減るときは右に書く。

仕入 150,000 / 前払金 50,000

❸残額は現金で支払ったので、現金が減る。現金は資産（ホームポジション左）なので、減るときは右に書く。

150,000－50,000＝100,000

仕入 150,000 / 前払金　50,000
**　　　　　　 / 現金　100,000**

解答

借方科目	借方金額	貸方科目	貸方金額
仕　　入	150,000	前　払　金	50,000
		現　　金	100,000

豆知識 買掛金が負債、前払金が資産である理由

負債はP.027に書いてある通り「会社の支払い義務」を表します。買掛金は、当社が商品を買ったときに代金を支払わず、後でお金を支払うことを表す勘定科目なので「支払いの義務」があるため負債になります。
資産はP.027に書いてある通り「会社の財産」を表しますが、簿記では「後から財産をもらえる権利」も資産に含まれます。前払金は、欲しい商品を予約・注文したときに支払う手付金です。したがって、前払金は、後から商品という財産をもらえる権利を表すので資産の勘定科目になります。

問題4

❶商品を売り上げたので、売上が増える。売上は収益（ホームポジション右）なので、増えるときは右に書く。

/ 売上 360,000

❷代金のうち300,000は現金で受け取ったので、現金が増える。現金は資産（ホームポジション左）なので、増えるときは左に書く。

現金 300,000 / 売上 360,000

❸問題文に「残額は掛けとした」と指示があり、商品を掛けで売ったということなので、売掛金が増える。売掛金は資産（ホームポジション左）なので、増えるときは左に書く。

360,000－300,000＝60,000

現金　300,000 / 売上 360,000
売掛金　60,000 /

借方科目	借方金額	貸方科目	貸方金額
現　　金	300,000	売　　上	360,000
売　掛　金	60,000		

問題5

❶商品を販売した（売り上げた）ので、売上が増える。売上は収益（ホームポジション右）なので、増えるときは右に書く。

/ 売上 180,000

❷クレジットカードで決済を受けたので、クレジット売掛金が増える。クレジット売掛金は資産（ホームポジション左）なので、増えるときは左に書く。クレジット売掛金の金額は、販売価格から手数料を差し引いた金額となる。

180,000－5,400＝174,600

クレジット売掛金 174,600 / 売上 180,000

❸手数料を支払ったので、支払手数料が増える。支払手数料は費用（ホームポジション左）なので、増えるときは左に書く。

クレジット売掛金 174,600 / 売上 180,000
支払手数料 5,400 /

クレジット売掛金	174,600	売　　上	180,000
支 払 手 数 料	5,400		

問題6

❶商品を売り渡した（売り上げた）ので、売上が増える。売上は収益（ホームポジション右）なので、増えるときは右に書く。

/ 売上 240,000

❷問題文に「注文時に受けた手付金を差し引き」との指示があるので、事前に受け取り済みの前受金を取り崩すことがわかる。前受金は負債（ホームポジション右）なので、減るときは左に書く。

前受金　30,000 / 売上 240,000

❸残額は現金で受け取ったので、現金が増える。現金は資産（ホームポジション左）なので、増えるときは左に書く。

240,000－30,000＝210,000

前受金　30,000 / 売上 240,000
現金　210,000 /

前 受 金	30,000	売　　上	240,000
現　　金	210,000		

豆知識　売掛金が資産、前受金が負債である理由

資産はP.027に書いてある通り「会社の財産」を表し、また「後から財産をもらえる権利」も資産です。売掛金は、当社が得意先へ商品を売ったが、代金をまだ受け取っていないときに使う勘定科目なので「後から代金という財産をもらえる権利」となるため資産になります。
負債は「支払いの義務」を表しますが、「後から財産を渡す義務」と言い換えることもできます。前受金は、商品の予約注文を受けたときに受け取った手付金で、後から商品という財産を渡す義務があるので負債の勘定科目になります。

Chapter02-08

重要度★★★

仕入諸掛(しいれしょかかり)と売上諸掛(うりあげしょかかり)

商品を買ったときや売ったときに、商品を運ぶためにかかった送料や運賃などを諸掛(しょかかり)といいます。仕入と売上の諸掛について見ていきましょう。

1 仕入諸掛の仕訳

❶商品を買ったので、**仕入**が増える。仕入は費用なので、増えるときは左に書く。買ったときの送料を仕入諸掛といい、仕入の金額に加算する。

購入代価3,000＋送料100＝3,100

仕入 3,100 /

❷現金で支払ったので、**現金**が減る。右に書く。

仕入 3,100 / 現金 3,100

2 売上諸掛の仕訳

❶商品を売ったので、**売上**が増える。売上は収益なので、増えるときは右に書く。売ったときの送料を売上諸掛といい、売上の金額に加算する。

4,000＋100＝4,100

/ 売上 4,100

❷商品を掛けで売ったので、**売掛金**が増える。左に書く。

売掛金 4,100 / 売上 4,100

❸送料（売上諸掛）を運送会社へ支払ったので、**発送費**が増える。発送費は費用なので、増えるときは左に書く。現金で支払ったので、**現金**が減る。右に書く。

売掛金 4,100 / 売上 4,100
発送費 100 / 現金 100

仕入諸掛と売上諸掛の仕訳について

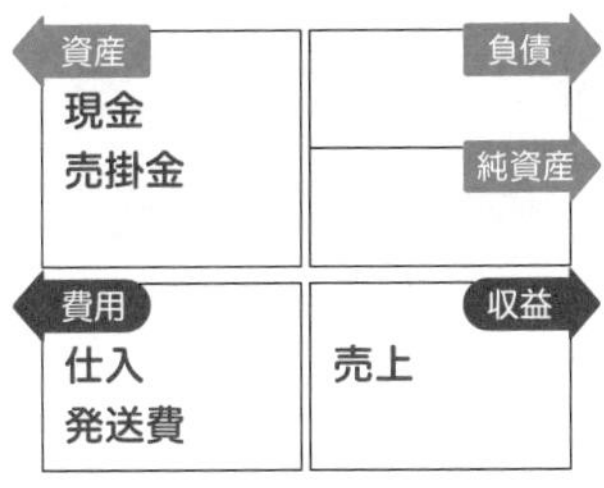

商品を買ったときに発生する送料や運賃、関税などの費用を**仕入諸掛**（しいれしょかかり）といいます。仕入諸掛は、仕入の金額に加算します。

商品を売ったときに発生する送料や運賃、関税などの費用を**売上諸掛**（うりあげしょかかり）といいます。売上諸掛は売上の金額に加算したうえで**発送費**を使って仕訳します。発送費は 費用 の勘定科目です。

1 仕入諸掛の仕訳

仕入諸掛は商品を買う側である当社が負担することが多いので、仕入の金額に加算することがほとんどです。これを**当社負担**といいます。一方、取引をする相手が仕入諸掛を負担し支払ってくれる場合もあり、**相手負担**といいます。相手が直接、運送会社などに支払うのであれば当社の仕訳は必要ありません。しかし、当社が仕入諸掛を立て替えて支払い、後で諸掛を回収する場合、立替金や買掛金を使って仕訳を行います。

当社負担	仕入に加算	**仕入　3,100 / 現金　3,100**
相手負担	立替金を使う場合	**仕入　3,000 / 現金　3,100** **立替金　100**
	買掛金を減らす場合	**仕入　3,000 / 現金　3,100** **買掛金　100**

2 売上諸掛の仕訳

売上諸掛は売上の金額に加算し、発送費を増やします。

❶❷商品を売った相手との取引の仕訳です。売上諸掛は仕入諸掛と違い、当社負担か相手負担かを区別しません。

❸商品を送る運送会社との取引の仕訳です。送料（売上諸掛）は運送会社に支払うので、発送費という勘定科目を使います。

まとめ

1 仕入諸掛の仕訳	**仕入　3,100 / 現金 3,100**
2 売上諸掛の仕訳	**売掛金 4,100 / 売上 4,100**
	発送費　100 / 現金　100

Chapter02-09

重要度★★

売上と仕入の返品

間違った商品を渡した場合などに商品が返品されることがあります。返品を受けたときの仕訳を見ていきましょう。

1 商品を売ったときの仕訳

❶ 商品を売ったので、**売上**が増える。売上は収益（ホームポジション右）なので、増えるときは右に書く。

/ 売上 600

❷ 現金で受け取ったので、**現金**が増える。現金は資産（ホームポジション左）なので、増えるときは左に書く。

現金 600 / 売上 600

2 商品が返品されたときの仕訳

❶ まず、売ったときの仕訳を確認する。返品は1箱分だけ。

600円÷10箱＝60円

現金 60 / 売上 60

❷ 売ったときの仕訳を左右入れ替える。これを逆仕訳と呼ぶ。

現金 60 / 売上 60

売上 60 / 現金 60

売上の返品の仕訳について

返品とは、品違い（違う商品を渡した）などにより商品を返すことをいいます。簿記3級では、返品のうち品違いによる返品を学習します。売上や仕入の仕訳をした後に返品があった場合、その仕訳を取り消す仕訳を書きます。これを**逆仕訳**といいます。

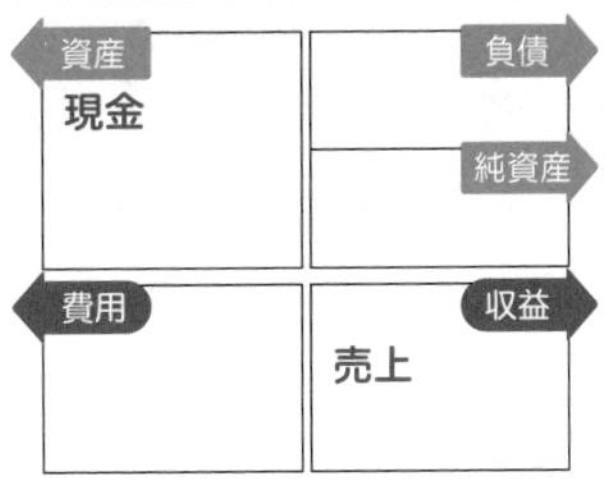

今回は売上の返品を説明しますが、仕入の返品も仕訳を書くときの考え方は同じです。

売上の返品のポイント

1 商品を売ったときの仕訳

商品を売ったときの仕訳を書くと現金と売上が600円増えます。T字勘定を書くと右のようになります。

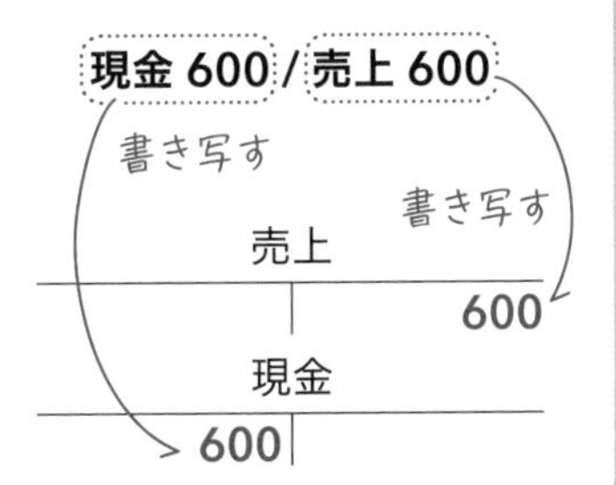

2 商品が返品されたときの仕訳

商品が返品されたときの仕訳を書くと現金と売上が60円減ります。
1と2の仕訳の結果、現金と売上の残高は600円－60円＝540円となります。つまり、返品分を除くと売上は540円だったということになります。

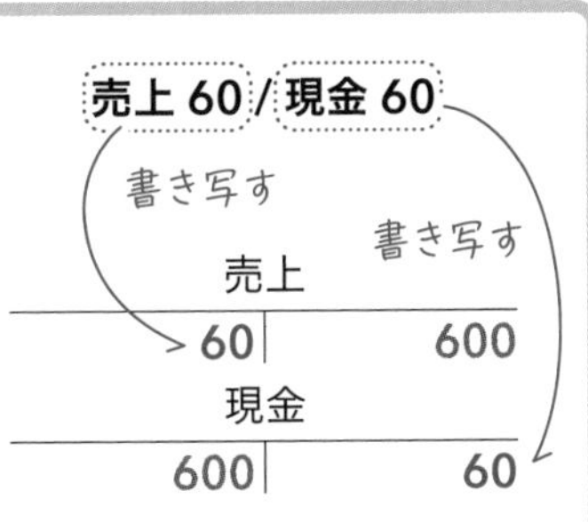

まとめ

1 商品を売ったときの仕訳　**現金 600 / 売上 600**

逆仕訳を書く

2 商品が返品されたときの仕訳　**売上　60 / 現金　60**

Chapter02-10

重要度★★★

売上原価(うりあげげんか)

売った商品の仕入金額を売上原価(うりあげげんか)といいます。売上原価は簿記3級の試験で必ず出題される重要な内容です。詳しく見ていきましょう。

売上原価とは

売上原価とは、売った商品の元々仕入れた金額のことをいいます。例えば100円で仕入れた商品を150円で売った場合、売上原価は100 円になります。

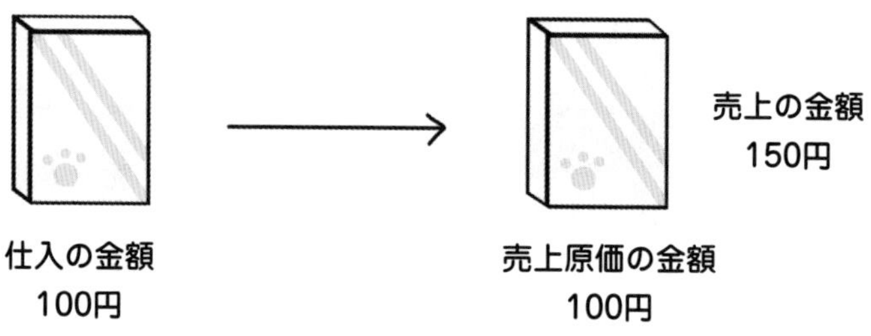

売上原価と繰越商品(くりこししょうひん)の仕訳について

会社はたくさんの商品を買って売ります。まだ売っていない商品のことを在庫といいます。簿記では、期末日に商品の在庫が残っている場合、**繰越商品**という勘定科目を使います。繰越商品は 資産 の勘定科目です。

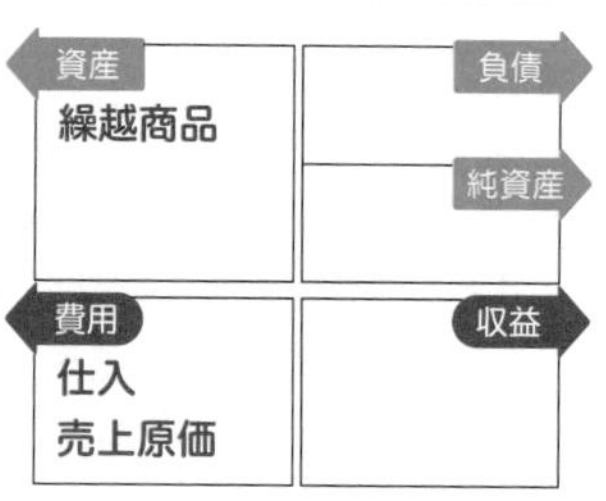

売上原価は**仕入**または**売上原価**という勘定科目を使って仕訳します。仕入と売上原価は 費用 の勘定科目です。

売上原価の仕訳は次の2種類があります。試験でよく出題されるのは（1）ですので、優先して覚えておきましょう。

（1）仕入勘定で売上原価を計算する場合の決算整理仕訳

（2）売上原価勘定で売上原価を計算する場合の決算整理仕訳

(1)仕入勘定で売上原価を計算する場合

仕入勘定で売上原価を計算する場合の仕訳について、例題を使って見ていきましょう。

例題 1 下記の取引について必要な仕訳を答えなさい。

4月 1日 当期首の在庫は100円の商品1個である。
8月 5日 商品4個を1個100円で、掛けで仕入れた。
9月 3日 商品3個を1個150円で、掛けで販売した。
3月31日 当期末の在庫は100円の商品2個である。売上原価は仕入勘定で計算する。

解 答

4月 1日	仕訳なし			
8月 5日	仕入	400 /	買掛金	400
9月 3日	売掛金	450 /	売上	450
3月31日	仕入	100 /	繰越商品	100
	繰越商品	200 /	仕入	200

解 説 日付ごとに仕訳の書き方を見ていきましょう。

4月1日 取引はありませんので、仕訳を書きません。

当期首に100円の商品が1個倉庫にあるので、繰越商品のT字勘定は、左に100残高がある状態でスタートします。理由についてはP.235、P.239で学習します。

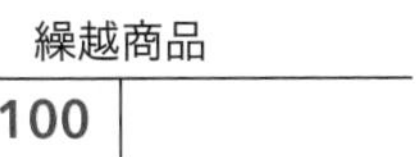

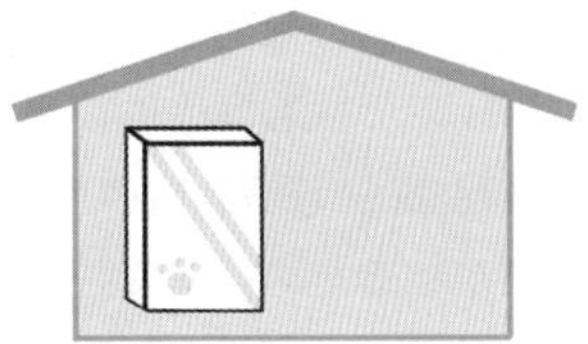

T字勘定の繰越商品の残高100と倉庫にある商品1個100円の金額が一致しています。

8月5日 商品を仕入れたので、次の仕訳を書きます。

100円×4個＝400円

仕入 400 / 買掛金 400

仕訳を見ると仕入400が左にあるので、T字勘定の左に400と書きます。ここでは説明の便宜上、買掛金は省略します。

繰越商品	
100	

仕入	
400	

9月3日　商品を売ったので、次の仕訳を書きます。
150円×3個＝450円
売掛金 450 / 売上 450

仕訳を見ると売上450が右にあるので、T 字勘定の右に450と書きます。ここでは説明の便宜上、売掛金は省略します。

繰越商品	
100	

仕入	
400	

売上	
	450

3月31日　会社では、4月1日から3月31日までの1年間の期中の仕訳が終わった後に決算を行います。決算で行う、すべての勘定科目が正しくなるよう整理するための仕訳を**決算整理仕訳**といいます。
決算を行う前の残高は、次のようになっています。

繰越商品	
100	

仕入	
400	

売上	
	450

仕入勘定で売上原価を計算する場合、次の2つの目的で決算整理仕訳を書きます。

目的 1　繰越商品の残高を期末の在庫金額にするため

本来、当期末の繰越商品は、当期末の在庫の金額であるべきです。しかし、決算前の繰越商品の残高は100円で、当期末の在庫200円とズレています。あるべき金額にするため、決算整理仕訳で繰越商品を200円に調整します。

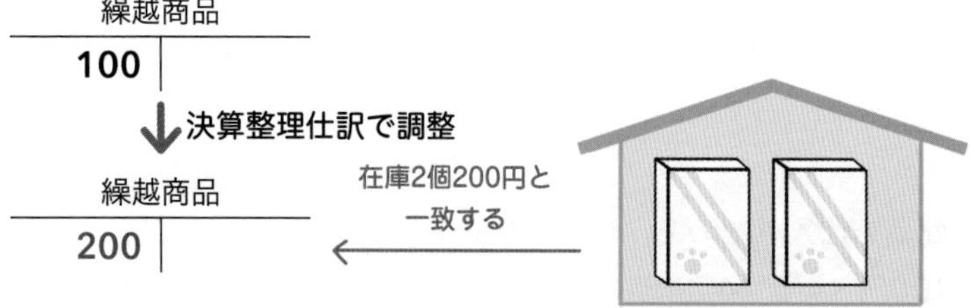

目的２ **仕入の残高を売上原価の金額にするため**

仕入は商品を仕入れたときに使う勘定科目ですが、売上原価の金額を表すために使われることもあります。この場合、売上原価という勘定科目は使わず、仕入を使って仕訳を書くことで、最終的に仕入勘定の残高が売上原価の金額になるようにします。

考え方は少し難しいですが、仕訳を書くのが簡単なため、会社ではよく使われています。試験では例題１のように「売上原価は仕入勘定で計算する」という指示があります。

決算前の仕入勘定の残高は400円でした。当期、商品を400円仕入れたことを表しています。

一方、売上原価とは、売った商品の元々仕入れた金額です。本問では、1個100円で仕入れた商品を9月3日に3個売ったので、売上原価は100円×3個＝300円になります。

そうすると、決算前の仕入の残高は400円で、売上原価300円とズレが生じています。あるべき金額にするために、決算整理仕訳で仕入を300円に調整します。

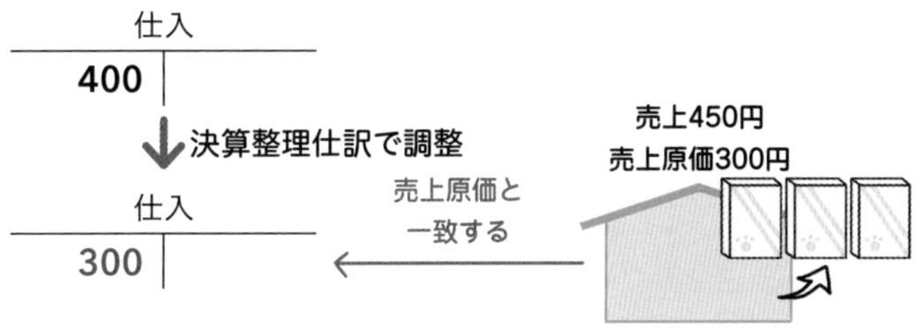

以上の目的のため、次の決算整理仕訳を書きます。1つ目の仕訳は、当期首の在庫の金額100円を使います。2つ目の仕訳は、当期末の在庫の金額200円を使います。

3月31日　仕入勘定で売上原価を計算する場合の決算整理仕訳

仕入　　100 / 繰越商品 100

繰越商品 200 / 仕入　　200

1つ目の仕訳を見ると繰越商品100が右にあるのでT字勘定の右に100と書き、仕入100が左にあるのでT字勘定の左に100と書きます。2つ目の仕訳を見ると繰越商品200が左にあるのでT字勘定の左に200と書き、仕入200が右にあるのでT字勘定の右に200と書きます。

繰越商品	
100	100
200	

繰越商品の残高
100－100＋200＝200

仕入	
400	200
100	

仕入の残高
400＋100－200＝300

売上	
	450

決算整理仕訳の結果、繰越商品の残高200円、仕入の残高300円となります。

決算整理仕訳をしたことで、繰越商品の残高が期末の在庫金額200円、仕入の残高が売上原価の金額300円になり、2つの目的が達成されました。

仕入のT字勘定は、左に当社が持っていた商品の金額、右が期末に残っている在庫の金額となり、差額300円が当社から出た商品の金額を表しているともいえます。この300円が売上原価の金額です。

次のように計算式で考えることもできます。

期首の在庫100円＋当期の仕入高400円－期末の在庫200円
＝売上原価300円

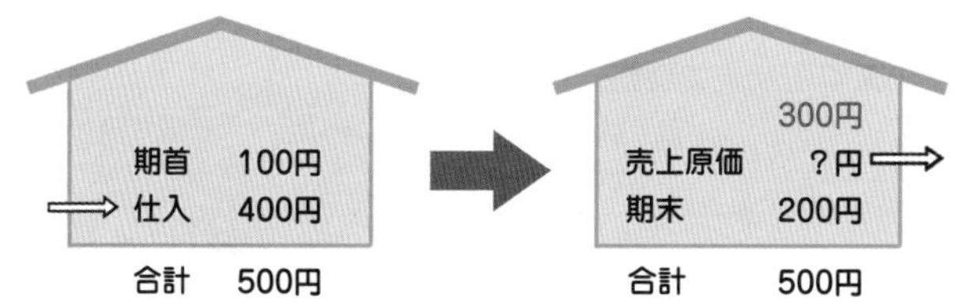

仕訳の原理をここまで説明したのですが、売上原価を求める仕訳のゴロ合わせ、**しーくりくりしー**を暗記してもよいでしょう 。

しー　　　　　くり
仕入　　100 / 繰越商品 100
くり　　　　　しー
繰越商品 200 / 仕入 200

まとめ

決算：仕入勘定で売上原価を計算する場合の決算整理仕訳
「しーくりくりしー」　**仕入　　100 / 繰越商品 100**
繰越商品 200 / 仕入　　200

(2)売上原価勘定で売上原価を計算する場合

売上原価勘定で売上原価を計算する場合の仕訳について、例題を使って見ていきましょう。

例題2 下記の取引について必要な仕訳を答えなさい。

4月 1日　当期首の在庫は100円の商品1個である。
8月 5日　商品4個を1個100円で、掛けで仕入れた。
9月 3日　商品3個を1個150円で、掛けで販売した。
3月31日　当期末の在庫は100円の商品2個である。売上原価は売上原価勘定で計算する。

解答

4月 1日	仕訳なし			
8月 5日	仕入	400 /	買掛金	400
9月 3日	売掛金	450 /	売上	450
3月31日	売上原価	400 /	仕入	400
	売上原価	100 /	繰越商品	100
	繰越商品	200 /	売上原価	200

解説 4月1日〜9月3日については、例題1と同じなので説明を省略します。3月31日の決算整理仕訳は例題1と違うので、詳しく説明します。

3月31日　決算を行う前の残高は、次のようになっています。

繰越商品		仕入		売上		売上原価	
100		400			450		

売上原価勘定で売上原価を計算する場合、次の2つの目的で決算整理仕訳を書きます。

目的1 **繰越商品の残高を期末の在庫金額にするため**

例題1と同じ目的で、決算整理仕訳で繰越商品を200 円に調整します。

目的2 **売上原価の残高を売上原価の金額にするため**

問題文に「売上原価は売上原価勘定で計算する」と書いてあるので、売上原価の残高を売上原価の金額300円に調整する必要があります。

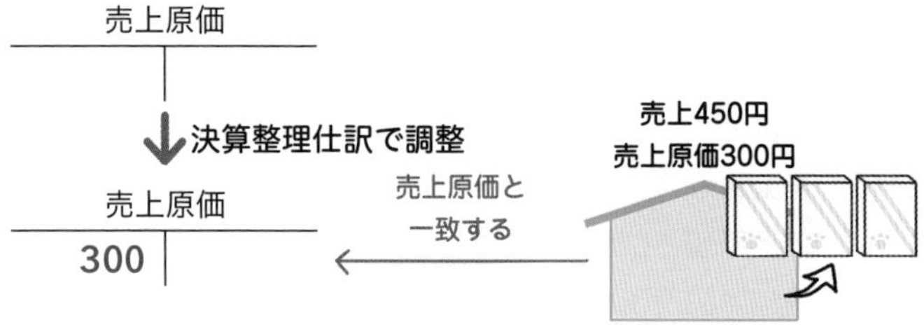

以上の目的のため、次の決算整理仕訳を書きます。1つ目の仕訳は、仕入の残高400円を使います。2つ目の仕訳は、当期首の在庫100円を使います。3つ目の仕訳は、当期末の在庫200円を使います。

3月31日　売上原価勘定で売上原価を計算する場合の決算整理仕訳

売上原価 400 / 仕入　　400

売上原価 100 / 繰越商品 100

繰越商品 200 / 売上原価 200

繰越商品	
100	100
200	

繰越商品の残高
100－100＋200＝200

仕入	
400	400

売上	
	450

売上原価	
400	200
100	

売上原価の残高
400＋100－200＝300

決算整理仕訳の結果、繰越商品の残高200円、売上原価の残高300円になり、2つの目的が達成されました。売上原価のT字勘定は、左に当社が持っていた商品の金額、右が期末に残っている在庫の金額となり、差額300円が当社から出た商品の金額を表しているともいえます。この300円が売上原価の金額です。

決算整理仕訳では、いったん繰越商品や仕入の金額を売上原価勘定に集計し、調整しています。

原理はこのようになっているのですが、❶～❸の順で仕訳を書くと簡単ですので、こちらを暗記してもよいでしょう。

❶当期商品仕入高を「売上原価」に集計する。
❷「しーくりくりしー」を書く。
❸「仕入」を「売上原価」に書き換える。

❶ 当期商品仕入高を「売上原価」に集計する。

仕入の400を減らし、売上原価を400増やす。右に仕入、反対側に売上原価と書く。

売上原価 400 / 仕入 400

❷「しーくりくりしー」を書く。

売上原価 400 / 仕入 400
仕入 100 / 繰越商品 100
繰越商品 200 / 仕入 200

❸「仕入」を売上原価に書き換える。

期首の在庫金額と期末の在庫金額を書く。

売上原価 400 / 仕入 400
売上原価
~~仕入~~ 100 / 繰越商品 100
繰越商品 200 / ~~仕入~~ 200
売上原価

まとめ

決算：売上原価勘定で売上原価を計算する場合の決算整理仕訳

売上原価 400 / 仕入 400
売上原価 100 / 繰越商品 100
繰越商品 200 / 売上原価 200

Chapter02-11

重要度★

受取商品券（うけとりしょうひんけん）

他の会社が発行した金券を受取商品券（うけとりしょうひんけん）といいます。
受取商品券の取引について、見ていきましょう。

1 商品券を受け取ったときの仕訳

❶商品を売ったので、**売上**が増える。売上は収益（ホームポジション右）なので、増えるときは右に書く。

/ 売上 800

❷商品券を受け取ったので、**受取商品券**が増える。受取商品券は資産（ホームポジション左）なので、増えるときは左に書く。

受取商品券 800 / 売上 800

2 商品券を精算したときの仕訳

❶商品券を精算したので、**受取商品券**が減る。受取商品券は資産（ホームポジション左）なので、減るときは右に書く。

/ 受取商品券 800

❷現金で受け取ったので、**現金**が増える。現金は資産（ホームポジション左）なので、増えるときは左に書く。

現金 800 / 受取商品券 800

受取商品券の仕訳について

商品を売るとき、商品券で代金を受け取ることがあります。商品券とは、券に書いてある金額の商品と引き換えることができる金券です。日本百貨店協会が発行する全国共通商品券やJCBギフトカードなど、たくさんの種類の商品券がありますが、当社は商品券を受け取ったら**受取商品券**という勘定科目を使って仕訳します。受取商品券は 資産 の勘定科目です。

受取商品券の取引の流れ

商品券の流れは下のイラストのようになります。当社は④と⑤のタイミングで仕訳を書くことになります。

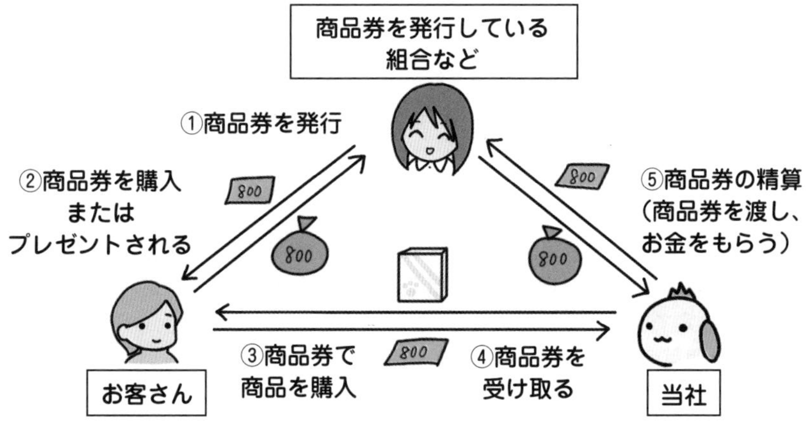

まとめ

1 商品券を受け取ったときの仕訳　**受取商品券 800 / 売上 800**

2 商品券を精算したときの仕訳　**現金 800 / 受取商品券 800**

動画解説

練習問題 Chapter02 08-11

問題1から問題6の取引について仕訳しなさい。ただし、勘定科目は、次の中から最も適当と思われるものを選びなさい。

現　　金	当座預金	仕　　入	売　　上
前受金	前払金	買掛金	売掛金
発送費	受取商品券	繰越商品	売上原価

問題1 P.056

商品￥500,000を仕入れ、代金は掛けとした。なお、当社負担の引取運賃￥2,000は現金で支払った。

問題2 P.056

得意先へ商品Dを￥180,000で販売し、送料￥3,000を加えた合計額を掛けとした。また、同時に配送業者へ商品Dを引き渡し、送料￥3,000は現金で支払った。

問題3 P.058

得意先へ売り上げた商品が一部品違いのため、返品を受けた。この分の代金￥23,000は売掛金から差し引くこととなった。

問題4 P.061

決算において、売上原価を算定する。期首商品棚卸高￥27,200、当期商品仕入高￥972,000、期末商品棚卸高￥31,900であった。なお、売上原価は仕入勘定で計算すること。

（注）期首商品棚卸高とは、期首商品の在庫の金額のこと。
　　　期末商品棚卸高とは、期末商品の在庫の金額のこと。

問題5 P.065

決算において、売上原価を算定する。期首商品棚卸高￥360,000、当期商品仕入高￥4,000,000、期末商品棚卸高￥280,000であった。なお、売上原価は売上原価勘定で計算すること。

問題6 P.068

得意先に商品￥14,000を売り渡し、代金は商品券で受け取った。

解説・解答

問題1

❶商品を仕入れたので、仕入が増える。仕入は費用（ホームポジション左）なので、増えるときは左に書く。引取運賃（仕入諸掛）は仕入の金額に加算する。

購入代価500,000＋引取運賃2,000＝502,000

仕入 502,000 /

❷仕入の代金は掛けなので、買掛金が増える。買掛金は負債（ホームポジション右）なので、増えるときは右に書く。

仕入 502,000 / 買掛金 500,000

❸引取運賃は現金で支払ったので、現金が減る。現金は資産（ホームポジション左）なので、減るときは右に書く。

仕入 502,000 / 買掛金 500,000
現金 2,000

解答

仕入	502,000	買掛金	500,000
		現金	2,000

問題2

❶商品を売ったので、売上が増える。売上は収益（ホームポジション右）なので、増えるときは右に書く。商品Dの販売額に送料を加えた合計額を得意先に請求しているので、売上の金額は合計額を使う。

販売額180,000＋送料3,000＝183,000

/ 売上 183,000

❷売上の代金は掛けなので、売掛金が増える。売掛金は資産（ホームポジション左）なので、増えるときは左に書く。

売掛金 183,000 / 売上 183,000

❸送料（売上諸掛）を配送業者へ支払ったので、発送費が増える。発送費は費用（ホームポジション左）なので、増えるときは左に書く。現金で支払ったので、現金が減る。右に書く。

発送費 3,000 / 現金 3,000

解答

売掛金	183,000	売上	183,000
発送費	3,000	現金	3,000

問題3

❶売上の返品は逆仕訳を書く。

商品を売ったときの仕訳　**売掛金 23,000 / 売上 23,000**

売上の返品の仕訳　**売上 23,000 / 売掛金 23,000**

売　　上	23,000	売 掛 金	23,000

問題4

❶売上原価は仕入勘定で計算しているため、「しーくりくりしー」を書く。仕入勘定で売上原価を計算する場合、当期商品仕入高￥972,000は決算整理仕訳では使いません。

しー　　　　くり
仕入　27,200 / 繰越商品 27,200
くり　　　　しー
繰越商品 31,900 / 仕入　31,900

仕　　入	27,200	繰 越 商 品	27,200
繰 越 商 品	31,900	仕　　入	31,900

問題5

❶売上原価は売上勘定で計算しているため、「しーくりくりしー」を書くだけでは正しい仕訳とならない。まず当期商品仕入高を「売上原価」に振り替える。仕入を減らし、売上原価を増やす。右に仕入、左に売上原価と書く。

売上原価 4,000,000 / 仕入　4,000,000

❷次に「しーくりくりしー」を書く。

売上原価 4,000,000 / 仕入　4,000,000
仕入　360,000 / 繰越商品　360,000
繰越商品　280,000 / 仕入　280,000

❸上記❷で書いた「しーくりくりしー」の仕入を「売上原価」に書き換える。

売上原価 4,000,000 / 仕入　4,000,000
売上原価　360,000 / 繰越商品　360,000
繰越商品　280,000 / 売上原価　280,000

売 上 原 価	4,000,000	仕　　入	4,000,000
売 上 原 価	360,000	繰 越 商 品	360,000
繰 越 商 品	280,000	売 上 原 価	280,000

問題6

❶商品を売ったので、売上が増える。右に書く。

❷商品券を受け取ったので、受取商品券が増える。左に書く。

受取商品券	14,000	売　　上	14,000

Part1 | 仕訳

Chapter03
手形と電子記録債権

これまでは現金や掛けで代金のやりとりをする場合を見てきました

今回のChapter03では手形で代金のやりとりをする場合を見ていきます

約束手形

受取人　　B 殿

¥1,000,000

支払期日
X1年5月31日

支払場所
○×銀行

振出人　A

約束手形を簡単に説明するとこのような仕組みになっています

銀行

②手形を銀行へ持って行く 手形

③お金をもらう

④代金がAの当座預金から引き落とされる

B

①手形で代金を支払う 手形

A

Chapter03-01

重要度★★★

支払手形(振出・決済)

商品を買ったとき、代金を手形で支払うことがあります。
簿記では代金を支払うさいに振り出す（渡す）手形を支払手形といいます。

1 商品を手形で買ったときの仕訳

❶ 商品を買ったので、**仕入**が増える。仕入は費用（ホームポジション左）なので、増えるときは左に書く。

仕入 500 /

❷ 手形で支払ったので、**支払手形**が増える。支払手形は負債（ホームポジション右）なので、増えるときは右に書く。

仕入 500 / 支払手形 500

2 支払手形を決済したときの仕訳

❶ 支払手形を決済したので、**支払手形**が減る。支払手形は負債（ホームポジション右）なので、減るときは左に書く。

支払手形 500 /

❷ 当座預金から引き落とされたので、**当座預金**が減る。当座預金は資産（ホームポジション左）なので、減るときは右に書く。

支払手形 500 / 当座預金 500

支払手形の仕訳について

商品を買ったとき、代金の支払方法として支払手形を使うことがあります。**支払手形**とは、支払期日に決まった金額を支払うことを約束するために振り出した手形のことです。支払手形は 負債 の勘定科目です。

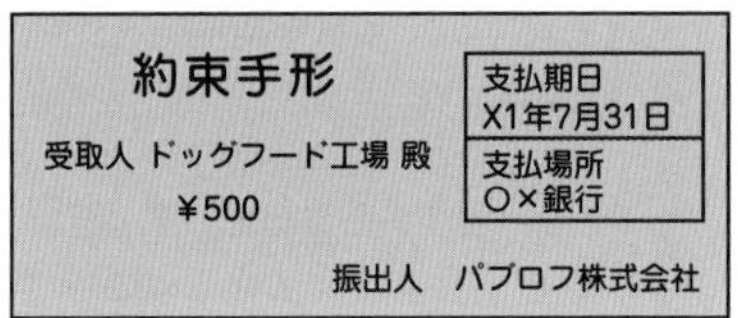

手形に関する用語

簿記3級で学習する手形に関する用語は次の通りです。手形には約束手形(やくそくてがた)と為替手形(かわせてがた)の2種類ありますが、簿記3級では約束手形を学習します。

用語	説明
約束手形	振出人が受取人に対して、支払期日に決まった金額を支払うことを約束する紙のこと。手形ともいう。
振り出す	支払手形などを作成して相手に渡すこと。
決済する	支払期日に、振出人の銀行口座から受取人の銀行口座へお金が移動すること。
支払期日	振出人の銀行口座から受取人の銀行口座へお金が移動する日のこと。
振出人	約束手形を振り出す人。下のイラストではパブロフが振出人。
受取人	約束手形を受け取る人。下のイラストでは工場の従業員が受取人。

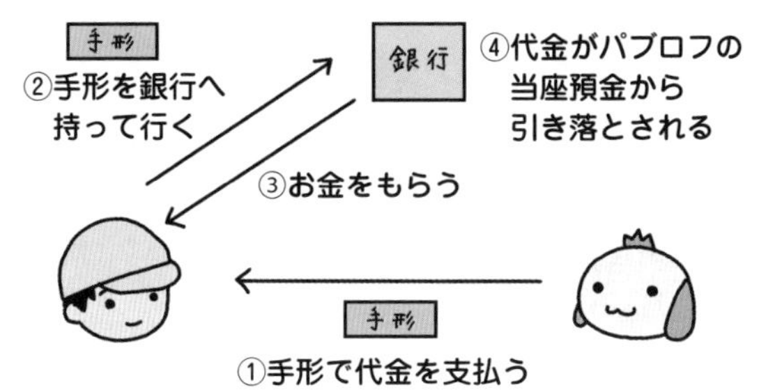

まとめ

1 商品を手形で買ったときの仕訳　**仕入 500 / 支払手形 500**

2 支払手形を決済したときの仕訳　**支払手形 500 / 当座預金 500**

Part 1 仕訳 Ch 03 手形と電子記録債権

Chapter03-02

重要度 ★★★

受取手形（受取・決済）

商品を売ったとき、代金を手形で受け取ることがあります。
簿記では代金を回収するさいに受け取る手形を受取手形（うけとりてがた）といいます。

1 商品を手形で売ったときの仕訳

❶ 商品を売ったので、**売上**が増える。売上は収益（ホームポジション右）なので、増えるときは右に書く。

/ **売上 600**

❷ 手形を受け取ったので、**受取手形**が増える。受取手形は資産（ホームポジション左）なので、増えるときは左に書く。

受取手形 600 / 売上 600

2 受取手形が決済されたときの仕訳

❶ 受取手形が決済されたので、**受取手形**が減る。受取手形は資産（ホームポジション左）なので、減るときは右に書く。

/ **受取手形 600**

❷ 当座預金に入金されたので、**当座預金**が増える。当座預金は資産（ホームポジション左）なので、増えるときは左に書く。

当座預金 600 / 受取手形 600

受取手形の仕訳について

商品を売ったとき、代金の回収方法として受取手形を使うことがあります。**受取手形**とは、期日に決まった金額をもらうことを約束して受け取った手形のことです。受取手形は 資産 の勘定科目です。

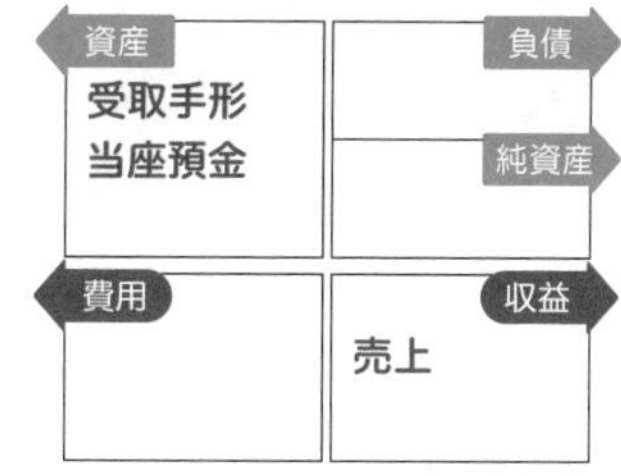

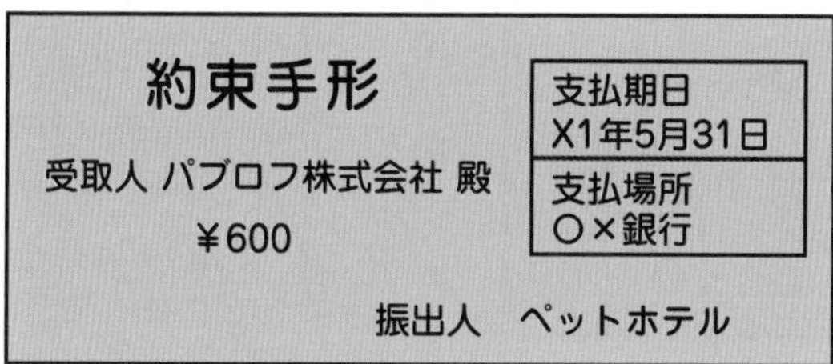
約束手形

受取人 パブロフ株式会社 殿

¥600

支払期日 X1年5月31日

支払場所 ○×銀行

振出人　ペットホテル

受取手形のポイント

受取手形の取引は次のように行われます。下のイラストではペットホテルのお姉さんが振出人、パブロフが受取人です。

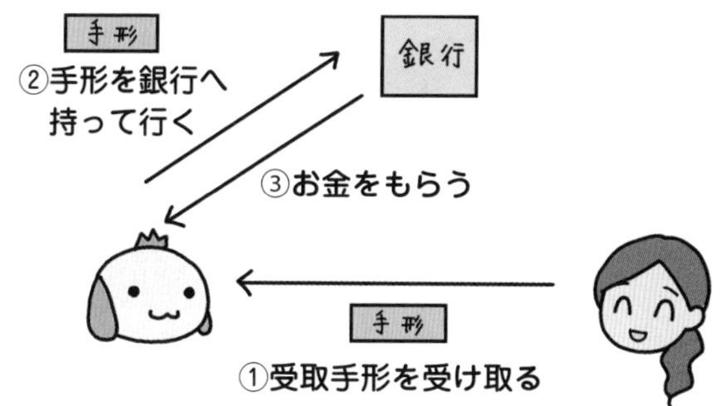

まとめ

1 商品を手形で売ったときの仕訳　**受取手形 600 / 売上 600**

2 受取手形が決済されたときの仕訳　**当座預金 600 / 受取手形 600**

Chapter03-03

重要度★★

電子記録債権と電子記録債務

手形の代わりに電子記録債権を使う会社が増えてきました。これは紙の手形を電子化する流れの中で生まれたものです。

商品を売ったときの仕訳

売掛金 200 / 売上 200

1 電子記録債権が発生したときの仕訳

❶売掛金を回収したので、**売掛金**が減る。売掛金は資産（ホームポジション左）なので、減るときは右に書く。

/ 売掛金 200

❷電子記録債権が発生したので、**電子記録債権**が増える。電子記録債権は資産（ホームポジション左）なので、増えるときは左に書く。

電子記録債権 200 / 売掛金 200

2 電子記録債権の入金があったときの仕訳

❶電子記録債権の入金があったので、**電子記録債権**が減る。電子記録債権は資産（ホームポジション左）なので、減るときは右に書く。

/ 電子記録債権 200

❷当座預金に入金されたので、**当座預金**が増える。当座預金は資産（ホームポジション左）なので、増えるときは左に書く。

当座預金 200 / 電子記録債権 200

電子記録債権の仕訳について

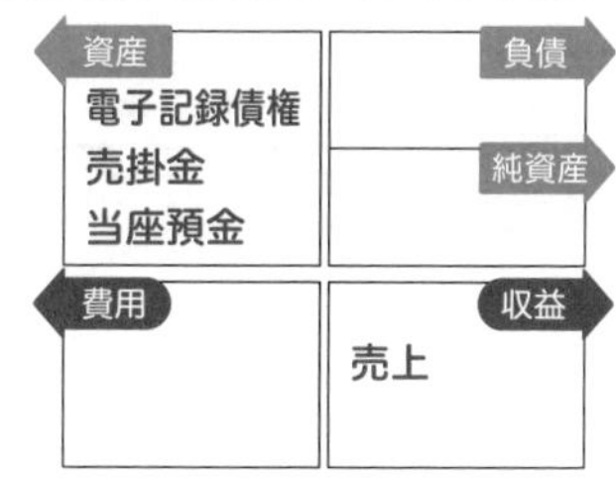

電子記録債権（通称：でんさい）とは、株式会社全銀電子債権ネットワーク（通称：でんさいネット）などの電子債権記録機関で電子記録として記録され、譲渡などが行われる金銭債権です。

商品の販売代金や売掛金などの回収を電子記録債権で行った場合、**電子記録債権**を使います。電子記録債権は 資産 の勘定科目です。仕訳を書くときには受取手形と同じと考えると簡単です。

電子記録債権のポイント

電子記録債権の取引は次のように行われます。今回は、債務者が請求しているので、債務者請求方式といいます。

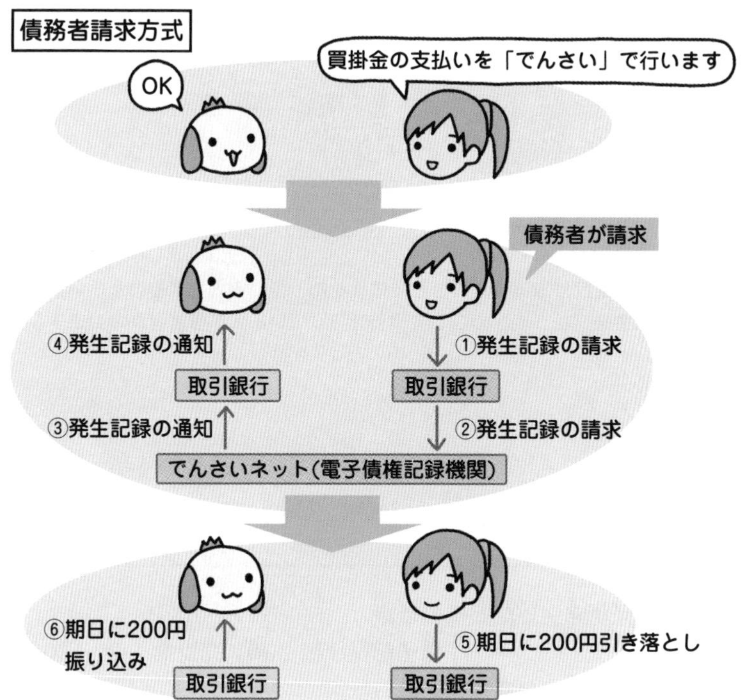

債務者請求方式の他に、債権者請求方式もあります。2つの請求方式については、覚える必要はありませんので、流れを理解しておきましょう。

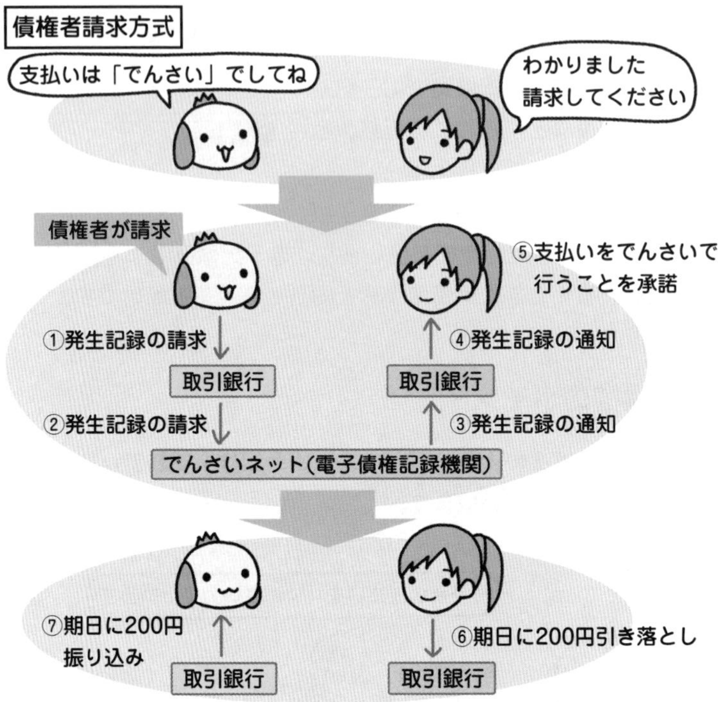

豆知識 債権と債務

債権とは、将来お金を受け取る権利のことで債権を持っている人を債権者といいます。
債務とは、将来お金を支払う義務のことで債務を持っている人を債務者といいます。

まとめ

1 電子記録債権が発生したときの仕訳

電子記録債権 200 / 売掛金 200

2 電子記録債権の入金があったときの仕訳

当座預金 200 / 電子記録債権 200

電子記録債務の仕訳について

商品の購入代金や買掛金などの支払いを電子記録債務で行った場合、**電子記録債務**という勘定科目を使います。電子記録債務は 負債 の勘定科目です。

商品を買ったときの仕訳

仕入 300 / 買掛金 300

1 電子記録債務が発生したときの仕訳

❶ **買掛金**が減ったので、左に書く。
買掛金 300 /

❷ 電子記録債務が発生したので、**電子記録債務**が増える。電子記録債務は負債（ホームポジション右）なので、増えるときは右に書く。
買掛金 300 / 電子記録債務 300

2 電子記録債務を返済したときの仕訳

❶ 電子記録債務を返済したので、**電子記録債務**が減る。減るときは左に書く。
電子記録債務 300 /

❷ **当座預金**が減ったので、右に書く。
電子記録債務 300 / 当座預金 300

まとめ

1 電子記録債務が発生したときの仕訳
買掛金 300 / 電子記録債務 300

2 電子記録債務を返済したときの仕訳
電子記録債務 300 / 当座預金 300

動画解説

練習問題 Chpter03 01-03

問題1から問題6の取引について仕訳しなさい。ただし、勘定科目は、次の中から最も適当と思われるものを選びなさい。

現金	当座預金	売上	仕入
前受金	前払金	売掛金	買掛金
電子記録債務	支払手形	受取手形	電子記録債権

問題1 P.074

仕入先から商品￥670,000を仕入れ、代金は同社宛ての約束手形を振り出した。

問題2 P.074

仕入先に振り出した約束手形￥248,000が決済され、当座預金口座から引き落とされた。

問題3 P.076

得意先へ商品￥360,000を売り上げ、得意先振り出しの約束手形￥360,000を受け取った。

問題4 P.078

得意先に対する売掛金￥520,000について、電子債権記録機関から取引銀行を通じて債権の発生記録の通知を受けた。

問題5 P.078

電子債権記録機関より発生記録の通知を受けていた電子記録債権の期日が到来し、当座預金口座に￥180,000が振り込まれた。

問題6 P.081

買掛金￥70,000について、取引銀行を通じて債務の発生記録を行ったため、電子記録債務に振り替えた。

解説・解答

問題1

❶商品を仕入れたので、仕入が増える。仕入は費用（ホームポジション左）なので、増えるときは左に書く。

仕入 670,000 /

❷問題文の「約束手形を振り出した」との指示より、支払手形が増えたことがわかる。支払手形は負債（ホームポジション右）なので、増えるときは右に書く。

仕入 670,000 / 支払手形 670,000

仕　　入	670,000	支払手形	670,000

問題2

❶支払手形を決済したので、支払手形が減る。支払手形は負債（ホームポジション右）なので、減るときは左に書く。

支払手形 248,000 /

❷当座預金口座から引き落とされたので、当座預金が減る。当座預金は資産（ホームポジション左）なので、減るときは右に書く。

支払手形 248,000 / 当座預金 248,000

支払手形	248,000	当座預金	248,000

問題3

❶商品を売り上げたので、売上が増える。売上は収益（ホームポジション右）なので、増えるときは右に書く。

/ 売上 360,000

❷問題文の「約束手形を受け取った」との指示より、受取手形が増えたことがわかる。受取手形は資産（ホームポジション左）なので、増えるときは左に書く。

受取手形 360,000 / 売上 360,000

受取手形	360,000	売　　上	360,000

問題4

❶問題文の「売掛金￥520,000について、電子債権記録機関から取引銀行を通じて債権の発生記録の通知を受けた」の意味は、売掛金を回収し電子記録債権が発生した、ということ。売掛金は資産（ホームポジション左）なので、減るときは右に書く。

/ **売掛金 520,000**

❷電子記録債権が発生したので、電子記録債権が増える。電子記録債権は資産（ホームポジション左）なので、増えるときは左に書く。

電子記録債権 520,000 / 売掛金 520,000

電子記録債権	520,000	売　掛　金	520,000

問題5

❶電子記録債権の期日が到来したので、電子記録債権が減る。電子記録債権は資産（ホームポジション左）なので、減るときは右に書く。

/ **電子記録債権 180,000**

❷当座預金口座に振り込まれたので、当座預金が増える。当座預金は資産（ホームポジション左）なので、増えるときは左に書く。

当座預金 180,000 / 電子記録債権 180,000

当　座　預　金	180,000	電子記録債権	180,000

問題6

❶問題文の「買掛金￥70,000について、取引銀行を通じて債務の発生記録を行ったため、電子記録債務に振り替えた」の意味は、買掛金を支払い、電子記録債務が発生した、ということ。買掛金は負債（ホームポジション右）なので、減るときは左に書く。

買掛金 70,000 /

❷電子記録債務が発生したので、電子記録債務が増える。電子記録債務は負債（ホームポジション右）なので、増えるときは右に書く。

買掛金 70,000 / 電子記録債務 70,000

買　掛　金	70,000	電子記録債務	70,000

豆知識 **金額のカンマは必要？**

数学では数字を羅列しますが、簿記では4桁以上の数字を書くさいには、3桁ごとにカンマ , を書きます。統一試験（紙の試験）の解答でもカンマを書きましょう。ネット試験ではカンマなしで数字を入力すると自動的にカンマが付く仕組みになっています。

Part1 | 仕訳

Chapter04
現金・預金

Chapter04-01

重要度★★

現金

簿記で使う「現金」という勘定科目は、一般的に使われる現金とは少し異なります。

現金の範囲

現金という勘定科目には、通貨と通貨代用証券が含まれます。

通貨	**紙幣・硬貨**	紙幣とは一万円札、五千円札、千円札などのことで、硬貨は500円硬貨、100円硬貨などのこと。紙幣・硬貨は一般的に使われる現金と同じく、簿記でも現金として扱われる。
通貨代用証券	**他店振り出しの小切手（他店振出小切手）**	他の会社が振り出した小切手を他店振り出しの小切手（他店振出小切手）という。他店振り出しの小切手は、銀行へ持って行けばすぐに換金できるので、他社から小切手を受け取った時点で現金として扱う。詳しくはP.100で説明。
	普通為替証書	お金を送る人がゆうちょ銀行や郵便局で普通為替証書を買い、お金を受け取る人へ送る。普通為替証書を受け取った人はゆうちょ銀行などへ持って行くと換金できる。ゆうちょ銀行などへ持って行くとすぐに換金できることから現金として扱う。
	送金小切手	お金を送る人が銀行で送金小切手を買い、お金を受け取る人へ送る。送金小切手を受け取った人は銀行へ持って行くと換金できる。銀行へ持って行くとすぐに換金できることから現金として扱う。送金小切手は、P.096で扱う小切手とは異なるものである。

現金と紛らわしいが現金ではないもの

当社振り出しの小切手（自己振出小切手）	当社が振り出した小切手を自己振出小切手という。自己振出小切手を受け取るということは、以前に当社が振り出した小切手が戻ってきたということなので、振り出したときに行った当座預金の減少を取り消す仕訳を行う。詳しくはP.102で説明。
郵便切手	現金ではなく通信費または貯蔵品として扱う。 詳しくはP.176で説明。
収入印紙	現金ではなく租税公課または貯蔵品として扱う。 詳しくはP.176で説明。

現金の仕訳について

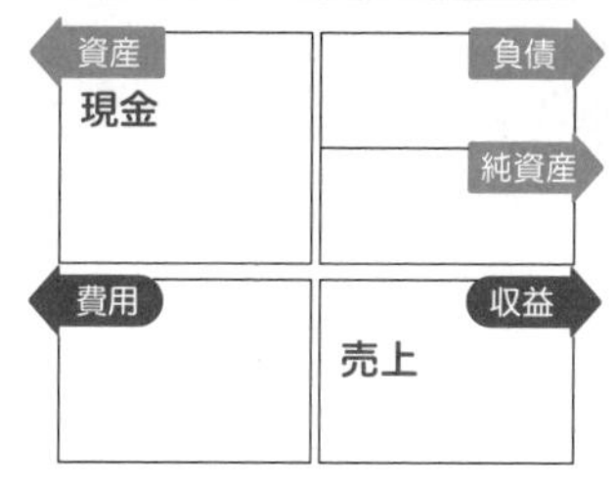

現金とは、会社が所持している通貨（紙幣・硬貨）と通貨代用証券（他店振出小切手、普通為替証書、送金小切手など）のことです。現金は盗難の危険性があるため、預金通帳と一緒に金庫に保管するのが一般です。現金は 資産 の勘定科目です。

現金実査（げんきんじっさ）とは

会社の金庫に保存されている現金（手許（てもと）にある現金）を数えることを現金実査といいます。会社では、盗難や横領を防止するため、毎日現金実査を行うことが一般的です。簿記の問題では、毎月末、決算などのタイミングで現金実査を行うことが多いです。現金実査では、**現金の範囲**に含まれているものを現金として数えます。

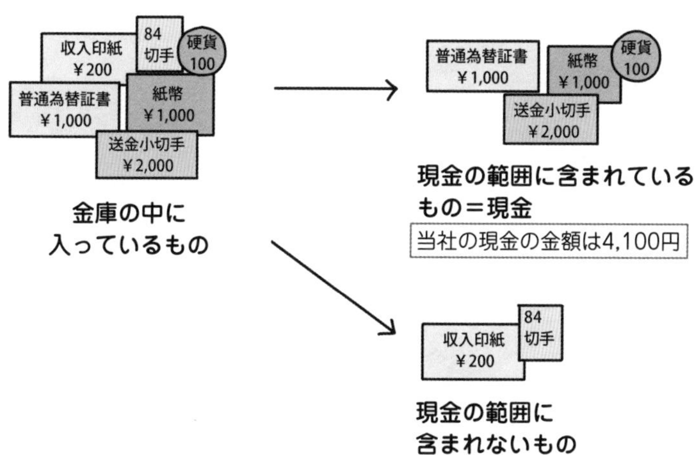

このページでは、何が現金に含まれるかを覚えよう。細かい定義は覚えなくて大丈夫だよ。

Chapter04-02

重要度★★★

現金過不足(げんきんかぶそく)

現金実査を行うと「手許(てもと)にある現金の金額」がわかります。この手許現金の金額と、「帳簿上の現金の金額」がズレることがあります。

1 現金過不足が発生したときの仕訳

❶「帳簿上の現金残高4,920」が「手許現金の金額3,420」になるように調整する。「帳簿上の現金残高4,920」なので、帳簿上の現金を1,500減らすと手許現金の金額となる。**現金**を減らすので、右に書く。

/ 現金 1,500

❷**現金過不足**が発生したので、左に現金過不足と書く。

現金過不足 1,500 / 現金 1,500

2 原因が判明したときの仕訳

❶忘れていた発送費の仕訳を書く。**発送費**が増えるので、左に書く。

発送費 500 /

❷ 1 で発生した現金過不足の原因が分かったので、**現金過不足**を減らす。

発送費 500 / 現金過不足 500

3 決算：現金過不足を精算するときの決算整理仕訳

❶残っている現金過不足を精算する。**現金過不足**を減らすので、右に書く。

1,500円－500円＝1,000円

/ 現金過不足 1,000

❷仕訳の左側に記入する場合は、雑損を使う。**雑損**が増えるので、左に書く。

雑損 1,000 / 現金過不足 1,000

現金過不足の仕訳について

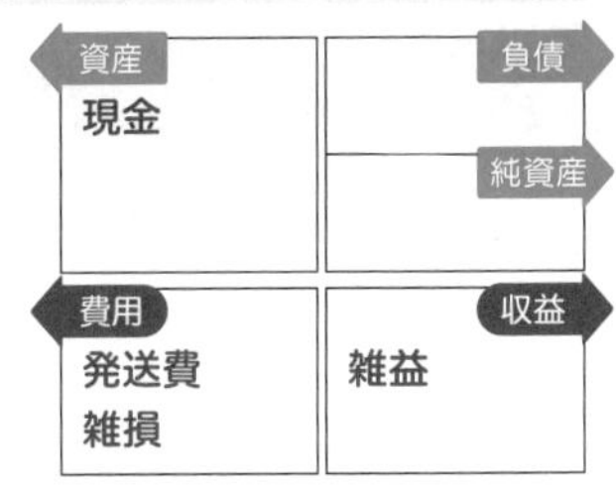

「帳簿上の現金残高」と「手許現金の金額」にズレが生じた場合には、「帳簿上の現金残高」が「手許現金の金額」になるように調整する必要があります。この調整によって生じる差額が**現金過不足**です。仮の勘定科目なので、決算で現金過不足の精算をすると残高が0円になります。現金過不足は 資産 、 負債 のどちらにも発生します。

雑損とは、他の勘定科目に分類できない費用の金額です。決算時に残った現金過不足の金額は雑損に振り替えます。雑損は 費用 の勘定科目です。**雑益**とは、他の勘定科目に分類できない収益の金額です。決算時に残った現金過不足の金額は雑益に振り替えます。雑益は 収益 の勘定科目です。

現金実査と現金過不足

手許現金の金額を数えることを現金実査といいます（Chapter04-01）。実際に数えた金額である「手許現金の金額」が正しいので、帳簿上の現金の残高を「手許現金の金額」と一致するように現金過不足を使って調整します。現金過不足が発生した場合、仕訳の漏れや間違いがないか原因を確認します。原因が判明したとき、仕訳を書き、現金過不足を解消していきます。

現金過不足と雑損・雑益

決算時に現金過不足が残った場合、雑損または雑益に振り替えます。これを現金過不足の精算といいます。現金過不足は仮の勘定なので、最終的に残高を0円にするため、現金過不足の精算を行います。

まとめ

1 現金過不足が発生したときの仕訳

現金過不足 1,500 / 現金 1,500

2 原因が判明したときの仕訳　**発送費 500 / 現金過不足 500**

3 決算：現金過不足を精算するときの決算整理仕訳

雑損 1,000 / 現金過不足 1,000

Chapter04-03

重要度★

小口現金（こぐちげんきん）

担当部署内で経費をすぐに現金払いできるように、あらかじめ社員に渡しておく少額の現金のことを小口現金（こぐちげんきん）といいます。

1 小口現金を補充したときの仕訳

❶ **現金**が減ったので、右に現金と書く。

/ 現金 1,000

❷ 担当部門の**小口現金**が増える。小口現金は資産（ホームポジション左）なので、増えるときは左に書く。

小口現金 1,000 / 現金 1,000

2 報告を受けたときの仕訳

❶ 電気代が発生したので、**水道光熱費**が増える。水道光熱費は費用（ホームポジション左）なので、増えるときは左に書く。

水道光熱費 200 /

❷ 小口現金から支払ったので、**小口現金**が減る。小口現金は資産（ホームポジション左）なので、減ったときは右に書く。

水道光熱費 200 / 小口現金 200

3 小口現金を補充したときの仕訳

❶ **現金**が減ったので、右に書く。

/ 現金 200

❷ 担当部門の**小口現金**が増えるので、左に書く。

小口現金 200 / 現金 200

小口現金の仕訳について

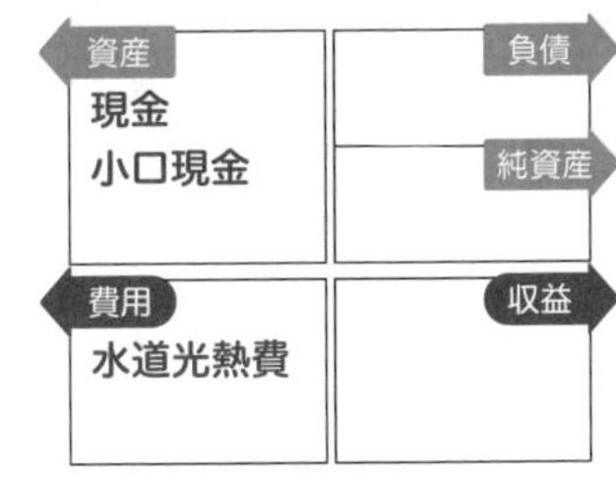

小口現金とは、小口係が所持している現金のことです。会社の現金は財務経理部門が金庫で管理しているため、担当部署で現金の受け取りや支払いがある場合、その都度、財務経理部門に連絡することとなり不便です。小口係が小口現金を所持していることにより、日常的に行うお金の支払いがスムーズになります。小口現金は 資産 の勘定科目です。

小口現金のポイント

小口現金は、インプレスト・システム（定額資金前渡制度（ていがくしきんまえわたしせいど））とも呼ばれます。今回の例では、ミホさんに1,000円を渡しておき、月初や月末に、使った内容の報告をもらいます。報告を受けたとき、パブロフが小口現金を補充することで、ミホさんは一定のお金を自由に使うことができます。

小口現金は定額資金前渡制度という名前の通り、一定額のお金を維持します。今回の例では、小口現金を電気代200円で支払い、残り800円となりました。パブロフが月末に200円を補充し、小口現金が1,000円となりました。小口現金は月末か月初のタイミングで補充します。

小口現金の主な用途	勘定科目名
電気代、水道代、ガス代	水道光熱費
ペンやコピー用紙などの文房具代	消耗品費
携帯電話代、切手代、はがき代	通信費
電車代、タクシー代、ホテルの宿泊代	旅費交通費
荷物の送料	発送費

まとめ

1 小口現金を補充したときの仕訳 **小口現金 1,000 / 現金 1,000**
2 報告を受けたときの仕訳 **水道光熱費 200 / 小口現金 200**
3 小口現金を補充したときの仕訳 **小口現金 200 / 現金 200**

動画解説

練習問題 Chapter04 01-03

問題1は金額を答え、問題2から問題3の取引について仕訳しなさい。ただし、勘定科目は、次の中から最も適当と思われるものを選びなさい。

現　　金	**小口現金**	**当座預金**	**現金過不足**
旅費交通費	**売　　上**	**租税公課**	**支払手数料**
通信費	**発送費**	**雑　　損**	**雑　　益**

問題1

P.086

金庫を実査したところ、下記のものが保管されていた。現金の実際残高はいくらか答えなさい。

①紙幣　¥71,290
②送金小切手　¥1,200
③郵便切手　¥2,910
④収入印紙　¥9,250
⑤当社振り出しの小切手　¥60,000
⑥他店振り出しの小切手　¥190,000

問題2

P.088

決算において、現金過不足の精算を行った。現金過不足額¥1,570（借方残高）のうち、¥1,000は携帯電話代の記入漏れであり、残額は原因不明であったため、適切に処理した。

問題3

P.090

小口現金係から1週間分の支払い報告（電車代¥27,000、商品の送料¥8,400）を受けた。

豆知識 **現金過不足が出てこない場合**

決算でのみ現金実査を行う会社では、期中に現金過不足は計上されず、決算で「帳簿上の現金残高」と「手許現金の金額」の差を**雑損**または**雑益**にする仕訳を書くことになります。

例題　決算において、現金の帳簿残高2,500円であったが、金庫を実査したところ実際有高は2,000円であった。差額は雑損として処理した。

仕訳　**雑損 500 / 現金 500**

解説・解答

問題1

6種類のうち、現金の範囲に含めるものは、①紙幣、②送金小切手、⑥他店振り出しの小切手の3つである。3つを集計すれば、現金の実際残高がわかる。

①71,290＋②1,200＋⑥190,000＝262,490

¥262,490

問題2

❶決算のタイミングで、現金過不足の精算を行ったため、現金過不足の金額をすべて取り消す。現金過不足1,570は借方残高なので、左側に残高がある。現金過不足を減らすときは、右に書く。

/ 現金過不足 1,570

❷携帯電話代が発生したので、通信費が増える。通信費は費用（ホームポジション左）なので、増えるときは左に書く。

通信費 1,000 / 現金過不足 1,570

❸仕訳の左側と右側の差額を計算する。差額が左側なので、雑損を使う。

通信費 1,000 / 現金過不足 1,570
雑損 570 /

通　信　費	1,000	現金過不足	1,570
雑　　　損	570		

問題3

❶電車代と商品の送料が発生したので、旅費交通費と発送費が増える。旅費交通費と発送費は費用（ホームポジション左）なので、増えるときは左に書く。

旅費交通費 27,000 /
発送費 8,400 /

❷小口現金から支払ったので、小口現金が減る。小口現金は資産（ホームポジション左）なので、減るときは右に書く。

旅費交通費 27,000 / **小口現金 35,400**
発送費 8,400 /

解答

旅費交通費	27,000	小 口 現 金	35,400
発　送　費	8,400		

Chapter04-04

重要度★

普通預金(ふつうよきん)と定期預金(ていきよきん)

会社の銀行口座には普通預金(ふつうよきん)、定期預金(ていきよきん)、当座預金(とうざよきん)の3種類があります。今回は普通預金と定期預金について見ていきましょう。

1 普通預金に預けたときの仕訳

❶**現金**が減ったので、右に書く。

/ 現金 2,000

❷普通預金に預けたので、**普通預金**が増える。普通預金は資産（ホームポジション左）なので、増えるときは左に書く。

普通預金 2,000 / 現金 2,000

2 利息を受け取ったときの仕訳

❶**普通預金**が増えたので、左に書く。

普通預金 10 /

❷利息を受け取ったので、**受取利息**が増える。受取利息は収益（ホームポジション右）なので、増えるときは右に書く。

普通預金 10 / 受取利息 10

3 定期預金に預けたときの仕訳

❶**現金**が減ったので、右に書く。

/ 現金 4,000

❷定期預金に預けたので、**定期預金**が増える。定期預金は資産（ホームポジション左）なので、増えるときは左に書く。

定期預金 4,000 / 現金 4,000

4 利息を受け取ったときの仕訳

❶**定期預金**が増えたので、左に書く。

定期預金 40 /

❷**受取利息**が増えたので、右に書く。

定期預金 40 / 受取利息 40

普通預金と定期預金の仕訳について

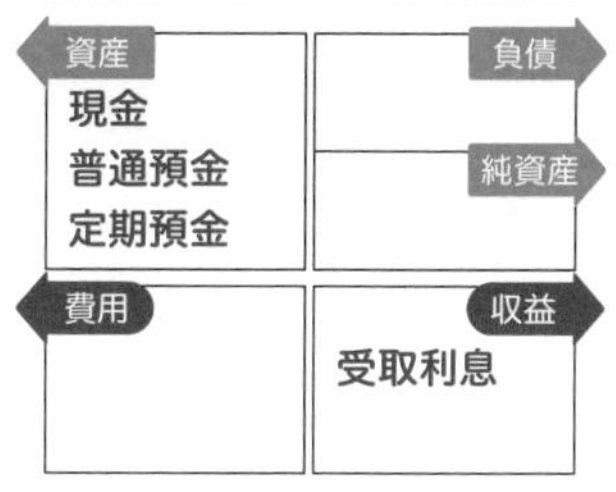

普通預金とは、会社が開設した普通預金口座のことです。普通預金は 資産 の勘定科目です。**定期預金**とは、会社が開設した定期預金口座のことです。定期預金は 資産 の勘定科目です。

銀行の普通預金口座や定期預金口座にお金を預けると利息を受け取ることができます。会社が受け取った利息のことを**受取利息**（うけとりりそく）といいます。受取利息は 収益 の勘定科目です。

銀行口座の種類

簿記3級で学習する銀行口座には、普通預金、定期預金、当座預金の3種類があります。当座預金は次のページで学習しますが、それぞれの違いをまとめると次のようになります。定期預金の場合、一定期間口座からお金を引き出すことができませんが、普通預金に比べて利息が多い（利率が高い）のが特徴です。当座預金は利息が付きませんが、小切手を振り出すことができる点が特徴です。

	普通預金	定期預金	当座預金
目的	貯金や送金、引き落としを行うため	貯金して利息を受け取るため	小切手や手形の支払いを決済するため
送金や引き落とし	○	×	○
小切手が使える	×	×	○
手形の決済	×	×	○
利息が付く	○	○	×
通帳の有無や記帳	あり	あり	なし

まとめ

1 普通預金に預けたときの仕訳	普通預金	2,000	現金	2,000
2 利息を受け取ったときの仕訳	普通預金	10	受取利息	10
3 定期預金に預けたときの仕訳	定期預金	4,000	現金	4,000
4 利息を受け取ったときの仕訳	定期預金	40	受取利息	40

Chapter04-05

重要度 ★★★

当座預金（とうざよきん）

今回は当座預金（とうざよきん）について学習します。当座預金は、小切手を振（ふ）り出（だ）す（小切手で支払う）ことができる点がポイントです。

1 当座預金に預けたときの仕訳

❶ **現金**が減ったので、右に書く。

/ 現金 3,000

❷ 当座預金に預けたので、**当座預金**が増える。当座預金は資産（ホームポジション左）なので、増えるときは左に書く。

当座預金 3,000 / 現金 3,000

2 小切手を振り出したときの仕訳

❶ 商品を買ったので、**仕入**が増える。仕入は費用（ホームポジション左）なので、増えるときは左に書く。

仕入 800 /

❷「小切手を振り出した（小切手で支払った）」とは、「当座預金口座から支払った」ということで、**当座預金**が減る。当座預金は資産（ホームポジション左）なので、減るときは右に書く。

仕入 800 / 当座預金 800

当座預金の仕訳について

当座預金とは、会社が開設した当座預金口座のことです。当座預金は 資産 の勘定科目です。当座預金口座を開設すると、小切手を利用することができます。

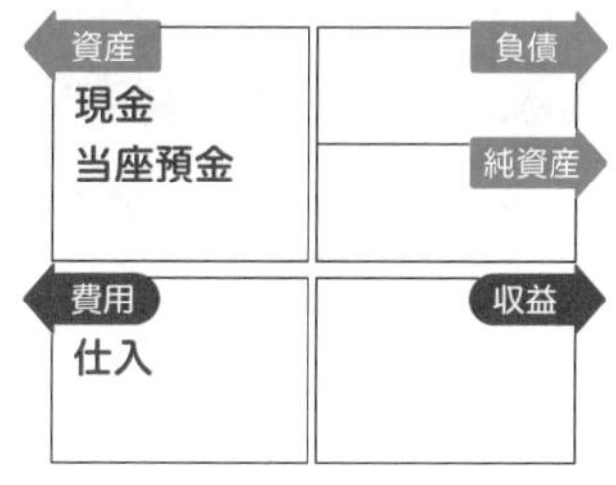

小切手について

小切手とは、代金の支払いを行うことができる紙で、後日当座預金口座から引き落とされます。**小切手を振り出す**とは、当社の小切手を相手に渡すことを意味し、代金の支払いに利用されます。小切手を使うことで多くのメリットがあります。例えば、200万円の自動車を買う場合に小切手を振り出すことで、多額の現金を持ち歩く必要はありません。相手先の銀行口座にお金を振り込む手間も不要です。

小切手のポイント

小切手の仕組みは次のようになっています。④で当座預金から引き落とされますが、①の小切手の振り出しのときに当座預金の減少として仕訳しておきます。これは、①があった時点で、④まで行われることが確実だからです。

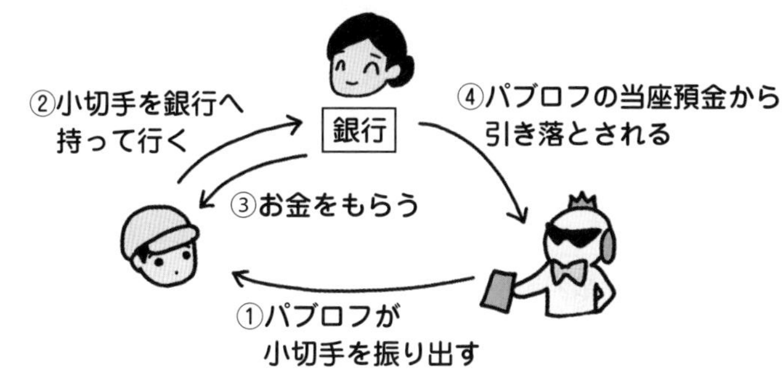

まとめ

1 当座預金に預けたときの仕訳　**当座預金 3,000 / 現金 3,000**

2 小切手を振り出したときの仕訳　**仕入 800 / 当座預金 800**

Chapter04-06

重要度★

複数口座

会社は目的に応じて複数の普通預金や当座預金を開設していることがあります。今回は複数口座について学習します。

1 普通預金いぬ銀行に預けたときの仕訳

❶ **現金**が減ったので、右に書く。

/ 現金 1,000

❷ いぬ銀行の普通預金に預けたので、**普通預金いぬ銀行**が増える。左に書く。

普通預金いぬ銀行 1,000 / 現金 1,000

2 当社の銀行口座間で振り込みしたときの仕訳

❶ **普通預金いぬ銀行**が減ったので、右に書く。

計算式：400＋30＝430

/ 普通預金いぬ銀行 430

❷ **普通預金ねこ銀行**が増えたので、左に書く。

普通預金ねこ銀行 400 / 普通預金いぬ銀行 430

❸ いぬ銀行に手数料を支払ったので、**支払手数料**が増える。支払手数料は費用（ホームポジション左）なので、増えるときは左に書く。

普通預金ねこ銀行 400	普通預金いぬ銀行 430
支払手数料 30	

複数口座の仕訳について

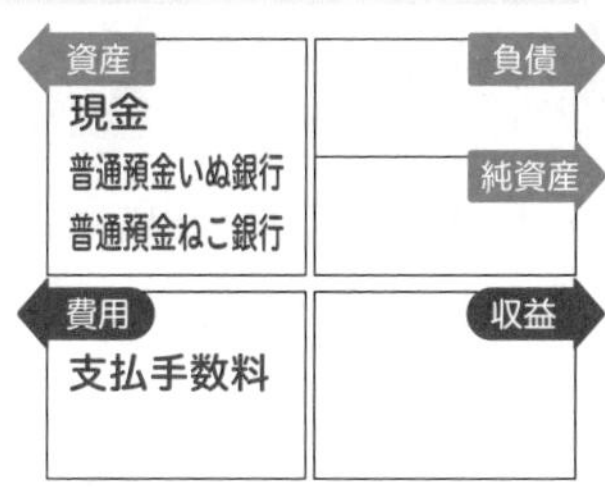

会社は、複数の普通預金や当座預金を開設し、目的によってそれぞれの口座を使い分けています。簿記では、勘定科目に銀行名をつけて区別することがあります。普通預金〇〇銀行、当座預金〇〇銀行、定期預金〇〇銀行のように書きますが、普通預金、当座預金、定期預金と同じく 資産 の勘定科目です。

支払手数料とは、銀行に支払う振込手数料など、当社が手数料を支払う場合に使う勘定科目です。支払手数料は 費用 の勘定科目です。支払手数料は、当社の銀行口座間で振り込みをする場合だけでなく、当社から他社の銀行口座へ振り込む場合にもかかります。

複数口座の仕訳は簡単！

そうだね。簡単な仕訳は素早く終わらせて、難しい仕訳の理解に時間をかけると、学習の効率がアップするよ。

やるぞやるぞ～♪

まとめ

1 普通預金いぬ銀行に預けたときの仕訳

普通預金いぬ銀行 1,000 / 現金 1,000

2 当社の銀行口座間で振り込みしたときの仕訳

普通預金ねこ銀行 400	**普通預金いぬ銀行430**
支払手数料 30	

Chapter04-07

重要度★★★

他店振出小切手（たてんふりだしこぎって）

他の会社が振り出した小切手を他店振出小切手（たてんふりだしこぎって）といいます。他店振出小切手を受け取った場合、「現金」を受け取ったと考えます。

他店振出小切手を受け取ったときの仕訳

❶ 商品を売ったので、**売上**が増える。右に書く。

/ 売上 200

❷ 他店振出小切手は現金の範囲に含まれる。「他店振出小切手を受け取った」とは、「現金を受け取った」ということで、**現金**が増える。左に書く。

現金 200 / 売上 200

他店振出小切手の仕訳について

他店振出小切手とは、他店や他社が振り出した小切手のことです。他店振出小切手は、銀行へ持って行けばすぐにお金に換えてもらえるので、他店から小切手を受け取った時点で**現金**勘定で仕訳します。また、手許にある他店振出小切手は現金に含まれます。

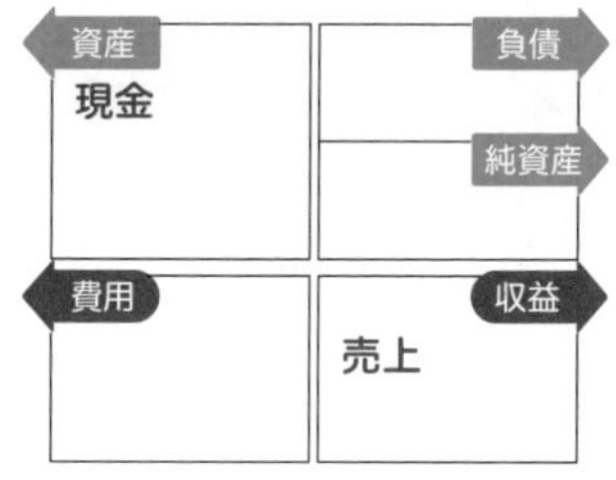

小切手のまとめ

「当社が小切手を振り出すときの仕訳」と「他店が振り出した小切手を受け取るときの仕訳」は試験によく出題されますが、間違えやすいので下のように整理しておきましょう。

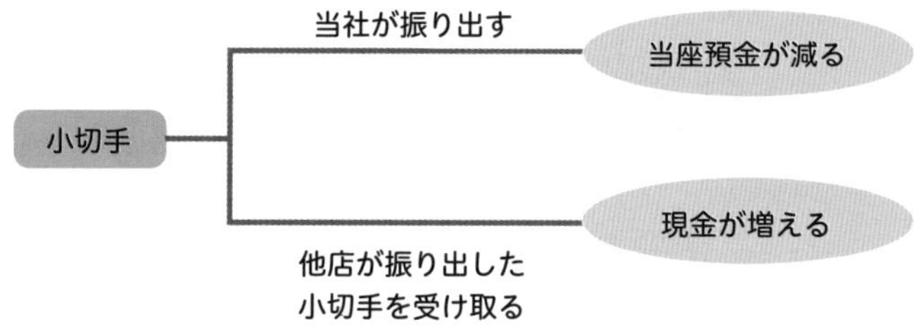

まとめ

他店振出小切手を受け取ったときの仕訳　　**現金 200 / 売上 200**

Chapter04-08

重要度★

自己振出小切手

（じこふりだしこぎって）

当社が振り出した小切手が後日、当社に戻ってきた場合の仕訳を学びましょう。

1 小切手を振り出したときの仕訳

❶ 文房具を買ったときは、**消耗品費**を使う。消耗品費は費用（ホームポジション左）なので、増えるときは左に書く。

消耗品費 200 /

❷ 小切手を振り出したので、**当座預金**が減る。右に書く。

消耗品費 200 / 当座預金 200

2 自己振出小切手が戻ってきたときの仕訳

❶ 商品を売ったので、**売上**が増える。右に書く。

/ 売上 200

❷「自己振出小切手（当社が振り出した小切手）が戻ってきた」というのは、1で仕訳した当座預金の減少を取り消す、ということ。**当座預金**が増えるので、左に書く。

当座預金 200 / 売上 200

自己振出小切手(じこふりだしこぎって)の仕訳について

自己振出小切手とは、当社が振り出した小切手のことです。自己振出小切手が戻ってくるということは、以前に当社が振り出した小切手が戻ってきたということです。「振り出したときに行った当座預金の減少」を取り消すため、**当座預金**を増やす仕訳を書きます。自己振出小切手はめったに出題されませんので、余裕がない方は覚えなくても構いません。

自己振出小切手のまとめ

自己振出小切手の取引をまとめると次のようになります。自己振出小切手の重要度は低いので、まずはChapter04の05と07を重点的に学習しましょう。

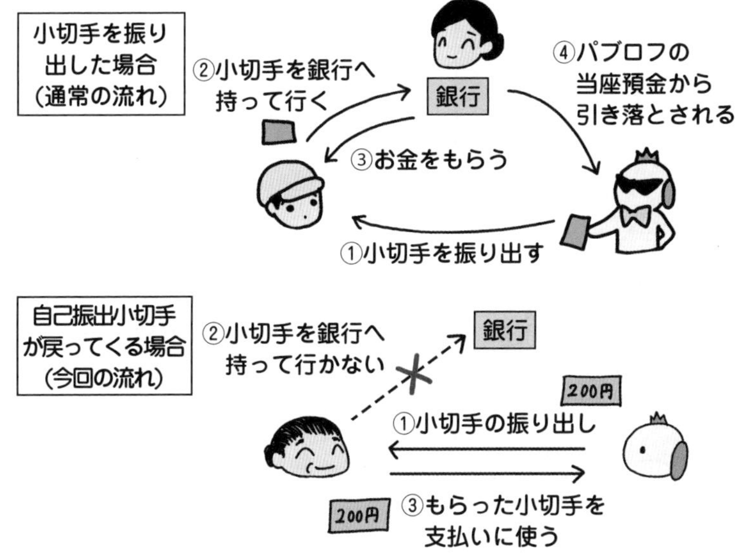

まとめ

1 小切手を振り出したときの仕訳　**消耗品費 200 / 当座預金 200**

2 自己振出小切手が戻ってきたときの仕訳　**当座預金 200 / 売上 200**

Chapter04-09

重要度 ★★

当座借越（とうざかりこし）

当座預金の残高がマイナスになることを当座借越（とうざかりこし）といいます。

1 当座預金が足りないときの仕訳

❶ 商品を買ったので、**仕入**が増える。左に書く。

仕入 1,200 /

❷ 小切手を振り出したので、**当座預金**が減る。右に書く。

仕入 1,200 / 当座預金 1,200

❸ この結果、当座預金の残高は1,000円－1,200円＝△200円（マイナス残高）となり、貸方残高が200円の状態。

2 決算：当座借越に振り替える決算整理仕訳

❶ 当座預金の残高がマイナス（貸方）なので、当座預金から当座借越に振り替える。当座借越は負債（ホームポジション右）なので、**当座借越**が増えるときは右に書く。

/ 当座借越 200

❷ 当座預金の貸方残高（右側に残高がある状況）を0円にするので、左に**当座預金**と書く。

当座預金 200 / 当座借越 200

3 翌期の期首の再振替仕訳

❶ 前期の決算で計上した当座借越200円を取り消す（0円にする）。**当座借越**を減らすので、左に書く。

当座借越 200 /

❷ **当座預金**をマイナス残高に戻すので、右に書く。

当座借越 200 / 当座預金 200

当座借越の仕訳について

当社と銀行で当座借越契約を結んでおくと、当座預金残高を超えた金額の支払いでも銀行が立て替えてくれます。この当座預金残高を超えた部分を**当座借越**といいます。当座借越は 負債 の勘定科目です。

当座借越契約とは、当社と銀行で当座借越について取り決めた契約のことです。契約のさいに、いくらまで当座借越ができるかを決めておき、この金額を**当座借越極度額**(とうざかりこしきょくどがく)といいます。

1 当座預金が足りないときの仕訳

当座預金の残高が足りなくても、期中は当座預金で仕訳を行います。

2 決算:当座借越に振り替える決算整理仕訳

決算のタイミングで、当座預金の残高がマイナスとなっている場合（貸方残高になっている場合）、当座預金から当座借越に振り替えます。**振り替える**とは、ある勘定科目から他の勘定科目へ金額を移動させる仕訳を行うことです。今回の例では、当座預金200円（貸方残高）を当座借越（貸方残高）へ移動しています。当座預金のマイナス残高というのは、銀行にお金を借りている状況ですので、当座預金という勘定科目から当座借越という勘定科目に修正しているのです。なお、当座借越の代わりに**借入金**(かりいれきん)という勘定科目を使うこともあります（P.108豆知識参照）。

3 翌期の期首の再振替仕訳

当座借越は、決算での一時的な処理です。このため、翌期の期首に取り消す必要があり、翌期の期首に再振替仕訳（2の逆仕訳）を行います。

まとめ

1 当座預金が足りないときの仕訳	**仕入**	**1,200**	**/ 当座預金**	**1,200**
2 決算：当座借越に振り替える決算整理仕訳				
	当座預金	**200**	**/ 当座借越**	**200**
3 翌期の期首の再振替仕訳	**当座借越**	**200**	**/ 当座預金**	**200**

動画解説

練習問題 Chapter04 04-09

問題1から問題6の取引について仕訳しなさい。ただし、勘定科目は、次の中から最も適当と思われるものを選びなさい。

現　　金	普通預金	当座預金	当座借越
仕　　入	売　　上	買 掛 金	売 掛 金

問題1 P.094

当社の普通預金口座に現金￥1,000,000を入金した。

問題2 P.096

仕入先から商品￥290,000を仕入れ、小切手を振り出して支払った。

問題3 P.100

九州商店へ商品￥450,000を売り上げ、九州商店振り出しの小切手を受け取った。

問題4 P.104

買掛金￥230,000の支払いのため、小切手を振り出した。当座預金残高は￥200,000であり、当座借越極度額は￥1,000,000 である。

問題5 P.104

決算において、当座預金勘定の残高が￥30,000（貸方）となっているため、当座借越勘定へ振り替える。

問題6 P.104

前期末の決算において、当座借越￥30,000を計上したため、当期の期首に再振替仕訳を行う。

解説・解答

問題1

❶現金を入金したので、現金が減る。現金は資産（ホームポジション左）なので、減るときは右に書く。

/ 現金 1,000,000

❷普通預金口座に入金したので、普通預金が増える。普通預金は資産（ホームポジション左）なので、増えるときは左に書く。

普通預金 1,000,000 / 現金 1,000,000

普 通 預 金	1,000,000	現　　金	1,000,000

問題2

❶商品を仕入れたので、仕入が増える。左に書く。

仕入 290,000 /

❷問題文の「小切手を振り出して支払った」との指示より、当座預金口座から支払っていることがわかる。当座預金は資産（ホームポジション左）なので、減るときは右に書く。

仕入 290,000 / 当座預金 290,000

仕　　入	290,000	当 座 預 金	290,000

問題3

❶商品を売り上げたので、売上が増える。右に書く。

/ 売上 450,000

❷問題文の「九州商店振り出しの小切手を受け取った」との指示より、他店振出小切手を受け取ったことがわかる。他店振出小切手は現金の範囲に含まれるため、他店振出小切手を受け取ったときは現金が増える。左に書く。

現金 450,000 / 売上 450,000

現　　金	450,000	売　　上	450,000

問題4

❶買掛金を支払ったので、買掛金が減る。買掛金は負債（ホームポジション右）なので、買掛金が減るときは左に書く。

買掛金 230,000 /

❷問題文の「小切手を振り出した」との指示より、当座預金口座から支払ってい

Part 1 仕訳

Ch 04 現金・預金

ることがわかる。当座預金が減るので、右に書く。なお、期中の取引の仕訳では、当座預金の残高がマイナスとなっても当座預金を使って仕訳を書く。

買掛金 230,000 / 当座預金 230,000

買掛金	230,000	当座預金	230,000

問題5

❶当座預金は資産（ホームポジション左）の勘定科目であり、貸方の残高（右側の残高）ということは残高がマイナスとなっている。当座預金の残高がマイナス（貸方）なので、当座預金から当座借越に振り替える。当座借越は負債（ホームポジション右）なので、増えるときは右に書く。

/ 当座借越 30,000

❷当座預金の貸方（右側）残高30,000円を0円にするため、左に当座預金と書く。

当座預金 30,000 / 当座借越 30,000

当座預金	30,000	当座借越	30,000

豆知識 **当座借越の代わりに借入金を使う場合**

当座借越の代わりに借入金を使って仕訳をすることもあります。問題で使用できる勘定科目や問題文の指示に従って判断しましょう。

例題 決算において、当座預金勘定の残高が30,000円（貸方）となっているため、借入金勘定へ振り替える。

仕訳 **当座預金 30,000 / 借入金 30,000**

問題6

❶前期の決算で計上した当座借越30,000円を取り消す（0円にする）。当座借越は負債（ホームポジション右）なので、減るときは左に書く。

当座借越 30,000 /

❷当座預金をマイナス残高に戻すので、右に書く。

当座借越 30,000 / 当座預金 30,000

なお、問題5の解答の仕訳を見ながら、逆仕訳を書いてみると簡単に解答を導くことができる。

当座借越	30,000	当座預金	30,000

Part1 仕訳

Chapter05
固定資産

Chapter05-01

重要度 ★★★

固定資産(購入)

簿記では、建物、自動車、備品、土地などをまとめて固定資産(こていしさん)といいます。商品は販売目的で仕入れますが、固定資産は使用するために購入します。

1 車両を後払いで買ったときの仕訳

❶ リヤカーを買ったので、**車両運搬具**が増える。車両運搬具は資産(ホームポジション左)なので、増えるときは左に書く。

車両運搬具 1,000 /

❷ リヤカーの代金は翌月に支払う(後払い)なので、**未払金**が増える。未払金は負債(ホームポジション右)なので、増えるときは右に書く。

車両運搬具 1,000 / 未払金 1,000

2 未払金を支払ったときの仕訳

❶ 現金で支払ったので、**現金**が減る。右に書く。

/ 現金 1,000

❷ 未払金を支払ったので、**未払金**が減る。未払金は負債(ホームポジション右)なので、減るときは左に書く。

未払金 1,000 / 現金 1,000

固定資産（購入）の仕訳について

固定資産とは、建物（たてもの）、備品（びひん）、車両運搬具（しゃりょううんぱんぐ）、土地など、長期間使う資産をいいます。固定資産は 資産（ホームポジション左）の勘定科目です。簿記では自動車のことを**車両運搬具**という勘定科目を使って仕訳します。

商品を仕入れるときに後払いをする場合は買掛金を使いましたが、固定資産など会社の本来の営業取引以外のもの（商品以外のもの）を後払いで買う場合には、**未払金**を使います。未払金は 負債 の勘定科目です。

建物	会社の本社ビル、店舗、事務所、倉庫など
備品	パソコン、コピー機、プリンター、机、イス、棚など
車両運搬具	トラック、営業用の自動車、商品を運ぶリヤカーなど
土地	会社の本社ビルの土地、店舗の土地、建設予定地など

固定資産（購入）のポイント

固定資産の購入の仕訳で使用する金額は**取得原価**（しゅとくげんか）です。取得原価とは、車両運搬具の購入代価（車両運搬具の本体の価格）に付随費用（仲介手数料、引取運賃など）を含めた金額のことをいいます。

購入代価＋付随費用＝取得原価

豆知識 土地の取得原価

土地20㎡を1㎡当たり￥1,000で購入した場合、土地の取得原価は**1,000×20㎡＝20,000**と計算します。

まとめ

1 車両を後払いで買ったときの仕訳

車両運搬具 1,000 / 未払金 1,000

2 未払金を支払ったときの仕訳　**未払金 1,000 / 現金 1,000**

Chapter05-02

重要度 ★★★

固定資産（減価償却）

固定資産は使用や時の経過とともに劣化します。簿記では、劣化に対応させて固定資産本体の価値を減らす減価償却を行います。

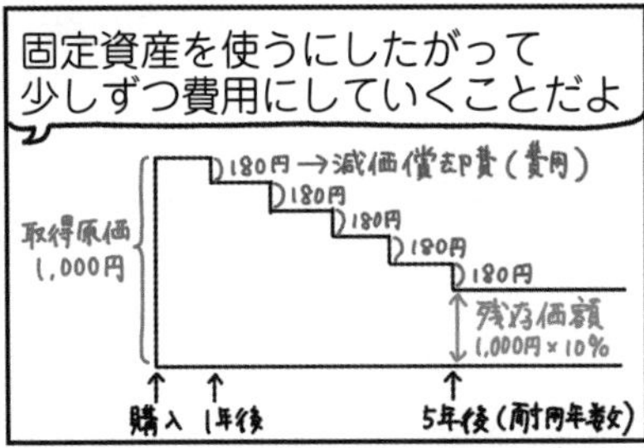

決算：減価償却の決算整理仕訳

❶ 減価償却費の計算は次のように行う。
（取得原価－残存価額）÷ 耐用年数
＝減価償却費
（1,000－1,000×10%）÷ 5年 ＝180
取得原価　残存価額　耐用年数

❷ 当期は車両運搬具を1年間使用したので、**減価償却費**が増える。減価償却費は費用（ホームポジション左）なので、増えるときは左に書く。
減価償却費 180 /

❸ 減価償却を行うと**減価償却累計額**が増えるので、右に書く。
減価償却費 180 / 減価償却累計額 180

減価償却の仕訳について

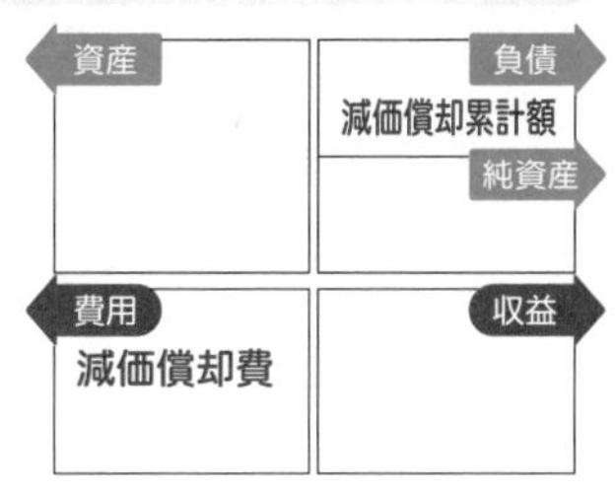

減価償却とは、固定資産の取得原価を固定資産の劣化に対応させて費用にしていくことです。建物、車両運搬具、備品などで行います。土地は使っても劣化しないため減価償却を行いません。**減価償却費**は、固定資産の取得原価を固定資産の劣化に対応させて費用に計上する金額です。減価償却費は 費用 の勘定科目です。

減価償却累計額（げんかしょうきゃくるいけいがく）は、過去に計上した減価償却費の累計額（合計額）です。建物や車両運搬具などで区別できるように、**建物減価償却累計額、車両運搬具減価償却累計額**という勘定科目を使うこともあります。減価償却累計額は**資産のマイナス**の勘定科目ですが、仕訳を書くときには 負債 の勘定科目と覚えておくとよいでしょう。

減価償却のポイント

減価償却の計算方法は、定額法、定率法、生産高比例法などがありますが、簿記3級で学習するのは定額法だけです。**定額法**とは固定資産の劣化が毎年一定の割合（定額）で起こると仮定する計算方法です。定額法の計算式は次の通りです。**残存価額**（ざんぞんかがく）とは、耐用年数を経過した後に残る価値のことです。**耐用年数**（たいようねんすう）とは、固定資産を買ったときから寿命までの年数です。

（取得原価－残存価額）÷耐用年数＝減価償却費

豆知識　減価償却に関する用語（間接法、評価勘定、帳簿価額）

減価償却の仕訳を書くさいに減価償却累計額を使う方法を間接法、使わない方法を直接法といいます。簿記3級では**間接法**について学習します。

評価勘定とは、資産のマイナスの勘定科目のことをいいます。車両運搬具を3年間使用し、取得原価1,000、減価償却累計額540となった場合、車両運搬具の実質的な価値は1,000－540＝460となります。車両運搬具の実質的な価値を評価するために使用するので、評価勘定といいます。なお、1,000－540＝460で計算した金額のことを**帳簿価額**といい、取得原価1,000と区別して利用されます。

まとめ

決算：減価償却の決算整理仕訳　**減価償却費 180 / 減価償却累計額 180**

動画解説

練習問題 Chapter05 01-02

問題1から問題3の取引について仕訳しなさい。ただし、勘定科目は、次の中から最も適当と思われるものを選びなさい。

現金	当座預金	売上	建物減価償却累計額
売掛金	買掛金	未払金	備品減価償却累計額
建物	備品	未収入金	減価償却費

問題1 P.110

建物を￥12,000,000で購入し、代金の支払いは翌月末に支払うことにした。なお、仲介手数料￥360,000は現金で支払った。

問題2 P.112

決算において、備品について定額法により減価償却を行う。備品の取得原価は￥500,000、残存価額は取得原価の10%、耐用年数は5年とし、間接法で記帳している。

問題3 P.112

決算において、次の要領で定額法により減価償却を行う。

建物：取得価額￥30,000,000　耐用年数25年　残存価額ゼロ
　　　間接法で記帳

豆知識 %の計算方法について

%が出てくる計算においては、電卓で次のように入力します。

計算式：500,000×10%

電卓：[5][00][00][0][×][1][0][%]

なお、%を使った電卓入力がわかりにくい場合には、10%＝0.1として電卓に入力しても構いません。

豆知識 有形固定資産と無形固定資産について

固定資産には、有形固定資産と無形固定資産の2種類があります。建物や備品など、形がある固定資産のことを有形固定資産といいます。簿記3級で学習するのは、有形固定資産だけです。一方、ソフトウェアや特許権など、形がない固定資産のことを無形固定資産といいます。無形固定資産は簿記2級で学習します。

解説・解答

問題1

❶建物を買ったので、建物が増える。建物は資産（ホームポジション左）なので、増えるときは左に書く。仲介手数料は付随費用なので、建物の取得原価に含める。

12,000,000＋360,000＝12,360,000

建物 12,360,000/

❷建物の代金は後払いなので、未払金が増える。未払金は負債（ホームポジション右）なので、増えるときは右に書く。仲介手数料は現金で支払ったので、現金が減る。右に書く。

建物 12,360,000 / 未払金 12,000,000
現金 360,000

建　　物	12,360,000	未　払　金	12,000,000
		現　　金	360,000

問題2

❶減価償却費の金額を計算する。

（取得原価500,000－残存価額500,000×10％）÷耐用年数5年＝90,000

❷減価償却費が増えるので、左に書く。

減価償却費 90,000 /

❸勘定科目の選択肢に「減価償却累計額」がなく「備品減価償却累計額」があるので、こちらを使用する。備品減価償却累計額が増えるので、右に書く。

減価償却費 90,000 / 備品減価償却累計額 90,000

減価償却費	90,000	備品減価償却累計額	90,000

問題3

❶減価償却費の金額を計算する。

(取得原価30,000,000－残存価額0)÷耐用年数25年＝1,200,000

❷減価償却費が増えるので、左に書く。

減価償却費 1,200,000 /

❸勘定科目の選択肢に「減価償却累計額」がなく「建物減価償却累計額」があるので、こちらを使用する。建物減価償却累計額が増えるので、右に書く。

減価償却費 1,200,000 / 建物減価償却累計額 1,200,000

減価償却費	1,200,000	建物減価償却累計額	1,200,000

Chapter05-03

重要度 ★★★

固定資産(売却)

固定資産を売ったときは、固定資産がなくなり、代わりに売却代金を手に入れることになります。

固定資産を売却したときの仕訳

❶ 期首から売却時までの減価償却費が発生する。**減価償却費**が増えるので、左に書く。

減価償却費	**600**	

❷ 売ったので備品がなくなる。**備品**の取得原価と**減価償却累計額**を全額減らす。

減価償却費	600	**備品 6,000**
減価償却累計額	**2,400**	

❸ 現金を受け取ったので、**現金**が増える。左に書く。

減価償却費	600	備品 6,000
減価償却累計額	2,400	
現金	**1,000**	

❹ 右側と左側の合計の差額を計算する。差額が左側ということは、費用(損)が発生している状況なので、**固定資産売却損**と書く。

減価償却費	600	備品 6,000
減価償却累計額	2,400	
現金	1,000	
固定資産売却損	**2,000**	

固定資産(売却)の仕訳について

固定資産売却損とは、固定資産を売却したときに、損した金額をいいます。固定資産売却損は 費用 の勘定科目です。固定資産の売却額が帳簿価額（ちょうぼかがく）を下回った場合、固定資産売却損が出てきます。

資産	負債
現金 備品	減価償却累計額 純資産
費用	**収益**
減価償却費 固定資産売却損	固定資産売却益

固定資産売却益とは、固定資産を売却したときに、利益となった金額をいいます。固定資産売却益は 収益 の勘定科目です。固定資産の売却額が帳簿価額を上回った場合、固定資産売却益が出てきます。

固定資産の帳簿価額は次のように計算します。帳簿価額は、固定資産の使用した分を差し引き、現在残っている価値と考えるとわかりやすいです。

取得原価－減価償却累計額－当期首から売却時までの減価償却費＝帳簿価額

固定資産を売却したときの仕訳

❶当期の期首から売却時までの期間、備品を使用しているので、当期の減価償却費が発生しています。このため、売却までの減価償却費を計上する必要があります。

❷備品を売却する直前の備品勘定と減価償却累計額勘定を見てみると右のT字勘定のようになっています。

備品

6,000	

減価償却累計額

	2,400

備品を売却したので、備品6,000から0まで減らし、減価償却累計額2,400から0まで減らす仕訳を書きます。この結果、備品と減価償却累計額の残高はゼロとなり、備品はなくなりました。

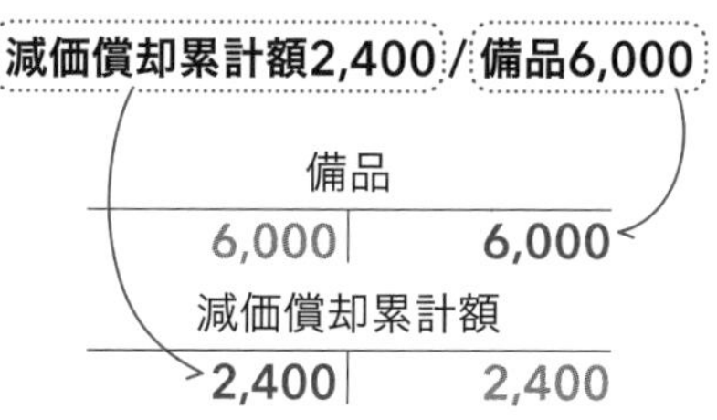

❸売却代金を現金で受け取ったので、現金が増えます。

❹固定資産売却損か固定資産売却益を計算します。❸で書いた仕訳を見てみると、帳簿価額3,000円、売却額1,000円となっています。固定資産の売却額が帳簿価額を下回ったので、固定資産売却損を使います。

減価償却費 600	備品 6,000
減価償却累計額 2,400	
現金 1,000	

売却額

備品の帳簿価額
6,000－600－2,400
＝3,000

上記のような仕組みで仕訳を書きますが、もっと簡単に仕訳を書きたい方は、右側と左側の合計の差額を計算して、差額が左側なら固定資産売却損、差額が右側なら固定資産売却益を書く、と覚えておきましょう。

固定資産を売却したときの減価償却費

固定資産を売却した場合、当期首から売却したときまでの減価償却費を月割り計算によって計上します。例題を使って見ていきましょう。

例題 次の❶～❸の仕訳を書く場合に計上される備品の減価償却費の金額を計算しなさい。備品の取得原価は1,200円、残存価額ゼロ、耐用年数5年、定額法により減価償却を行う。当期は4月1日から3月31日とする。

❶期首（4月1日）に備品を売却した場合。

❷期中（9月30日）に備品を売却した場合。

❸期末（3月31日）に備品を売却した場合。

解答 ❶0円　❷120円　❸240円

解説 固定資産の売却のタイミングには、❶期首に売却、❷期中に売却、❸期末日に売却の3つがあり、次の表のように月割り計算が違います。❶期首に売却した場合は、固定資産を当期には使っていないと考え、減価償却費は0円となります。

売却のタイミング	減価償却費の計算
❶期首（4月1日）に売却	(1,200－0)÷5年×0か月÷12か月＝0円
❷期中（9月30日）に売却	(1,200－0)÷5年×6か月÷12か月＝120円
❸期末（3月31日）に売却	(1,200－0)÷5年×12か月÷12か月＝240円

固定資産を売却したときの減価償却累計額

固定資産を売却したときの減価償却累計額について、自分で金額を計算する場合もあります。例題を使って見ていきましょう。

例題　備品Aを X2年4月1日に1,200円で取得し、残存価額ゼロ、耐用年数5年、定額法により減価償却を行っていた。X4年4月1日に備品Aを売却した。備品Aの売却時に計上される減価償却累計額の金額を計算しなさい。

解答　480円

解説　取得日X2年4月1日から前期末X4年3月31日までは2年間なので、2年分の減価償却費240円×2年＝480円が減価償却累計額の金額です。

1年分の減価償却費　(1,200－0)÷5年＝240

減価償却累計額　240×2年＝480

豆知識　未払金・未収入金について

間違いやすい勘定科目の主な仕訳と違いをまとめました。

■買掛金、未払金、未払費用（Chapter12で学習）の違いは次のとおりです。

買掛金	未払金	未払費用
会社の本来の営業取引でものを後払いで買った。 例：お菓子会社がカカオを後払いで買った。	会社の本来の営業取引以外のものを後払いで買った。 例：お菓子会社がパソコンを後払いで買った。	会社の本来の営業取引以外の継続した取引で、費用計上より後にお金を払う場合。 例：お菓子会社が借入金の利息を未払い。
仕訳：**仕入 / 買掛金**	仕訳：**備品 / 未払金**	仕訳：**支払利息 / 未払費用**

■売掛金、未収入金、未収収益（Chapter12で学習）の違いは次のとおりです。

売掛金	未収入金	未収収益
会社の本来の営業取引でものを売り、後からお金をもらう。 例：お菓子会社がチョコレートを売り、後からお金をもらう約束をした。	会社の本来の営業取引以外のものを売り、後からお金をもらう。 例：お菓子会社が土地を売り、後からお金をもらう約束をした。	会社の本来の営業取引以外の継続した取引で、収益計上より後にお金をもらう場合。 例：お菓子会社が土地の一部を貸していることによる家賃を、後で受け取る。
仕訳：**売掛金 / 売上**	仕訳：**未収入金 / 土地**	仕訳：**未収収益 / 受取家賃**

まとめ

固定資産を売却したときの仕訳

減価償却費 600	/	**備品 6,000**
減価償却累計額 2,400		
現金 1,000		
固定資産売却損 2,000		

Chapter05-04

重要度 ★★★

固定資産の修繕（しゅうぜん）

固定資産の修理や改装を行うことを修繕（しゅうぜん）といいます。修繕には、現状維持の修繕と価値が高まる修繕の2種類があります。

1 現状維持の修繕の仕訳

❶ 現状維持の修繕をしたので、**修繕費**が増える。修繕費は費用（ホームポジション左）なので、増えるときは左に書く。

修繕費 30 /

❷ 現金で支払ったので、**現金**が減る。右に書く。

修繕費 30 / 現金 30

2 価値が高まる修繕の仕訳

❶ 耐震補強により、建物の価値が高まるので、**建物**が増える。建物は資産（ホームポジション左）なので、増えるときは左に書く。

建物 140 /

❷ 現金で支払ったので、**現金**が減る。右に書く。

建物 140 / 現金 140

収益的支出と資本的支出の仕訳について

（しゅうえきてきししゅつ　しほんてきししゅつ）

修繕のうち、現状維持のための修理や補修を**収益的支出**といいます。収益的支出の場合、修繕にかかった金額は、修繕費を使います。修繕費は 費用 の勘定科目です。

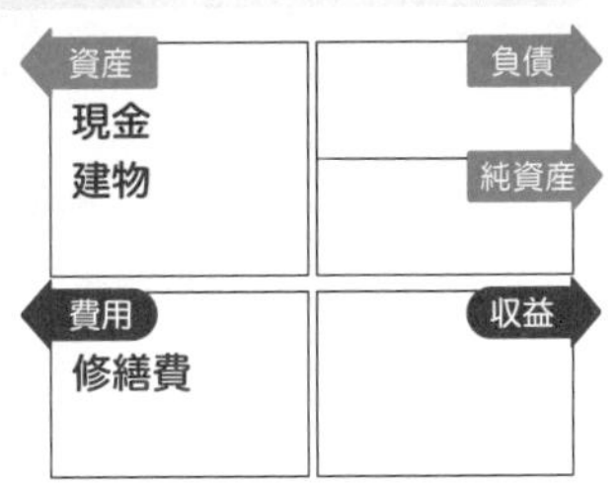

固定資産の価値を高めたり、耐用年数を延長させたりする改修や改装のことを**資本的支出**といいます。資本的支出の場合、修繕にかかった金額は固定資産の取得原価に加算します。左ページの例では、建物を増やしています。

収益的支出と資本的支出の違い

収益的支出は、修繕費として全額が当期の費用になります。一方、資本的支出の場合、資産である建物になるので、全額が当期の費用になりません。そして、決算で減価償却を行い、一定額ずつ減価償却費として当期の費用になります。

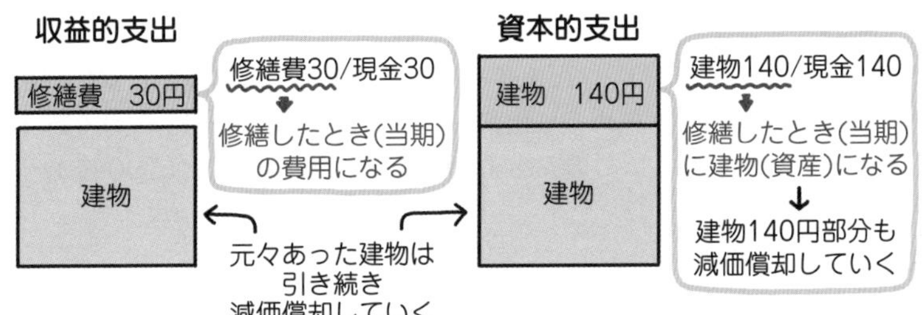

まとめ

1 現状維持の修繕の仕訳　**修繕費　30 / 現金　30**

2 価値が高まる修繕の仕訳　**建物　140 / 現金 140**

動画解説

練習問題 Chapter05 03-04

問題1から問題3の取引について仕訳しなさい。ただし、勘定科目は、次の中から最も適当と思われるものを選びなさい。

現　　金	当座預金	普通預金	建物減価償却累計額
建　　物	備　　品	減価償却費	備品減価償却累計額
買 掛 金	売 掛 金	未 払 金	固定資産売却損
修 繕 費	支払手数料	未収入金	固定資産売却益

問題1 P.116

当期首に不要となった備品（取得価額￥400,000、備品減価償却累計額￥340,000、間接法で記帳）を￥80,000で売却し、代金は現金で受け取った。

問題2 P.116

本社移転に伴い、移転前の建物（取得価額￥8,000,000、建物減価償却累計額￥6,400,000、当期の減価償却費￥160,000、間接法で記帳）を￥1,000,000で売却し、売却代金は翌月末に受け取ることとした。

問題3 P.120

建物の改築と修繕を行い、代金￥800,000を普通預金口座から支払った。うち建物の資産価値を高める支出額（資本的支出）は￥600,000であり、建物の現状を維持するための支出額（収益的支出）は￥200,000であった。

豆知識 取得価額と取得原価

取得価額と取得原価は厳密には違う用語ですが、日商簿記の問題では、同じと考えて構いません。

解説・解答

問題1

❶当期首に売却しているので、当期の減価償却費はゼロ。

❷備品がなくなるので、取得価額と備品減価償却累計額を全額減らす。

備品減価償却累計額 340,000 / 備品　　　400,000

❸現金を受け取ったので、現金が増える。

備品減価償却累計額 340,000 / 備品　　　400,000
現金　　　　　　80,000 /

❹右側と左側の合計の差額を計算する。差額が右側ということは、収益（益）が発生している状況なので、固定資産売却益と書く。

備品減価償却累計額 340,000 / 備品　　　400,000
現金　　　　　　80,000 / **固定資産売却益 20,000**

340,000 + 80,000 − 400,000

備品減価償却累計額	340,000	備　　品	400,000
現　　金	80,000	固定資産売却益	20,000

問題2

❶売ったときまでの当期の減価償却費が増える。

減価償却費　　　160,000 /

❷建物がなくなるので、取得価額と建物減価償却累計額を全額減らす。

減価償却費　　　160,000 / **建物 8,000,000**
建物減価償却累計額 6,400,000 /

❸代金は翌月末に受け取るので、未収入金を使う（P.119豆知識参照）。未収入金は資産（ホームポジション左）なので、増えるときは左に書く。

減価償却費　　　160,000 / 建物 8,000,000
建物減価償却累計額 6,400,000
未収入金　　　1,000,000 /

❹右側と左側の合計の差額を計算する。差額が左側ということは、費用（損）が発生している状況なので、固定資産売却損と書く。

減価償却費　　　160,000 / 建物 8,000,000
建物減価償却累計額 6,400,000
未収入金　　　1,000,000
固定資産売却損　　440,000 /

8,000,000 − 160,000 − 6,400,000 − 1,000,000

解答

減価償却費	160,000	建　　物	8,000,000
建物減価償却累計額	6,400,000		
未収入金	1,000,000		
固定資産売却損	440,000		

Part 1 仕訳　Ch 05 固定資産

問題3

❶建物の資産価値を高める支出額（資本的支出）なので、建物の金額を増やす。建物は資産（ホームポジション左）なので、増えるときは左に書く。

建物　600,000 /

❷建物の現状を維持するための支出額（収益的支出）なので、修繕費を使う。修繕費は費用（ホームポジション左）なので、増えるときは左に書く。

建物　600,000 /
修繕費 200,000 /

❸代金は普通預金口座から支払ったので、普通預金を減らす。右に書く。

建物　600,000 / **普通預金 800,000**
修繕費 200,000 /

借方科目	金額	貸方科目	金額
建　　物	600,000	普 通 預 金	800,000
修 繕 費	200,000		

豆知識　月次決算(げつじけっさん)をする場合の減価償却

これまでは決算は年1回、期末に行うと説明してきましたが、会社によっては毎月末に簡易的な決算を行うことがあります。これを月次決算といいます。月次決算は、決算を待たずに会社の状況を適時に把握するなどの目的で行われます。
減価償却の仕訳は、通常は年1回の決算整理仕訳を書きますが、月次決算を行っている場合、毎月1回の決算整理仕訳を書くことになります。例題を使って見ていきましょう。

例題　当社は月次決算を行っており、備品は毎月末に減価償却費を計上している。備品の取得原価は1,000円、残存価額100円、耐用年数5年、定額法により減価償却を行う。当月末の決算整理仕訳を答えよ。

仕訳　**減価償却費 15 / 減価償却累計額 15**

解説　❶1年分の減価償却費を計算し、1か月分の金額を計算します。

1年分の減価償却費　(1,000－100)÷5年＝180

1か月分の減価償却費　180÷12か月＝15

❷減価償却の決算整理仕訳を書きます。

Chapter06
貸付・借入

お金が余っているときは
他の人にお金を
貸してあげることがあります
これを貸付（かしつけ）といいます

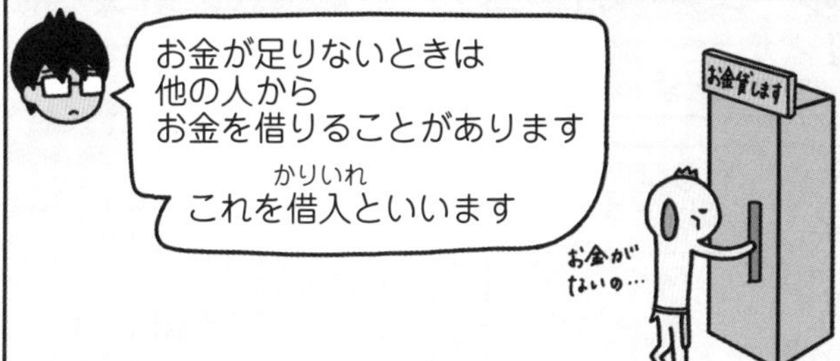

Chapter06-01

重要度 ★★★

貸付金（かしつけきん）と受取利息（うけとりりそく）

会社の現金や預金口座の残高に余裕がある場合、他の人や会社にお金を貸すことがあります。簿記では貸したお金のことを貸付金（かしつけきん）といいます。

1 お金を貸したときの仕訳

❶現金を渡したので、**現金**が減る。右に書く。

/ 現金 2,000

❷お金を貸したので、**貸付金**が増える。貸付金は資産（ホームポジション左）なので、増えるときは左に書く。

貸付金 2,000 / 現金 2,000

2 貸付金を回収したときの仕訳

❶現金を受け取ったので、**現金**が増える。左に書く。

現金 2,000 /

❷貸付金を回収したので、**貸付金**が減る。右に書く。

現金 2,000 / 貸付金 2,000

3 利息を受け取ったときの仕訳

❶利息を受け取ったので、**受取利息**が増える。受取利息は収益（ホームポジション右）なので、増えるときは右に書く。

/ 受取利息 50

❷現金を受け取ったので、**現金**が増える。左に書く。

現金 50 / 受取利息 50

貸付金の仕訳について

貸付金とは、他の人や会社へお金を貸した金額を表す勘定科目です。貸付金は 資産 の勘定科目です。**受取利息**(うけとりりそく)とは、お金を貸した対価として受け取る利息のことです。受取利息は 収益 の勘定科目です。貸付金や利息に関する用語は次のとおりです。

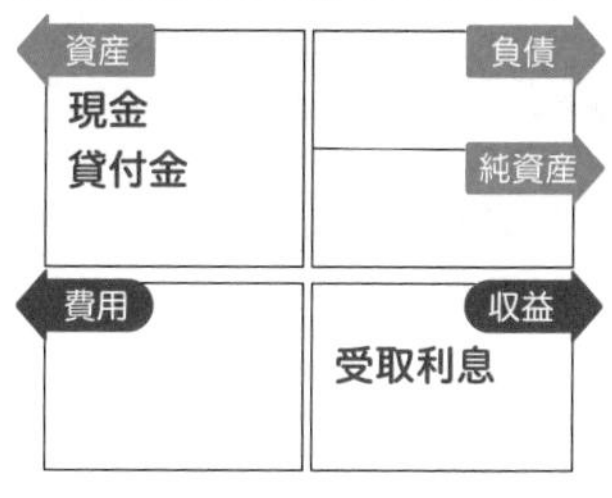

元本(元金(がんきん))	貸した金額、または借りた金額。元本と利息を合わせて元利金という。
返済日	貸したお金を回収する日、または借りたお金を返済する日のこと。
利率(りりつ)	利息の金額を計算するさいの割合のこと。お金の貸し借りをするさいに両者が合意した借用証書で利率を決める。なお、**年利率**とは1年間で発生する利息を計算するための利率。
利払日	利息を受け取る日、または利息を支払う日のこと。

利息の計算方法

当期の受取利息は、次の式で計算します。

元本×年利率×当期に貸した期間(最大12か月)÷12か月

例題　**当期4月1日にA商店へ期間6か月、年利率5%、返済日と利払日9月末の条件で2,000円を貸し付けていた。9月末に受け取る利息の金額を求めよ。**

解答　50円

解説　次の式で受取利息の金額を計算します。なお、簿記3級では特に指示がない限り、利息は月割りで計算します。

2,000 × 5% × 6 か月 ÷ 12 か月 = 50

(2,000 × 5%:1年分の利息)(6 か月 ÷ 12 か月:貸していた期間の利息に修正)

まとめ

1. お金を貸したときの仕訳　**貸付金 2,000 / 現金 2,000**
2. 貸付金を回収したときの仕訳　**現金 2,000 / 貸付金 2,000**
3. 利息を受け取ったときの仕訳　**現金 50 / 受取利息 50**

Chapter06-02

重要度★★★

借入金と支払利息

（かりいれきん　しはらいりそく）

会社の現金や預金口座の残高に余裕がない場合、銀行や他の会社からお金を借りることがあります。簿記では借りたお金のことを借入金（かりいれきん）といいます。

1 お金を借りたときの仕訳

❶ 現金を受け取ったので、**現金**が増える。左に書く。

現金 10,000 /

❷ お金を借りたので、**借入金**が増える。借入金は負債（ホームポジション右）なので、増えるときは右に書く。

現金 10,000 / **借入金 10,000**

2 借入金を返済したときの仕訳

❶ 現金で支払ったので、**現金**が減る。右に書く。

/ 現金 10,000

❷ 借入金を返済したので、**借入金**が減る。左に書く。

借入金 10,000 / 現金 10,000

3 利息を支払ったときの仕訳

❶ 利息を支払ったので、**支払利息**が増える。支払利息は費用（ホームポジション左）なので、増えるときは左に書く。

支払利息　250 /

❷ 現金で支払ったので、**現金**が減る。右に書く。

支払利息　250 / **現金 250**

借入金の仕訳について

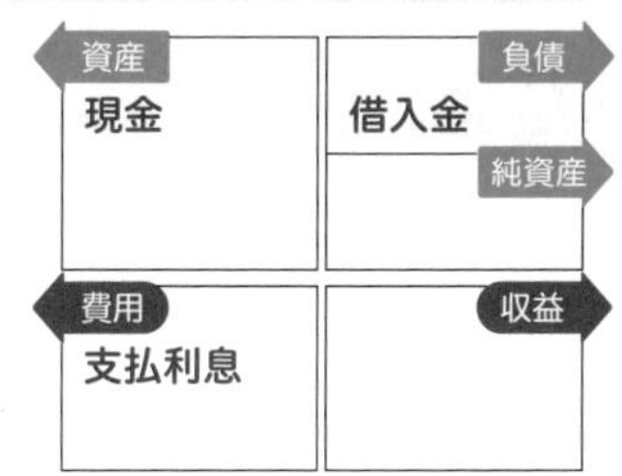

借入金とは、銀行や他の会社からお金を借りた金額を表す勘定科目です。借入金は 負債 の勘定科目です。お金の貸し借りをするさいに、元本や返済日などの条件を記載した借用証書を作成します。

支払利息（しはらいりそく）とは、お金を借りた対価として支払う利息のことです。支払利息は 費用 の勘定科目です。

利息の計算方法

当期の支払利息は、次の式で計算します。

元本×年利率×当期に借りた期間(最大12か月)÷12か月

例題　当期4月1日にB商店から期間2か月、年利率15%、返済日と利払日5月末の条件で10,000円を借り入れた。5月末に支払う利息の金額を計算しなさい。

解答　250円

解説　次の式で支払利息の金額を計算します。なお、簿記3級では特に指示がない限り、利息は月割りで計算します。

10,000 × 15% × 2か月 ÷ 12か月 = 250

（10,000 × 15%：1年分の利息）（2か月 ÷ 12か月：借りていた期間の利息に修正）

まとめ

1	お金を借りたときの仕訳	**現金 10,000 / 借入金 10,000**
2	借入金を返済したときの仕訳	**借入金 10,000 / 現金 10,000**
3	利息を支払ったときの仕訳	**支払利息 250 / 現金 250**

Part 1 仕訳　Ch 06 貸付・借入

Chapter06-03

重要度★

手形貸付金と手形借入金

お金を貸し借りするときに、約束手形を使う場合もあります。この場合は、手形貸付金と手形借入金の勘定科目を使います。

1 手形でお金を貸したときの仕訳

❶現金を渡したので、**現金**が減る。右に書く。

/ **現金 1,000**

❷お金を貸し、手形を受け取ったので、**手形貸付金**が増える。手形貸付金は資産（ホームポジション左）なので、増えるときは左に書く。

手形貸付金 1,000 / 現金 1,000

2 手形貸付金を回収したときの仕訳

❶現金で受け取ったので、**現金**が増える。左に書く。

現金 1,000 /

❷手形貸付金を回収したので、**手形貸付金**が減る。右に書く。

現金 1,000 / 手形貸付金 1,000

手形貸付金と手形借入金の仕訳について

手形貸付金とは、お金を貸し、借用証書の代わりに約束手形を受け取ったときに使う勘定科目です。手形貸付金は 資産 の勘定科目です。

手形借入金とは、お金を借り、借用証書の代わりに約束手形を渡したときに使う勘定科目です。手形借入金は 負債 の勘定科目です。

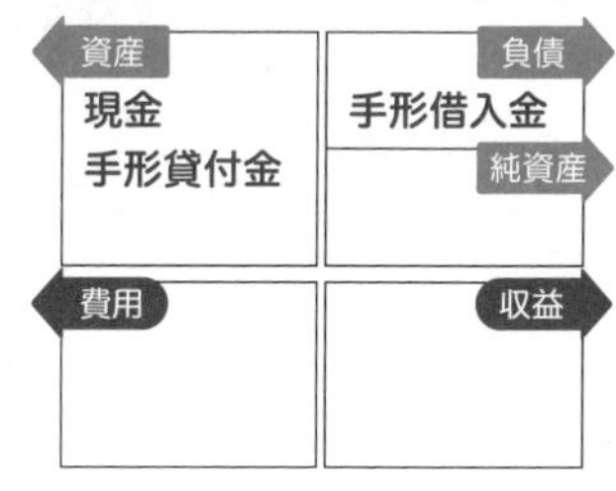

手形貸付金と手形借入金のポイント

左のイラストでは、手形貸付金の仕訳を学習しました。手形借入金の仕訳については、例題を使って見ていきましょう。

例題 1 資金の借り入れのために約束手形2,000円を振り出し、現金を受け取った。

仕訳 現金 2,000 / 手形借入金 2,000

例題 2 かねて約束手形を振り出して借り入れていた2,000円の返済期日を迎えたので、現金で支払うとともに、手形の返却を受けた。

仕訳 手形借入金 2,000 / 現金 2,000

まとめ

1 手形でお金を貸したときの仕訳

手形貸付金 1,000 / 現金 1,000

2 手形貸付金を回収したときの仕訳

現金 1,000 / 手形貸付金 1,000

練習問題 Chapter06 01-03

問題1から問題6の取引について仕訳しなさい。ただし、勘定科目は、次の中から最も適当と思われるものを選びなさい。

現　　金	当座預金	前受金	前払金
借入金	貸付金	支払利息	受取利息
支払手形	受取手形	手形貸付金	手形借入金

問題1 P.126

当社は熊本株式会社へ現金￥660,000を貸し付けた。

問題2 P.126

前期に熊本株式会社へ￥660,000を貸し付けていたが、本日返済日となったので、利息￥33,000とともにすべて現金で受け取った。

問題3 P.128

関東銀行から￥500,000 を借り入れ、当座預金口座に振り込まれた。

問題4 P.128

関東銀行から￥500,000を借り入れていたが、本日返済日となったので、利息とともに当座預金口座から引き落とされた。なお、関東銀行の借り入れは、期間8か月、年利率6%、利払日は元本返済日の条件で契約を結んだものである。

問題5 P.130

北海道商事に現金￥2,000,000を貸し付け、約束手形を受け取った。

問題6 P.131

かねて手形を振り出して借り入れていた￥1,400,000の返済期日を迎え、同額が当座預金口座から引き落とされるとともに、手形の返却を受けた。

解説・解答

問題1

❶現金を渡したので、現金が減る。右に書く。

/ 現金 660,000

❷お金を貸したので、貸付金が増える。貸付金は資産（ホームポジション左）なので、増えるときは左に書く。

貸付金 660,000 / 現金 660,000

貸　付　金	660,000	現　　　金	660,000

問題2

❶返済日に貸付金を回収したので、貸付金が減る。貸付金は資産（ホームポジション左）なので、減るときは右に書く。

/ 貸付金 660,000

❷利息を受け取ったので、受取利息が増える。受取利息は収益（ホームポジション右）なので、増えるときは右に書く。

/ 貸付金 660,000
/ **受取利息 33,000**

❸元本と利息を合わせて現金で受け取ったので、現金が増える。左に書く。

元本660,000＋利息33,000＝693,000

現金 693,000 / 貸付金 660,000
/ 受取利息 33,000

現　　　金	693,000	貸　付　金	660,000
		受 取 利 息	33,000

問題3

❶当座預金口座に振り込まれたので、当座預金が増える。左に書く。

当座預金 500,000 /

❷お金を借りたので、借入金が増える。借入金は負債（ホームポジション右）なので、増えるときは右に書く。

当座預金 500,000 / **借入金 500,000**

当 座 預 金	500,000	借　入　金	500,000

問題4

❶返済日に借入金を返済したので、借入金が減る。借入金は負債（ホームポジション右）なので、減るときは左に書く。

借入金　500,000 /

❷利息を支払ったので、支払利息が増える。支払利息は費用（ホームポジション左）なので、増えるときは左に書く。支払利息は次のように計算する。

元本500,000×年利率6%×8か月÷12か月＝20,000

（元本500,000×年利率6%：1年分の利息）（8か月÷12か月：借りていた期間の利息に修正）

借入金　500,000 /
支払利息　20,000 /

❸元本と利息を合わせて当座預金口座から引き落とされたので、当座預金が減る。右に書く。

元本500,000＋利息20,000＝520,000

借入金　500,000 / **当座預金 520,000**
支払利息　20,000 /

借　入　金	500,000	当　座　預　金	520,000
支　払　利　息	20,000		

問題 5

❶現金を渡したので、現金が減る。右に書く。

/ 現金 2,000,000

❷お金を貸し、手形を受け取ったので、手形貸付金が増える。手形貸付金は資産（ホームポジション左）なので、増えるときは左に書く。

手形貸付金 2,000,000 / 現金 2,000,000

手形貸付金	2,000,000	現　　　金	2,000,000

問題 6

❶当座預金口座から引き落とされたので、当座預金が減る。右に書く。

/ 当座預金 1,400,000

❷手形を振り出して借り入れていたので、手形借入金とわかる。返済期日に手形借入金を返済したので、手形借入金が減る。手形借入金は負債（ホームポジション右）なので、減るときは左に書く。

手形借入金 1,400,000 / 当座預金 1,400,000

手形借入金	1,400,000	当　座　預　金	1,400,000

Part1 | 仕訳

Chapter07

給料

Chapter07-01

重要度 ★★

給料と立替金（たてかえきん）

会社は従業員に対して、給料を支払います。従業員に対して、会社が立て替えていた金額がある場合、給料から差し引いて支給します。

1 立替金が発生したときの仕訳

❶ 現金を支払ったので、**現金**が減る。右に書く。

/ 現金 200

❷ 従業員の昼食代を立て替えて支払ったので、**立替金**が増える。立替金は資産（ホームポジション左）なので、増えるときは左に書く。

立替金 200 / 現金 200

2 給料を支払ったときの仕訳

❶ 給料を支給したので、**給料**が増える。給料は費用（ホームポジション左）なので、左に書く。

給料 2,000 /

❷ 立替金を精算したので、**立替金**が減る。立替金は資産（ホームポジション左）なので、減るときは右に書く。

給料 2,000 **/ 立替金 200**

❸ 差額を現金で支払ったので、**現金**が減る。右に書く。

2,000－200＝1,800

給料 2,000 / 立替金 200
　　　　　 / **現金 1,800**

給料と立替金（たてかえきん）の仕訳について

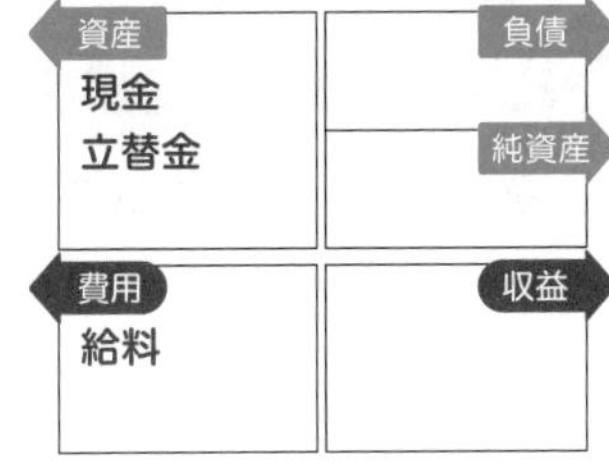

給料とは、会社が労働の対価として従業員に支払うお金です。給料は 費用 の勘定科目です。従業員としては、給料をもらうと嬉しいですが、会社としては費用になります。

従業員が負担すべき食費や生命保険料など、会社が一時的に立て替えた金額を**立替金**といいます。立替金は 資産 の勘定科目です。立替金は給料を支払うときに、支払う現金を減らして調整します。立替金が調整され、従業員が実際に現金でもらえる金額を手取り額といいます。左の例でいうと1,800 円が手取り額です。

豆知識 従業員立替金

基本的に立替金という勘定科目を使いますが、従業員に対する立替金を従業員立替金ということもあります。簿記の問題では、問題文の勘定科目の選択肢を見て、どの勘定科目を使うのか判断しましょう。特に指示がない場合はどの勘定科目を使っても正解となります。

まとめ

1 立替金が発生したときの仕訳　**立替金 200 / 現金 200**

2 給料を支払ったときの仕訳　**給料 2,000 / 立替金 200**
現金 1,800

Chapter07-02

重要度★★★

給料と預り金

従業員に給料を支払う場合、従業員が負担する所得税や社会保険料が差し引かれます。これを源泉徴収と呼びます。

1 給料を支払ったときの仕訳

❶ 給料を支給したので、**給料**が増える。左に書く。

給料 1,000 /

❷ 社会保険料を差し引いたので、源泉徴収が行われ、**預り金**が増える。預り金は負債（ホームポジション右）の勘定科目なので、増えるときは右に書く。

給料 1,000 / **預り金 100**

❸ 差額を現金で支払ったので、**現金**が減る。右に書く。

1,000－100＝900

給料 1,000 / 預り金 100
/ **現金　900**

2 社会保険料を納付したときの仕訳

❶ 現金を支払ったので、**現金**が減る。

/ 現金 200

❷ 預かっていた従業員の社会保険料を支払ったので、**預り金**が減る。左に書く。

預り金　100 / 現金 200

❸ 会社が従業員の社会保険料を負担するので、**法定福利費**が増える。法定福利費は費用（ホームポジション左）なので、増えるときは左に書く。

預り金　100 / 現金 200
法定福利費 100 /

給料と預り金の仕訳について

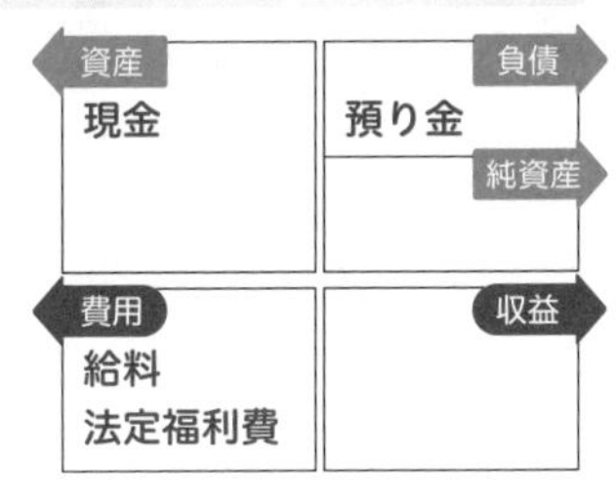

預り金とは、会社が従業員から一時的に預かっている金額をいいます。預り金は 負債 の勘定科目です。**法定福利費**とは、社会保険料のうち、会社の負担分のことです。法定福利費は 費用 の勘定科目です。

源泉徴収とは、会社が従業員へ給料を支払うさい、従業員が税務署・日本年金機構へ支払うべき所得税や社会保険料を差し引いてお金を渡すことです。後日、会社は差し引いた所得税や社会保険料を、従業員の代わりに税務署・日本年金機構へ納めます。所得税とは、所得に対してかかる税金で、税務署へ納めます。従業員は会社から給料をもらうと、所得税を支払う義務が生じます。

社会保険料のポイント

社会保険料とは、健康保険料や厚生年金保険料などで、日本年金機構へ納めます。従業員は会社から給料をもらうと、社会保険料を支払う義務が生じます。社会保険料は半額を従業員が負担し、半額を会社が負担します。

従業員負担分は給料を支払うときに源泉徴収して、**預り金**を増やします。そして、日本年金機構に社会保険料を納付する（支払う）ときに預り金を取り崩します。**会社負担分**は社会保険料を納付するときに**法定福利費**を増やします。

豆知識 従業員預り金、所得税預り金、社会保険料預り金

基本的に預り金という勘定科目を使いますが、対象ごとに勘定科目を分けて、従業員預り金、所得税預り金、社会保険料預り金という勘定科目を使うこともあります。簿記の問題では、問題文の勘定科目の選択肢を見て、どの勘定科目を使うのか判断しましょう。特に指示がない場合はどの勘定科目を使っても正解となります。

まとめ

1 給料を支払ったときの仕訳

借方		貸方	
給料	1,000	預り金	100
		現金	900

2 社会保険料を納付したときの仕訳

借方		貸方	
預り金	100	現金	200
法定福利費	100		

練習問題 Chapter07 01-02

問題1から問題4の取引について仕訳しなさい。ただし、勘定科目は、次の中から最も適当と思われるものを選びなさい。

現　　金	租税公課	給　　料	所得税預り金
立 替 金	借 入 金	支払保険料	社会保険料預り金
普通預金	支払利息	法定福利費	福利厚生費

問題1

P.136

従業員に対して給料を支払った。給料総額￥210,000のうち、先に立替払いしていた従業員の生命保険料￥20,000を差し引き、残額を現金で支給した。

問題2

P.138

当月分の従業員給料総額￥2,000,000から社会保険料￥220,000および所得税￥160,000を控除した残額を現金で支払った。

問題3

P.138

税務署で、従業員の所得税￥160,000を現金で支払った。

問題4

P.138

従業員の社会保険料￥440,000が普通預金口座から引き落とされた。なお、社会保険料のうち半分は当社が負担し、残りの半分は従業員が負担している。従業員の負担分はすでに給料の支払時に支給額から差し引いている。

解説・解答

問題1

❶給料を支払ったので、給料が増える。給料は費用（ホームポジション左）なので、増えるときは左に書く。

給料 210,000 /

❷先に立替払いしていた従業員の生命保険料を差し引いたので、立替金が減る。立替金は資産（ホームポジション左）なので、減るときは右に書く。

給料 210,000 / **立替金 20,000**

❸残額を現金で支給したので、現金が減る。右に書く。

210,000－20,000＝190,000

給料 210,000 / 立替金 20,000
/ **現金 190,000**

給料	210,000	立替金	20,000
		現金	190,000

問題2

❶給料を支払ったので、給料が増える。給料は費用（ホームポジション左）なので、増えるときは左に書く。

給料 2,000,000 /

❷社会保険料と所得税を控除したので、源泉徴収が行われ、社会保険料預り金と所得税預り金が増える。社会保険料預り金と所得税預り金は負債（ホームポジション右）なので、増えるときは右に書く。なお、勘定科目の選択肢に「預り金」がないため、「社会保険料預り金」「所得税預り金」を使う。

給料 2,000,000 / **社会保険料預り金 220,000**
/ **所得税預り金 160,000**

❸残額を現金で支払ったので、現金が減る。右に書く。

2,000,000－220,000－160,000＝1,620,000

給料 2,000,000 / 社会保険料預り金 220,000
/ 所得税預り金 160,000
/ **現金 1,620,000**

給料	2,000,000	社会保険料預り金	220,000
		所得税預り金	160,000
		現金	1,620,000

問題3

❶税務署で、所得税を現金で支払ったので、現金が減る。右に書く。

/ 現金 160,000

❷所得税は全額従業員が負担する。従業員負担分は、すでに所得税預り金として預かっている。所得税預り金を160,000から0まで取り崩すので、所得税預り金を減らす。所得税預り金は負債（ホームポジション右）なので、減らすときは左に書く。

所得税預り金 160,000 / 現金 160,000

所得税預り金	160,000	現　　金	160,000

問題4

❶社会保険料が普通預金口座から引き落とされたので、普通預金が減る。右に書く。

/ 普通預金 440,000

❷社会保険料のうち半分は当社が負担する。社会保険料の会社負担分は、法定福利費を使う。法定福利費は費用（ホームポジション左）なので、増えるときは左に書く。

440,000÷2＝220,000

法定福利費　220,000 / 普通預金 440,000

❸社会保険料のうち半分は従業員が負担する。従業員負担分は、すでに社会保険料預り金として預かっている。社会保険料預り金を220,000から0まで取り崩すので、社会保険料預り金を減らす。社会保険料預り金は負債（ホームポジション右）なので、減らすときは左に書く。

法定福利費　220,000 / 普通預金 440,000
社会保険料預り金 220,000

法 定 福 利 費	220,000	普 通 預 金	440,000
社会保険料預り金	220,000		

Chapter08
税金

Chapter08-01

重要度★★★

法人税等（ほうじんぜいとう）

会社は、利益に応じて税金（法人税等（ほうじんぜいとう））を支払う必要があります。まずは、期中に1年間で支払う税金の半額を予想して、中間納付を行います。

●法人税等の中間納付

1 法人税等を中間納付したときの仕訳

❶現金を支払ったので、**現金**が減る。右に書く。

/ 現金 200

❷法人税等の中間納付をしたので、**仮払法人税等**が増える。仮払法人税等は資産（ホームポジション左）なので、増えるときは左に書く。

仮払法人税等 200 / 現金 200

期末日に決算整理を行い、会社の当期の利益が確定します。この利益に法人税等の税率を掛け、法人税等の金額を計算します。期中に仮払い（中間納付）をしておいたので、差額だけを納付することになります。

●法人税等の確定納付

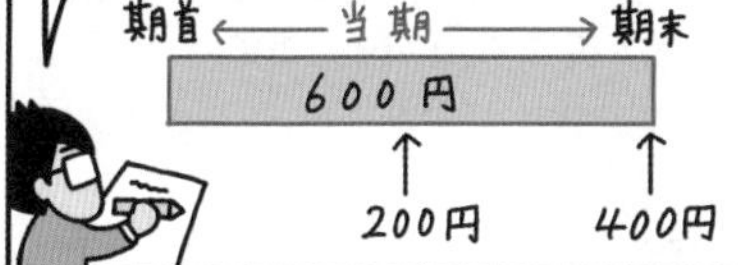

2 決算:法人税等の仕訳

❶ 当期の利益が確定し、法人税等の金額を計算したので、**法人税等**が増える。法人税等は費用（ホームポジション左）なので、増えるときは左に書く。

法人税等 600 /

❷ 仮払法人税等を全額取り崩すので、**仮払法人税等**を減らす。右に書く。

法人税等 600 / **仮払法人税等 200**

❸ 残額はまだ支払っていないので、**未払法人税等**が増える。未払法人税等は負債（ホームポジション右）なので、増えるときは右に書く。

法人税等 600 / 仮払法人税等 200
未払法人税等 400

3 翌期:確定納付したときの仕訳

❶ 現金を支払ったので、**現金**が減る。右に書く。

/ 現金 400

❷ 未払法人税等を支払ったので、**未払法人税等**が減る。左に書く。

未払法人税等 400 / 現金 400

法人税等の納付の流れ

3月31日が期末日の場合、10月～11月末に中間納付、4月～5月末に確定納付を行います。

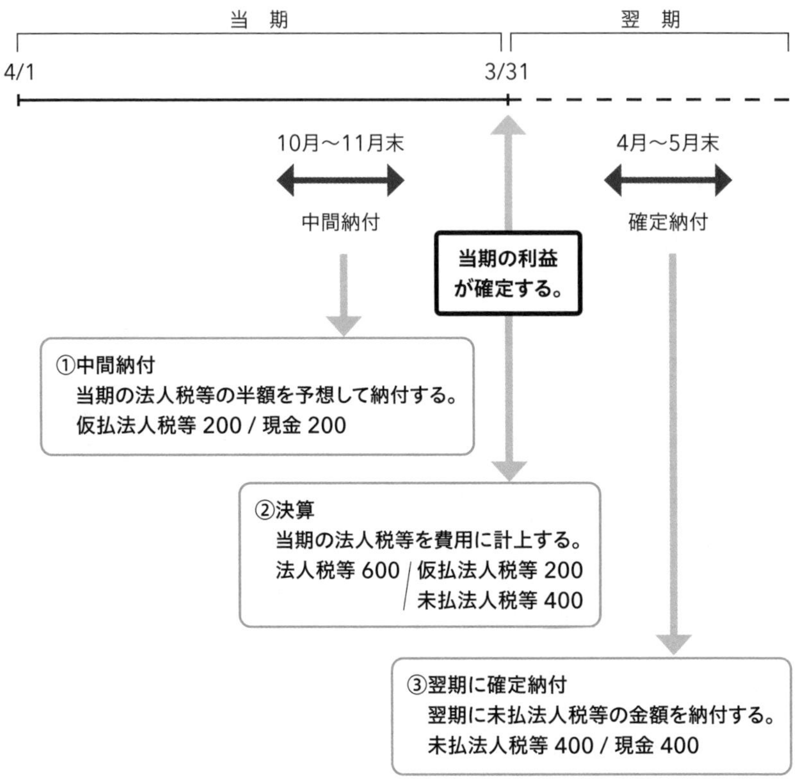

法人税等の中間納付の仕訳について

法人税等とは、会社の利益に応じて支払う税金のことで、法人税、法人住民税、法人事業税の金額を合算したものです。正式な勘定科目名は**法人税、住民税及び事業税**で、簡便的な勘定科目名が**法人税等**です。法人税等は 費用 の勘定科目です。

仮払法人税等とは、当期の税金の半額を予想して納付（**中間納付**）したときなど、法人税等の前払いで使用する勘定科目です。当期の税金が確定すると最終的に0になります。仮払法人税等は 資産 の勘定科目です。

法人税等の決算と確定納付の仕訳について

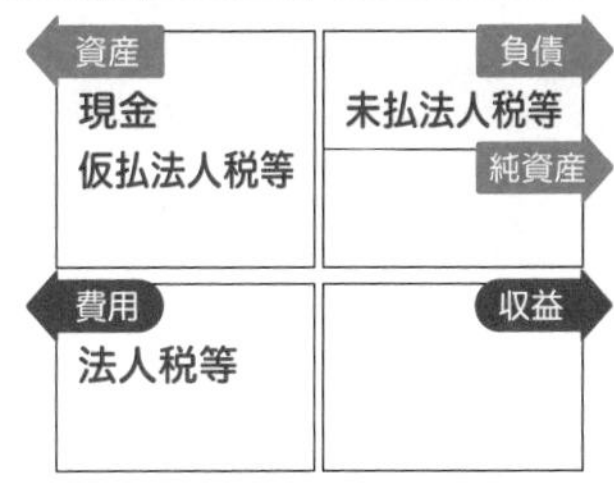

決算で、法人税等を計上したときに出てくる、未払いの法人税等のことを**未払法人税等**といいます。未払法人税等は 負債 の勘定科目です。

未払法人税等の納付（**確定納付**）は、翌期の開始から2か月以内に行います。例えば、2025年3月末が決算日の会社は、2025年5月末までに未払法人税等の納付をします。

法人税等は利益に対応して発生するので、決算で利益の金額がわかってから確定します。法人税等の金額は次のように計算します。税引前当期純利益は、法人税等を引く前の利益の金額です。法定実効税率は、法人税等の金額を計算するための率で、法律で決まっています。

税引前当期純利益×法定実効税率＝法人税等

例題 **当期の税引前当期純利益は2,000円、法定実効税率は30%である。法人税等の金額を計算しなさい。**

解答 **600円**

解説 次の式で法人税等の金額を計算します。

2,000×30%＝600

まとめ

1 法人税等を中間納付したときの仕訳

仮払法人税等 200	/	**現金 200**

2 決算：法人税等の仕訳

法人税等 600	/	**仮払法人税等 200**
	/	**未払法人税等 400**

3 翌期：確定納付したときの仕訳

未払法人税等 400	/	**現金 400**

Chapter08-02

重要度 ★★★

消費税

会社は、商品を買ったときに消費税を支払い、商品を売ったときに消費税を受け取ります。

1 商品を買ったときの消費税の仕訳

❶ 商品を買い、現金を支払った。

仕入　100 / 現金 110

❷ 消費税を支払ったので、**仮払消費税**が増える。左に書く。

仕入　100	現金 110
仮払消費税 10	

2 商品を売ったときの消費税の仕訳

❶ 商品を売り、現金を受け取った。

現金 220 / 売上 200

❷ 消費税を受け取ったので、**仮受消費税**が増える。右に書く。

現金 220	売上　200
	仮受消費税 20

3 決算:消費税の確定の決算整理仕訳

❶ 決算で仮払消費税と仮受消費税を相殺し、差額は未払消費税とする。**仮払消費税**と**仮受消費税**をゼロまで減らす。

仮受消費税 20 / 仮払消費税 10

❷ 差額は**未払消費税**を使う。

仮受消費税 20	仮払消費税 10
	未払消費税 10

4 消費税を納付したときの仕訳

未払消費税を現金で支払った。

未払消費税 10 / 現金 10

消費税の仕訳について

消費税とは、モノを売買したときや、サービスをやり取りしたときに発生する税金です。

仮払消費税とは、商品やモノを買うときに支払った消費税のことです。仮払消費税は 資産 の勘定科目です。**仮受消費税**とは、商品やモノを売ったときに受け取った消費税のことです。仮受消費税は 負債 の勘定科目です。

決算時で、仮払消費税と仮受消費税を相殺し、当期に納付するべき消費税の金額（**未払消費税**）を確定させます。未払消費税は 負債 の勘定科目です。

消費税は次の式で計算します。

仕入や売上の金額×税率＝消費税

例題　商品（本体価格100円）を仕入れ、10%の消費税を含め現金で支払った。仮払消費税の金額を計算しなさい。

解答　10円

解説　次の式で消費税の金額を計算します。

100×10%＝10

豆知識　**消費税の税抜方式**

消費税の処理には、税抜方式と税込方式の2種類があります。簿記3級は、税抜方式のみが試験範囲で、今回学習した消費税の仕訳は税抜方式です。

まとめ

1 商品を買ったときの消費税の仕訳

借方		貸方	
仕入	100	現金	110
仮払消費税	10		

2 商品を売ったときの消費税の仕訳

借方		貸方	
現金	220	売上	200
		仮受消費税	20

3 決算：消費税の確定の決算整理仕訳

借方		貸方	
仮受消費税	20	仮払消費税	10
		未払消費税	10

4 消費税を納付したときの仕訳

借方		貸方	
未払消費税	10	現金	10

練習問題 Chapter08 01-02

問題1から問題5の取引について仕訳しなさい。ただし、勘定科目は、次の中から最も適当と思われるものを選びなさい。

現　　金	当座預金	売　　上	仕　　入
売 掛 金	買 掛 金	仮払消費税	仮受消費税
未払消費税	仮払法人税等	未払法人税等	法人税等

問題1　P.144

税務署にて、法人税、住民税及び事業税の中間申告を行い、￥12,000を現金で納付した。

問題2　P.145、P.147

当期の決算において、税引前当期純利益￥90,000であった。当期の法人税、住民税及び事業税の法定実効税率を30%として未払法人税等を計上する。なお、￥12,000についてはすでに中間納付をしている。

問題3　P.148

本日、商品（本体価格￥180,000）を仕入れ、代金は10%の消費税率を含めて掛けとした。なお、消費税は税抜方式で記帳している。

問題4　P.148

商品を消費税込み価格￥275,000で販売し、代金は掛けとした。なお、消費税率は10%であり、消費税は税抜方式で記帳している。

問題5　P.148

決算にさいして、消費税の納付額を計算し、これを確定した。本年度の消費税仮払分は￥18,000、消費税仮受分は￥25,000である。なお、消費税は税抜方式で記帳している。

解説・解答

問題1

❶現金を渡したので、現金が減る。右に書く。

/ 現金 12,000

❷法人税等の中間納付をしたので、仮払法人税等が増える。左に書く。

仮払法人税等 12,000 / 現金 12,000

仮払法人税等	12,000	現　　金	12,000

問題2

❶決算で、当期の利益が確定したので、法人税等の金額を計算する。法人税等が増えるので、左に書く。

90,000×30%＝27,000

法人税等 27,000 /

❷12,000は中間納付をしているので、仮払法人税等として期中に仕訳されている。仮払法人税等を全額取り崩すので、仮払法人税等を減らす。右に書く。

法人税等 27,000 / 仮払法人税等 12,000

❸残り15,000は未払法人税等が増えるので、右に書く。

27,000－12,000＝15,000

法人税等 27,000 / 仮払法人税等 12,000
　　　　　　　　/ 未払法人税等 15,000

法 人 税 等	27,000	仮払法人税等	12,000
		未払法人税等	15,000

問題3

❶消費税の金額を計算する。仕入と仮払消費税が増えるので、左に書く。

180,000×10%＝18,000

仕入　　　180,000 /
仮払消費税 18,000 /

❷仕入れの代金を掛けとしたので、買掛金が増える。右に書く。

仕入　　　180,000 / 買掛金 198,000
仮払消費税 18,000 /

仕　　入	180,000	買 掛 金	198,000
仮払消費税	18,000		

問題4

❶消費税込み価格275,000から税抜き価格を計算する。次に消費税の金額を計算する。売上と仮受消費税が増えるので、右に書く。

税抜き価格　275,000÷1.1＝250,000
消費税の金額　250,000×0.1＝25,000

/ **売上　250,000**
/ **仮受消費税　25,000**

❷売り上げの代金を掛けとしたので、売掛金が増える。左に書く。

売掛金 275,000 / 売上　250,000
/ 仮受消費税　25,000

解答

借方科目	金額	貸方科目	金額
売　掛　金	275,000	売　　　上	250,000
		仮受消費税	25,000

豆知識　消費税込み価格の計算

税抜き価格に対して10%の消費税がかかるので、税抜き価格100%とすると消費税は10%、税込み価格は110%になります。%があると計算しにくいので、10%は0.1、110%は1.1として計算します。

消費税　$275{,}000 \times \frac{0.1}{1.1} = 25{,}000$ ｛ 0.1

税抜き価格　$275{,}000 \times \frac{1}{1.1} = 250{,}000$ ｛ 1

｝税込み価格 275,000

対応関係としては税込み価格275,000で1.1なので、消費税の金額と税抜き価格は次のように計算できます。

消費税の金額　275,000×0.1÷1.1＝25,000
税抜き価格　275,000×1÷1.1＝250,000

問題5

❶決算で仮払消費税と仮受消費税を相殺し、差額は未払消費税とする。仮払消費税18,000と仮受消費税25,000をゼロまで減らす。

仮受消費税 25,000 / 仮払消費税 18,000

❷差額は未払消費税を使う。未払消費税が増えるので、右に書く。

仮受消費税 25,000 / 仮払消費税 18,000
/ **未払消費税　7,000**

借方科目	金額	貸方科目	金額
仮受消費税	25,000	仮払消費税	18,000
		未払消費税	7,000

Chapter09
純資産

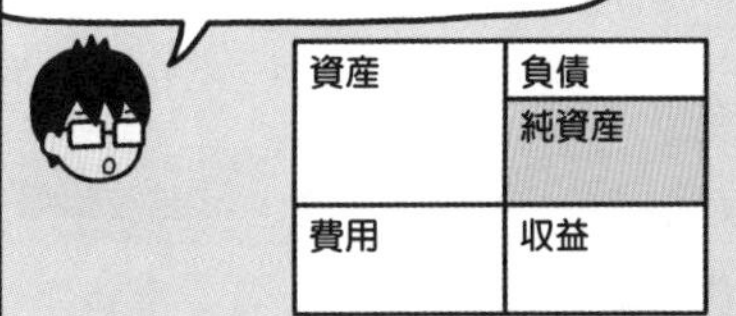

Chapter09-01

重要度★

純資産

純資産の仕訳を学習する前に、純資産の全体像と株式会社の仕組みについて理解しましょう。

純資産とは

純資産とは、資産と負債の差額のことをいいます。純資産にはさまざまな項目が含まれますが、簿記3級では資本金と利益剰余金を学習します。

資本金とは、株式会社を設立したとき、増資したときに、株主から出資された金額のことをいいます。株式会社の設立はChapter09-02、増資はChapter09-03で詳しく学習します。

利益剰余金とは、会社がこれまで獲得した利益の蓄積です。簿記3級では、利益剰余金のうち利益準備金と繰越利益剰余金を学習します。利益準備金と繰越利益剰余金はChapter09-05で詳しく学習します。

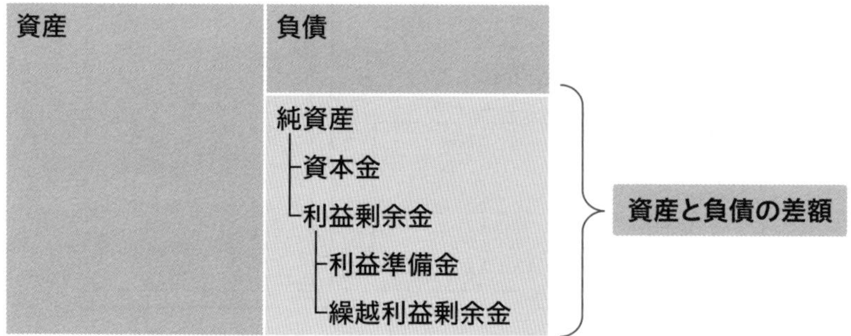

株式会社の仕組みと資本金

株式会社とは会社の形態の一つで、会社が資金を集めるさいに株式を発行します。会社へ資金を提供した人は、株式を受け取り株主となります。株式とは、株主が会社へ資金を提供したことを表す券です。

パブロフ株式会社
10株券

パブロフ株式会社
代表取締役　パブロフ

会社が株式を発行して集めた資金が**資本金**です。言い換えると、株主が会社へ資金を提供した金額が資本金です。株主は会社へ資金を提供しているので、会社の持ち主であり、会社に関する重要な決定（経営者の選任、増資の決定など）に参加できます。重要な決定には参加できますが、日々の会社の経営については、経営者（代表取締役、社長）に任せています。

Chapter09-02

重要度★★

株式会社の設立

株式会社を作ることを株式会社の設立といいます。
ここでは、株式会社の設立について、見ていきましょう。

株式会社を設立したときの仕訳

❶株式会社を設立し、株式を発行したので、**資本金**が増える。資本金は純資産（ホームポジション右）なので、増えるときは右に書く。

/ 資本金 5,000

❷**当座預金**が増えるので、左に書く。

当座預金 5,000 / 資本金 5,000

株式会社の設立の仕訳について

株式会社の設立については、会社法という法律でルールが決まっています。

資本金とは、株主が会社へ資金を提供した金額のことです。資本金は 純資産 の勘定科目です。なお、株主が銀行に払い込んだ金額を払込金額（払込金）といいます。

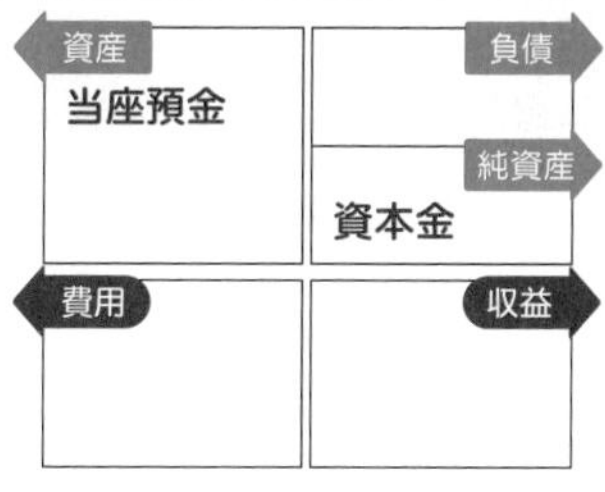

払込金額の計算方法

株式会社を設立するさいに、株式1株当たりの金額と発行する株式の数を決定します。この2つを使用して、払込金額は次の式で計算します。

1株当たりの金額×株式数＝払込金額

簿記3級では、株式の発行による払込金額はすべて資本金として処理します。その他の処理方法については簿記2級で学習することになります。

豆知識 株主の影響力について

株主は、持っている株式数に応じて、会社に対する影響力を持つことができます。株主が集まって重要な決定を行う会議（株主総会。詳しくはChapter09-05で学習する）は、多数決によって決めます。例えば、株式を1株持っている株主は1票の投票する権利（議決権）があり、株式を1万株持っている株主は1万票の投票する権利があるため、株式数が多い株主のほうが、影響力があるといえます。

まとめ

株式会社を設立したときの仕訳　**当座預金 5,000 / 資本金 5,000**

Chapter09-03

重要度★★

増資（ぞうし）

会社のお金が足りない場合、新しく株主を募集して、資金を集めることがあります。これを増資（ぞうし）といいます。

増資したときの仕訳

❶新しい株式を発行したので、**資本金**が増える。資本金は純資産（ホームポジション右）なので、増えるときは右に書く。

/ 資本金 1,000

❷**当座預金**が増えるので、左に書く。

当座預金 1,000 / 資本金 1,000

増資の仕訳について

株式を発行して資本金を増やすことを**増資**といいます。

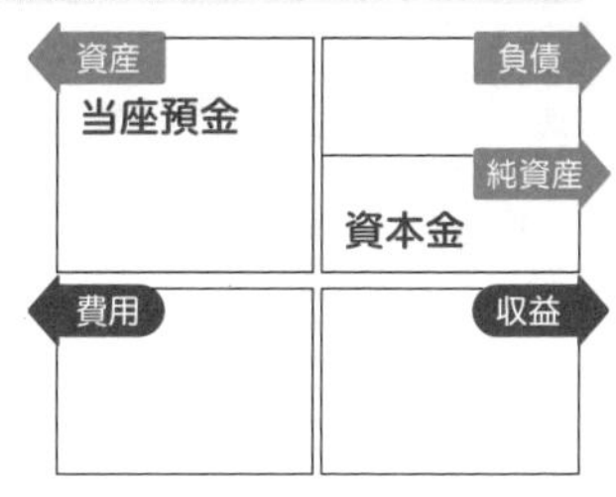

設立と同様に増資したときにも株主が銀行に払い込んだ金額を払込金額（払込金）といい、仕訳を書く場合、**資本金**の勘定科目を使います。

また増資によって、会社へ資金を提供して株式をもらった人は株主となります。

払込金額の計算方法

増資するさいに、株式1株当たりの金額と発行する株式の数を決定します。この2つを使用して、払込金額は次の式で計算します。

1株当たりの金額×株式数＝払込金額

簿記3級では、株式の発行による払込金額はすべて資本金として処理します。その他の処理方法については簿記2級で学習することになります。

まとめ

増資したときの仕訳　　**当座預金 1,000 / 資本金 1,000**

Chapter09-04

重要度★★

損益振替（そんえきふりかえ）

決算の最後に収益と費用を損益という勘定科目に振り替えます。
これを損益振替（そんえきふりかえ）といいます。

利益と損失について

会社では、決算の最後に収益と費用を集計して、当期の**利益**を計算します。利益とは、会社が当期にどれだけもうかったかを表すもので、収益から費用を引いて計算します。

また、収益から費用を引いた金額がマイナスになってしまった場合、**損失**といいます。損失を**赤字**ということもあります。せっかく1年間経営したのに、もうけが出ないばかりかマイナスになってしまった状態です。

収益－費用＝利益（または損失）

例題 **決算整理が終了した結果、当期の収益と費用は次のとおりであった。当期の利益を計算しなさい。**

収益…売上3,600円、固定資産売却益400円
費用…仕入2,500円、減価償却費500円、法人税等300円

解答 700円

解説 ❶収益の金額を計算します。

3,600＋400＝4,000

❷費用の金額を計算します。

2,500＋500＋300＝3,300

❸収益から費用を引いた金額が当期の利益の金額です。

4,000－3,300＝700

収益から費用を引くことで利益を計算することはできるようになりましたが、仕訳ではどのように書けばよいのでしょうか。仕訳の書き方について、見ていきましょう。

損益振替の仕訳について

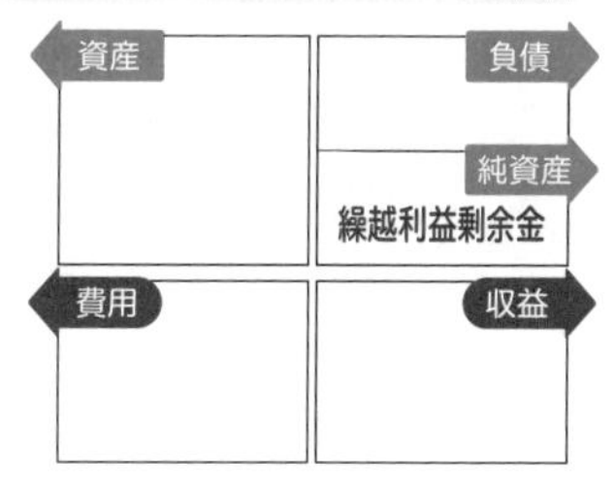

利益と損失の仕訳の書き方は、**損益**という勘定科目を使って、次の❶〜❸の順番で書きます。この一連の流れを**損益振替**といいます。

❶収益の勘定科目を**損益**に振り替えます。
❷費用の勘定科目を**損益**に振り替えます。
❸**損益**から**繰越利益剰余金**に振り替えます。

損益とは、利益を計算するために一時的に使う勘定科目で、収益でも費用でもありません。**繰越利益剰余金**とは、利益を蓄積する勘定科目で、会社設立から当期までの利益を集計するために使用します。繰越利益剰余金は 純資産 の勘定科目です。例題を使って、損益振替について見ていきましょう。

例題 **決算整理をした後の各勘定科目は次の資料の通りである。損益振替の仕訳を書きなさい。**

各勘定科目の残高　　　　（単位：円）

借方科目		貸方科目	
現金	800	買掛金	500
売掛金	700	未払法人税等	300
建物	10,000	資本金	6,000
仕入	2,500	繰越利益剰余金	4,000
減価償却費	500	売上	3,600
法人税等	300	固定資産売却益	400

解答
売上　3,600 / 損益 4,000
固定資産売却益　400 /
損益 3,300 / 仕入　2,500
減価償却費　500
法人税等　300
損益　700 / 繰越利益剰余金 700

解説 ❶収益の勘定科目を損益に振り替えます。例題の各勘定科目のうち、収益の勘定科目は、売上と固定資産売却益です。収益はホームポジション右なので、減るときは左に書きます。損益には、収益の合計4,000と書きます。

売上　　　3,600 / 損益 4,000
固定資産売却益　400 /

❷費用の勘定科目を損益に振り替えます。例題の各勘定科目のうち、資料の中で費用の勘定科目は、仕入、減価償却費、法人税等です。費用のホームポジションは左なので、減るときは右に書きます。損益には、費用の合計3,300と書きます。

損益 3,300 / 仕入　　2,500
**　　　　　 / 減価償却費　500**
**　　　　　 / 法人税等　　300**

❸損益の差額を繰越利益剰余金に振り替えます。

ここで、損益の情報を整理するためにT字勘定を見てみると、❶の仕訳と❷の仕訳により、右に4,000、左に3,300ある状況です。

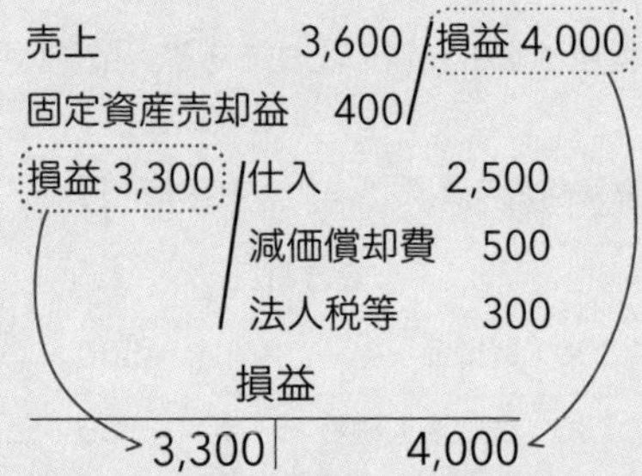

損益勘定は一時的に使う勘定科目なので、差額を解消して消さなければいけないルールがあります。差額を解消するために、左に700と書きます。

損益 700 /

収益から費用を差し引くと当期の利益が計算できます。利益が発生したので、繰越利益剰余金が増えます。繰越利益剰余金は純資産（ホームポジション右）なので、増えるときは右に書きます。

収益4,000－費用3,300＝利益700

損益 700 / 繰越利益剰余金 700

豆知識 **振り替える**

「振り替える」というのは、ある勘定科目を減らして、他の勘定科目を増やす仕訳をすることです。

損益振替の流れについて

損益振替の流れを整理すると次のようになります。損益振替は決算整理仕訳を行った後、最後に行う仕訳と考えましょう。

期中の仕訳を行う。
↓
期末日の仕訳を書き終わった後に、決算で決算整理仕訳を行う。
↓
各勘定科目の残高が確定する。
↓
当期の収益と費用の金額が確定したので、損益振替の仕訳を行う。
❶収益を損益に振り替える。
❷費用を損益に振り替える。
❸損益の差額を繰越利益剰余金に振り替える。

まとめ

❶収益を損益に振り替える仕訳

借方		貸方	
売上	3,600	損益	4,000
固定資産売却益	400		

❷費用を損益に振り替える仕訳

借方		貸方	
損益	3,300	仕入	2,500
		減価償却費	500
		法人税等	300

❸損益から繰越利益剰余金に振り替える仕訳

損益 700 / 繰越利益剰余金 700

Chapter09-05

重要度★★★

繰越利益剰余金の配当

会社の利益をどのように使うのかについては、株主総会で決定します。株主総会とは、株主が集まり重要な決定をする会議です。

1 繰越利益剰余金の配当の仕訳

❶ 株主総会で配当金の支払いが確定したが、まだ支払っていないので、**未払配当金**が増える。未払配当金は負債（ホームポジション右）なので、増えるときは右に書く。

/ 未払配当金 1,000

❷ 配当金の支払いが確定した場合、会社法で**利益準備金**を積み立てることが定められている。利益準備金は純資産（ホームポジション右）なので、増えるときは右に書く。

/ 未払配当金 1,000
/ 利益準備金 100

❸ 繰越利益剰余金を取り崩すので、**繰越利益剰余金**が減る。繰越利益剰余金は純資産（ホームポジション右）なので、減るときは左に書く。

繰越利益剰余金 1,100 / 未払配当金 1,000
/ 利益準備金 100

2 配当金を支払ったときの仕訳

❶ 未払いだった配当金を支払ったので、**未払配当金**が減る。左に書く。

未払配当金 1,000 /

❷ **当座預金**が減るので、右に書く。

未払配当金 1,000 / **当座預金 1,000**

繰越利益剰余金の配当の仕訳について

株主は会社の持ち主ですので、資金を提供した見返りとして、会社に利益が出た場合には利益の一部を受け取ることができます。これを**配当**といい、株主が配当として受け取る金額のことを**配当金**といいます。

会社は損益振替により、利益を**繰越利益剰余金**へ蓄積しているので、繰越利益剰余金から配当をすることになります。繰越利益剰余金は 純資産 の勘定科目です。

資産	負債
当座預金	未払配当金
	純資産 利益準備金 繰越利益剰余金
費用	収益

配当金の支払いが確定した場合、会社法で**利益準備金**を積み立てることが定められています。会社の利益をすべて配当してしまうのではなく、少しは会社に残しておくためです。利益準備金は 純資産 の勘定科目です。

株主総会とは、株主が集まり重要な決定をする会議です。繰越利益剰余金のうち、どれだけ配当するかも株主総会で決められます。株主総会で配当が決議されても、その場で配当金を支払うのではなく、後日配当金を支払います。未払いの配当金を**未払配当金**といいます。未払配当金は 負債 の勘定科目です。

株主総会の開催日と配当金の支払日について

当期がX3年度（X3年4月1日～X4年3月31日）の場合、次のような日程で株主総会が開催され、配当金が支払われます。

X4年3月31日	X3年度の決算日
X4年4月～5月	X3年度の決算整理を行い、当期の利益を計算
X4年6月24日	X3年度の株主総会の開催
X4年6月28日	X3年度の配当金の支払い

まとめ

1 繰越利益剰余金の配当の仕訳

繰越利益剰余金	1,100	未払配当金	1,000
		利益準備金	100

2 配当金を支払ったときの仕訳

未払配当金	1,000	当座預金	1,000

動画解説

練習問題 Chapter09 01-05

問題1から問題6の取引について仕訳しなさい。ただし、勘定科目は、次の中から最も適当と思われるものを選びなさい。

現　　金	当座預金	資本金	利益準備金
仕　　入	売　　上	減価償却費	繰越利益剰余金
損　　益	支払利息	未払配当金	借入金

問題1 P.156

会社の設立にあたり20株を1株当たり￥11,000で発行し、その全額について引受けと払込みを受け、払込金は当座預金とした。

問題2 P.158

増資を行うため、株式10株を1株当たり￥12,000で発行し、その全額について払込みを受け、払込金は当座預金とした。

問題3 P.160

決算日に売上勘定の貸方残高￥560,000を損益勘定に振り替えた。

問題4 P.160

決算日に減価償却費勘定の借方残高￥125,000を損益勘定に振り替えた。

問題5 P.160

当社は当期の決算を行った結果、￥40,000の利益を計上し、損益勘定から繰越利益剰余金勘定に振り替えた。

問題6 P.164

6月24日に開催された株主総会において、繰越利益剰余金残高から次のように処分することが決議された。

- 株主配当金　￥200,000
- 配当に伴う利益準備金の積立て　￥20,000

解説・解答

問題1

❶会社を設立したさいの払込金額（払込金）を計算する。

11,000×20株＝220,000

❷会社を設立し、株式を発行したので、資本金が増える。資本金は純資産（ホームポジション右）なので、増えるときは右に書く。

/ 資本金 220,000

❸当座預金が増えるので、左に書く。

当座預金 220,000 / 資本金 220,000

当座預金	220,000	資本金	220,000

問題2

❶増資したさいの払込金額（払込金）を計算する。

12,000×10株＝120,000

❷増資により新しい株式を発行したので、資本金が増える。右に書く。

/ 資本金 120,000

❸当座預金が増えるので、左に書く。

当座預金 120,000 / 資本金 120,000

当座預金	120,000	資本金	120,000

問題3

❶売上は収益（ホームポジション右）の勘定科目なので、残高は右側（貸方）にある。売上を損益に振り替えるので、売上を減らす。左に書く。

売上 560,000 /

❷右に損益と書く。

売上 560,000 / 損益 560,000

売上	560,000	損益	560,000

問題4

❶減価償却費は費用（ホームポジション左）の勘定科目なので、残高は左側（借方）にある。減価償却費を損益に振り替えるので、減価償却費を減らす。右に書く。

/ 減価償却費 125,000

❷左に損益と書く。

損益 125,000 / 減価償却費 125,000

損　　　益	125,000	減価償却費	125,000

問題5

❶問題文の「利益を計上した」との指示より、損益勘定を繰越利益剰余金勘定に振り替える仕訳を書くことがわかる。利益が発生したので、繰越利益剰余金が増える。繰越利益剰余金は純資産（ホームポジション右）なので、増えるときは右に書く。

/ 繰越利益剰余金 40,000

❷左に損益と書く。

損益 40,000 / 繰越利益剰余金 40,000

損　　　益	40,000	繰越利益剰余金	40,000

問題6

❶株主総会で配当金の支払いが確定したが、まだ支払っていないので、未払配当金が増える。未払配当金は負債（ホームポジション右）なので、増えるときは右に書く。

/ 未払配当金 200,000

❷配当金の支払いが確定した場合、会社法で利益準備金を積み立てることが定められている。利益準備金は純資産（ホームポジション右）なので、増えるときは右に書く。

/ 未払配当金 200,000
利益準備金 20,000

❸繰越利益剰余金を取り崩すので、繰越利益剰余金が減る。繰越利益剰余金は純資産（ホームポジション右）なので、減るときは左に書く。

繰越利益剰余金 220,000 / 未払配当金 200,000
利益準備金 20,000

繰越利益剰余金	220,000	未払配当金	200,000
		利益準備金	20,000

Chapter10
その他の収益・費用

仕入以外の費用は
・広告宣伝費
・通信費
・水道光熱費
・給料　など

資産	負債 純資産
費用	収益

売上以外の収益は
・受取手数料
・受取家賃
・受取地代　など

Chapter10-01

重要度★

受取手数料・受取家賃

商品の売り上げ以外の収益として、取引先を紹介して手数料をもらったり、家を貸して家賃収入をもらったりすることがあります。

1 手数料を受け取ったときの仕訳

❶ 手数料を受け取ったので、**受取手数料**が増える。受取手数料は収益（ホームポジション右）なので、増えるときは右に書く。

/ 受取手数料 500

❷ 現金を受け取ったので、**現金**が増える。左に書く。

現金 500 / 受取手数料 500

2 家賃を受け取ったときの仕訳

❶ 家賃を受け取ったので、**受取家賃**が増える。受取家賃は収益（ホームポジション右）なので、増えるときは右に書く。

/ 受取家賃 300

❷ 現金を受け取ったので、**現金**が増える。左に書く。

現金 300 / 受取家賃 300

受取手数料・受取家賃の仕訳について

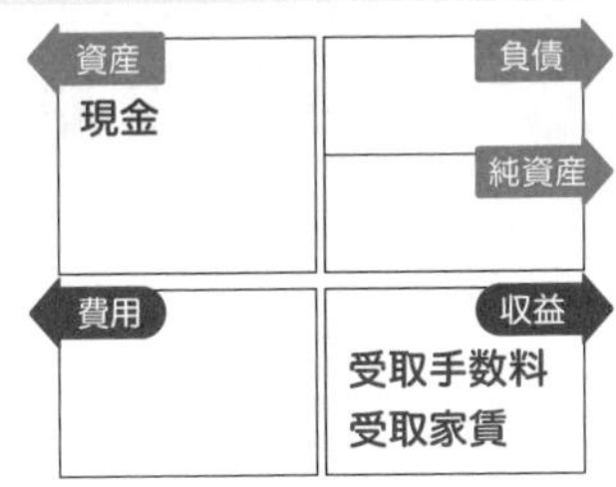

受取手数料とは、取引先を紹介した紹介料や手数料などを受け取った金額です。

受取家賃とは、建物や部屋を貸して受け取った家賃の金額です。受取手数料と受取家賃は 収益 の勘定科目です。

その他にも次のような収益があります。

受取地代	土地を貸して受け取った地代の金額。
受取利息	お金を貸した対価として受け取る利息の金額。仕訳はP.126を参照。

家賃を後で受け取る場合と家賃を前受けする場合

個人に対して部屋を貸す場合、1か月分の家賃を毎月受け取る契約が一般的です。一方、会社に対して建物や部屋を貸す場合、3か月分～1年分の家賃をまとめて受け取る契約を結ぶことが多いです。例えば、会社に建物を貸し、契約の1年後に家賃1年分をまとめて受け取る場合、「1年分の家賃を後で受け取る」といい、今回学習した仕訳に加えて、特別な仕訳を書く必要があります。詳しくはChapter12-03で学習します。

また、契約時に家賃1年分を受け取る場合、「1年分の家賃を前受けする」といい、今回学習した仕訳に加えて、特別な仕訳を書く必要があります。詳しくはChapter12-05で学習します。

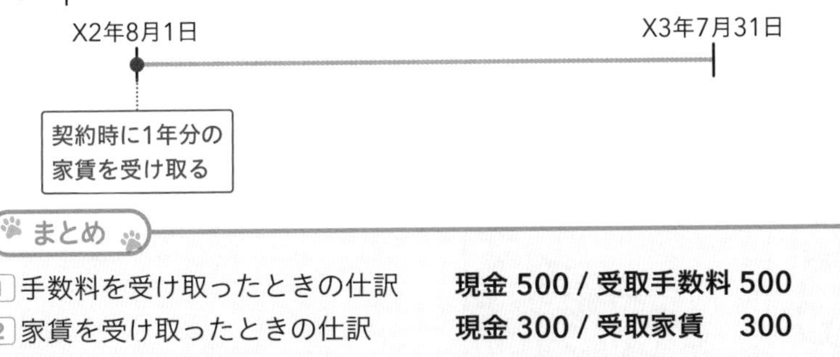

まとめ

1 手数料を受け取ったときの仕訳　**現金 500 / 受取手数料 500**

2 家賃を受け取ったときの仕訳　**現金 300 / 受取家賃　300**

Chapter10-02

重要度★★★

経費

ポスター制作などの広告宣伝費、郵便切手や電話代などの通信費、これらを経費といいます。

1 広告宣伝費を支払ったときの仕訳

❶広告宣伝費を支払ったので、**広告宣伝費**が増える。広告宣伝費は費用（ホームポジション左）なので、増えるときは左に書く。

広告宣伝費 300 /

❷現金で支払ったので、**現金**が減る。右に書く。

広告宣伝費 300 / **現金 300**

2 通信費を支払ったときの仕訳

❶通信費を支払ったので、**通信費**が増える。通信費は費用（ホームポジション左）なので、増えるときは左に書く。

通信費 100 /

❷現金で支払ったので、**現金**が減る。右に書く。

通信費 100 / **現金 100**

経費の仕訳について

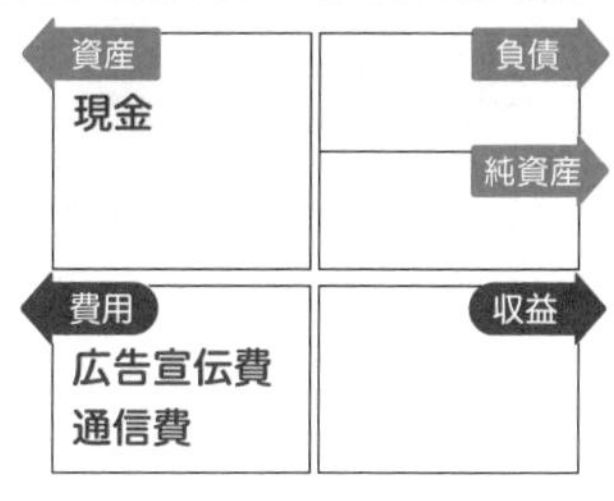

経費とは、広告宣伝費、通信費など、さまざまな 費用 の勘定科目をまとめた名称です。ここでは代表的な経費を説明します。

広告宣伝費とは、会社や商品の広告宣伝にかかった金額で、CM制作費、ポスター制作費などのことです。

通信費とは、電話代、インターネット接続料金、郵便切手代など通信にかかった金額のことです。決算時に郵便切手が手許に残っている場合の仕訳は、Chapter10-04で学習します。

水道光熱費	水道代、電気代、ガス代の金額。
旅費交通費	通勤の交通費や、出張の旅費にかかった金額。仕訳はP.180参照。
支払手数料	紹介料や手数料などを支払った金額。仕訳はP.48、P.98、P.184参照。
支払家賃	会社の事務所を借りているときなど、建物の持ち主に家賃を支払った金額。仕訳はP.184 参照。
保険料	会社にかける火災保険など保険料を支払った金額。支払保険料ともいう。仕訳はP.218 参照。
消耗品費	文房具や電球などの消耗品を買った金額。仕訳はP.102を参照。
保管費	会社では、仕入れた商品を売るまで倉庫に入れておく。外部倉庫を借りていれば家賃がかかり、自社倉庫であれば倉庫を管理する人の人件費がかかる。商品を倉庫で保管するためにかかる費用を保管費という。
諸会費	会社が業界団体などへ加入したときや年会費として支払う金額。

費用を後で支払う場合と費用を前払いする場合

経費などの費用を後で支払う場合、今回学習した仕訳に加えて、特別な仕訳を書く必要があります。詳しくはChapter12-02で学習します。

経費などの費用を前払いする場合、今回学習した仕訳に加えて、特別な仕訳を書く必要があります。詳しくはChapter12-04で学習します。

まとめ

1 広告宣伝費を支払ったときの仕訳　**広告宣伝費 300 / 現金 300**
2 通信費を支払ったときの仕訳　**通信費 100 / 現金 100**

Chapter10-03

重要度★★

租税公課

収入印紙や固定資産税などを租税公課といいます。

租税公課は費用として扱います。

1 収入印紙を買ったときの仕訳

❶収入印紙を買ったので、**租税公課**が増える。租税公課は費用（ホームポジション左）なので、増えるときは左に書く。

租税公課 200 /

❷現金で支払ったので、**現金**が減る。右に書く。

租税公課 200 / 現金 200

2 固定資産税を支払ったときの仕訳

❶固定資産税を支払ったので、**租税公課**が増える。左に書く。

租税公課 700 /

❷現金で支払ったので、**現金**が減る。右に書く。

租税公課 700 / 現金 700

租税公課の仕訳について

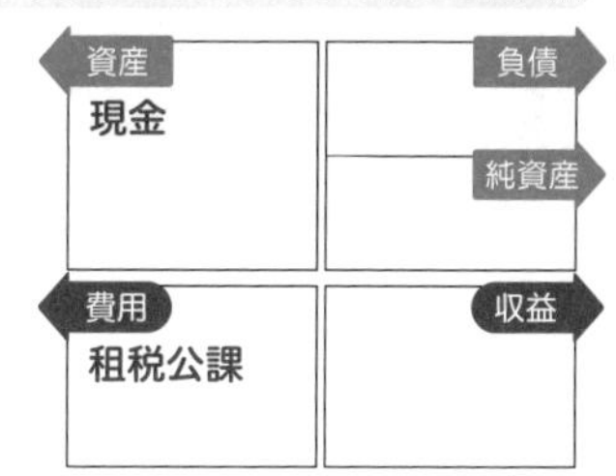

租税公課とは、固定資産税、印紙税などを支払うときに使う勘定科目です。租税公課は費用の勘定科目です。

会社は文書を作成するときに、印紙税という税金を支払わなければいけません。印紙税を支払うための紙が**収入印紙**です。例えば、会社間で取り決めを行うさいに作成する契約書や、10万円以上の手形、5万円以上の領収書に収入印紙が貼られます。

固定資産税とは、会社や個人が建物などの固定資産を所有していることで支払わなければいけない税金です。

収入印紙のポイント

基本的に収入印紙は買ったと同時に使用したと考え、租税公課という費用の勘定科目を使います。

決算時に収入印紙が手許に残っている場合、収入印紙は未使用の状況です。未使用の収入印紙は、翌期以降に使用できますので、当期の費用（租税公課）ではなく、資産（貯蔵品）として処理することになります。貯蔵品の仕訳については次のページで学習します。

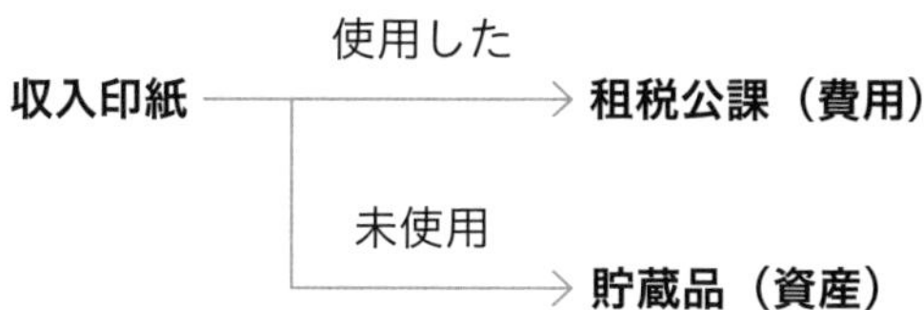

まとめ

1 収入印紙を買ったときの仕訳　**租税公課 200 / 現金 200**
2 固定資産税を支払ったときの仕訳　**租税公課 700 / 現金 700**

Chapter10-04

重要度★★

貯蔵品（ちょぞうひん）

決算時に郵便切手や収入印紙が手許に残っている場合、貯蔵品（ちょぞうひん）という資産の勘定科目に計上します。

1 郵便切手を買ったときの仕訳

郵便切手を買ったので、**通信費**が増える。現金で支払ったので、**現金**が減る。

通信費 360 / 現金 360

2 収入印紙を買ったときの仕訳

収入印紙を買ったので、**租税公課**が増える。現金で支払ったので、**現金**が減る。

租税公課 400 / 現金 400

3 決算:貯蔵品に振り替える決算整理仕訳

❶ 郵便切手と収入印紙のうち、未使用分は**通信費**と**租税公課**を減らす。右に書く。

	通信費 120
	租税公課 200

❷ 未使用分は**貯蔵品**が増える。貯蔵品は資産なので、増えるときは左に書く。

貯蔵品 320	通信費 120
	租税公課 200

4 翌期の期首の再振替仕訳

❶ 前期に計上した貯蔵品を取り崩すので、**貯蔵品**が減る。右に書く。

/ 貯蔵品 320

❷ 前期に未使用の郵便切手と収入印紙は当期に使用すると考え、**通信費**と**租税公課**を増やす。左に書く。

通信費 120	貯蔵品 320
租税公課 200	

貯蔵品の仕訳について

貯蔵品とは、未使用の郵便切手や収入印紙などの金額です。貯蔵品は 資産 の勘定科目です。決算時に手許に残っている郵便切手や収入印紙は、翌期以降も使えるものなので価値があり、貯蔵品という資産の勘定科目に計上します。

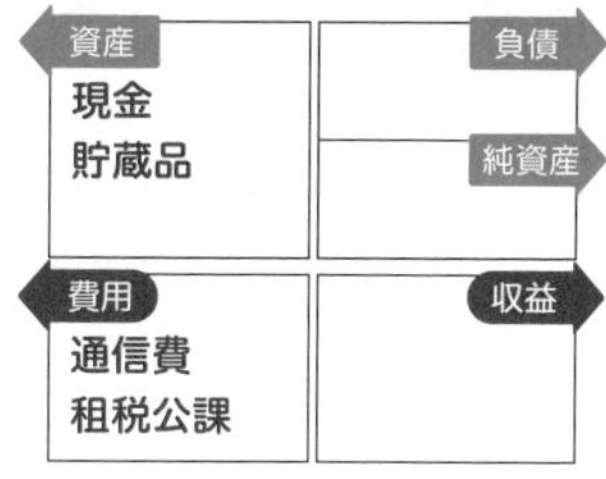

1 2 郵便切手と収入印紙を買ったときの仕訳

郵便切手と収入印紙は、購入と同時に使用したと考え費用に計上します。

3 決算:貯蔵品に振り替える決算整理仕訳

決算までに郵便切手や収入印紙を使い切らず、決算時に未使用のものが手許に残ることがあります。

郵便切手 360 ─使用した→ 通信費 240
　　　　　　 └未使用→ 貯蔵品 120

収入印紙 400 ─使用した→ 租税公課 200
　　　　　　 └未使用→ 貯蔵品 200

郵便切手を買った金額360が通信費となっていますが、本来は郵便切手を使用した240が通信費の金額で、未使用の120が貯蔵品の金額です。正しい金額に修正するため決算整理仕訳で、通信費を120減らし、貯蔵品を120増やしているのです。収入印紙も同様の考え方です。

4 翌期の期首の再振替仕訳

貯蔵品は、決算での一時的な処理なので、翌期の期首に取り消します。

まとめ

	借方	貸方
1 郵便切手を買ったときの仕訳	**通信費 360**	**現金 360**
2 収入印紙を買ったときの仕訳	**租税公課 400**	**現金 400**
3 決算：貯蔵品に振り替える決算整理仕訳	**貯蔵品 320**	**通信費 120** **租税公課 200**
4 翌期の期首の再振替仕訳	**通信費 120** **租税公課 200**	**貯蔵品 320**

練習問題 Chapter10 01-04

問題1から問題5の取引について仕訳しなさい。ただし、勘定科目は、次の中から最も適当と思われるものを選びなさい。

現　　金	普通預金	当座預金	売　　上
受取手数料	受取家賃	受取利息	仕　　入
支払手数料	支払家賃	旅費交通費	水道光熱費
通 信 費	租税公課	福利厚生費	貯 蔵 品

問題1 P.170

今月の手数料￥29,000と家賃￥40,000を現金で受け取った。

問題2 P.172

今月の電話代￥6,000、水道代￥8,000が普通預金口座から引き落とされた。

問題3 P.174

営業用店舗の固定資産税￥20,000と収入印紙￥5,000を現金で支払った。なお、この収入印紙はただちに使用した。

問題4 P.176

決算において、購入時に費用処理した郵便切手の未使用高が￥1,500あったため、貯蔵品へ振り替える。

問題5 P.176

前期末の決算で貯蔵品に計上した郵便切手￥1,500について、当期に再振替仕訳を行った。

解説・解答

問題1

❶手数料と家賃を受け取ったので、受取手数料と受取家賃が増える。受取手数料と受取家賃は収益（ホームポジション右）なので、増えるときは右に書く。

❷現金で受け取ったので、現金が増える。左に書く。

現　　金	69,000	受取手数料	29,000
		受取家賃	40,000

問題2

❶電話代と水道代を支払ったので、通信費と水道光熱費が増える。左に書く。
❷普通預金口座から引き落とされたので、普通預金が減る。右に書く。

通信費	6,000	普通預金	14,000
水道光熱費	8,000		

問題3

❶固定資産税と収入印紙を支払ったので、租税公課が増える。租税公課は費用（ホームポジション左）なので、増えるときは左に書く。
❷現金で支払ったので、現金が減る。右に書く。

租税公課	25,000	現　　金	25,000

問題4

❶問題文で購入時に費用処理した郵便切手の金額は不明だが、郵便切手の未使用は1,500とわかる。未使用の郵便切手を貯蔵品に振り替える。

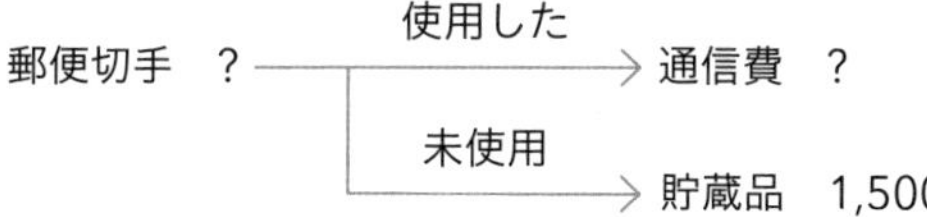

❷郵便切手の未使用分は通信費を減らす。右に書く。

/ 通信費 1,500

❸未使用分は貯蔵品が増える。貯蔵品は資産（ホームポジション左）なので、増えるときは左に書く。

貯蔵品 1,500 / 通信費 1,500

貯蔵品	1,500	通信費	1,500

問題5

❶前期に計上した貯蔵品を1,500から0まで取り崩すので、貯蔵品が減る。右に書く。
❷前期に未使用の郵便切手は当期に使用すると考え、通信費を増やす。左に書く。

通信費	1,500	貯蔵品	1,500

Chapter10-05

重要度★★

仮払金（発生・精算）

出張の前に、従業員に旅費をおおまかな金額で渡すことがあります。このときに仮払金を使います。出張後に旅費の金額が確定したら精算します。

1 出張前に旅費を渡したときの仕訳

❶ 出張の旅費の金額が確定するまでは**仮払金**を使う。仮払金は資産（ホームポジション左）なので、増えるときは左に書く。

仮払金 2,000 /

❷ 現金を支払ったので、**現金**が減る。右に書く。

仮払金 2,000 / **現金 2,000**

2 旅費を精算したときの仕訳

❶ 旅費の金額が確定したので、1の仮払金を取り崩す。**仮払金**が減るので、右に書く。

/ 仮払金 2,000

❷ 旅費が発生したので、**旅費交通費**が増える。左に書く。

2,000－100＝1,900

旅費交通費 1,900 / 仮払金 2,000

❸ 現金を受け取ったので、**現金**が増える。左に書く。

旅費交通費 1,900	仮払金 2,000
現金 100	

仮払金の仕訳について

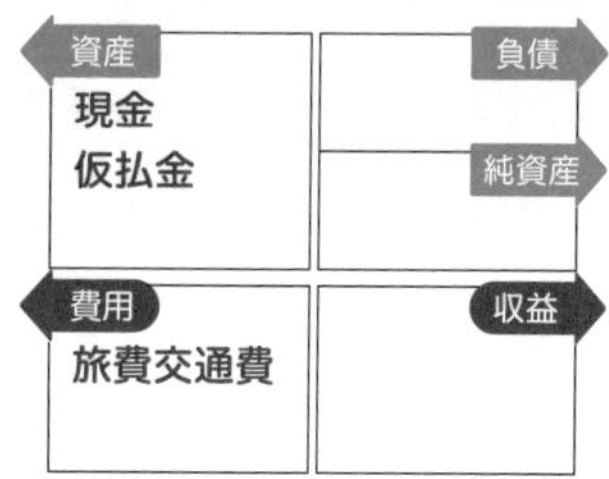

仮払金とは、旅費の概算払いのように、費用がいくらかかるかわからない状況で、会社が従業員へおおまかなお金を渡したときに、一時的に使う勘定科目です。仮払金は 資産 の勘定科目です。会社が従業員へおおまかな金額を渡した後、費用の金額が確定したとき、仮払金を取り崩し、費用を計上します。これを旅費の精算といいます。

1 出張前に旅費を渡したときの仕訳

会社では、出張前に旅費の概算払いをしておき、出張後に旅費の精算を行います。概算払いで旅費を渡したときは、旅費交通費という勘定科目を使いません。出張前の時点では、実際に旅費がいくらかかるのか金額が確定していないため、一時的に仮払金を使います。

2 旅費を精算したときの仕訳

従業員が出張から帰社し、実際にかかった旅費（航空券代や電車代）の報告を受け、旅費の領収書と余ったお金を受け取ります。領収書によって旅費の金額が確定しますので、旅費交通費という勘定科目を使います。仮払金を減らし、旅費交通費を増やす仕訳を書きます。

豆知識 交通系ICカードと仮払金

SuicaやPASMOなどの交通系ICカードを利用している場合、ICカードへの入金時に仮払金を使うことがあります。例題を使って見ていきましょう。

例題 （1）ICカードに現金10,000円をチャージし、仮払金に計上した。
（2）電車に乗り、運賃800円をICカードで支払った。

仕訳 （1）**仮払金 10,000 / 現金 10,000**
（2）**旅費交通費 800 / 仮払金 800**

まとめ

1 出張前に旅費を渡したときの仕訳	**仮払金**	**2,000**	**現金**	**2,000**
2 旅費を精算したときの仕訳	**旅費交通費**	**1,900**	**仮払金**	**2,000**
	現金	**100**		

Chapter10-06

重要度★★

仮受金（発生・原因の判明）

原因不明の入金があった場合、一時的に仮受金を使います。後で原因がわかったときに適切な勘定科目に振り替えます。

1 原因不明の入金があったときの仕訳

❶ 原因不明の入金があったときは、取引の詳細がわかるまでの間、一時的に**仮受金**を使う。仮受金は負債（ホームポジション右）なので、仮受金が増えるときは右に書く。

/ 仮受金 500

❷ 当座預金口座にお金が振り込まれたので、**当座預金**が増える。左に書く。

当座預金 500 / 仮受金 500

2 原因がわかったときの仕訳

❶ 取引の詳細がわかったので、1の仮受金を取り崩す。**仮受金**が減るので、左に書く。

仮受金 500 /

❷ 原因不明の入金は前受金と判明したので、**前受金**が増える。右に書く。

仮受金 500 / 前受金 500

仮受金の仕訳について

仮受金とは、原因がわからない入金があった場合に、一時的に使用する勘定科目です。仮受金は 負債 の勘定科目です。

仮受金は、原因がわかった時点で適切な勘定科目へ振り替えます。左ページの 2 では、仮受金500円を前受金へ振り替えています。

1 原因不明の入金があったときの仕訳

原因不明の入金があったとき、当座預金が増えるので左に当座預金と書くのはわかりますが、右にどの勘定科目を書くのかわかりません。

当座預金 500 / ？？？ 500

原因不明の入金について、取引の詳細がわかるまでの間は一時的に**仮受金**を使って仕訳を書きます。

当座預金 500 / 仮受金 500

このように仮受金を使って仕訳を書いておくことで、原因不明の入金があったことを記録として残すことができます。また、仮受金が1か月、2か月過ぎても原因がわからない場合は、原因の調査が必要になります。調査が必要な理由は、当社と取引先で入金ミス、連絡ミスなどのトラブルが起きている可能性が高いからです。

2 原因がわかったときの仕訳

原因不明の入金について、取引の詳細がわかったので、適切な勘定科目に振り替えます。今回は「来週持ってきてもらう商品の代金を先に振り込んでおきました」ということで、商品の手付金を受け取っているため、前受金を使うことがわかります。仮受金を減らし、前受金を増やす仕訳を書きます。

仮受金 500 / 前受金 500

まとめ

1 原因不明の入金があったときの仕訳	**当座預金 500 / 仮受金 500**
2 原因がわかったときの仕訳	**仮受金 500 / 前受金 500**

Chapter10-07

重要度★★

差入保証金（さしいれほしょうきん）

会社の建物や事務所を借りるときに保証金や敷金（しききん）を支払うことがあります。保証金や敷金について詳しく見ていきましょう。

●事務所を借りる

1 事務所を借りたときの仕訳

❶ 手数料と家賃を支払ったので、**支払手数料**と**支払家賃**が増える。左に書く。

支払手数料 400 /
支払家賃 400 /

❷ 保証金を支払ったので、**差入保証金**が増える。差入保証金は資産なので、増えるときは左に書く。

支払手数料 400 /
支払家賃 400 /
差入保証金 800 /

❸ 現金で支払ったので、**現金**が減る。

支払手数料 400 / **現金 1,600**
支払家賃 400 /
差入保証金 800 /

●事務所を解約する

2 事務所を解約したときの仕訳

❶ 事務所を解約したため差入保証金を取り崩す。**差入保証金**が減るので、右に書く。

/ **差入保証金 800**

❷ 原状回復するため事務所を修理したので、**修繕費**が増える。左に書く。

修繕費 600 / 差入保証金 800

❸ 現金を受け取ったので、**現金**が増える。

修繕費 600 / 差入保証金 800
現金 200 /

差入保証金の仕訳について

支払家賃とは、会社の建物や事務所を借りているときなど、建物の持ち主に支払う家賃のことです。支払家賃は 費用 の勘定科目です。

差入保証金(さしいれほしょうきん)とは、建物の持ち主に対して支払った保証金や敷金のことをいいます。差入保証金は 資産 の勘定科目です。

資産	負債
現金 差入保証金	純資産
費用	**収益**
支払家賃 支払手数料 修繕費	

1 事務所を借りたときの仕訳

会社の事務所を借りるさいに、次の3つを支払うことが一般的です。

① 不動産会社に1か月分の家賃の金額の手数料を支払う → **支払手数料**
② 建物の持ち主に1か月分の家賃を支払う → **支払家賃**
③ 建物の持ち主に2か月分の保証金（敷金）を支払う → **差入保証金**

支払った手数料や家賃は費用として処理しますが、保証金（敷金）は解約するときに返金されますので、資産として処理します。

2 事務所を解約したときの仕訳

事務所を解約すると保証金や敷金を返してもらえますが、借りていた事務所の壁に穴を開けてしまったり、ガラスを割ってしまったりした場合、修理するために保証金や敷金が使われることがあります。修理にかかった金額は**修繕費**（P.120参照）を使って仕訳をします。保証金や敷金から修繕費を差し引き、残りの金額が返金されます。

まとめ

	借方		貸方	
1 事務所を借りたときの仕訳	**支払手数料**	**400**	**現金**	**1,600**
	支払家賃	**400**		
	差入保証金	**800**		
2 事務所を解約したときの仕訳	**修繕費**	**600**	**差入保証金**	**800**
	現金	**200**		

動画解説

練習問題 Chapter10 05-07

問題1から問題6の取引について仕訳しなさい。ただし、勘定科目は、次の中から最も適当と思われるものを選びなさい。

現　　金	**当座預金**	**前 受 金**	**支払手形**
差入保証金	**売 掛 金**	**仮 受 金**	**仮 払 金**
旅費交通費	**支払家賃**	**支払手数料**	**修 繕 費**

問題1

P.180

従業員の出張にさいし、旅費の概算額￥30,000を現金で渡した。

問題2

P.180

出張した従業員が帰社し、旅費の概算額￥30,000を精算した。旅費の領収書￥26,000を受け取り、現金￥4,000が戻された。

問題3

P.182

得意先から当社の当座預金口座へ￥47,000の振り込みがあったが、その詳細は不明であった。

問題4

P.182

仮受金￥47,000は詳細不明であったが、全額商品販売にかかわる手付金であることが判明した。

問題5

P.184

オフィスとしてビルの1部屋を1か月の家賃￥160,000で賃借する契約を結び、1か月分の家賃、敷金（家賃2か月分）、および不動産業者への仲介手数料（家賃1か月分）を現金で支払った。

問題6

P.184

当社の東京事務所の賃貸借契約を解消し、敷金（保証金）￥200,000のうち原状回復のために使用された修繕費￥120,000を差し引いた残額を現金で受け取った。

解説・解答

問題1

❶出張前に旅費の概算払いをしたので、仮払金が増える。仮払金は資産（ホームポジション左）なので、増えるときは左に書く。

仮払金 30,000 /

❷現金を支払ったので、現金が減る。右に書く。

仮払金 30,000 / 現金 30,000

借方科目	金額	貸方科目	金額
仮　払　金	30,000	現　　　金	30,000

問題2

❶旅費の精算をしたので、仮払金を取り崩す。仮払金が減るので、右に書く。

/ 仮払金 30,000

❷旅費が発生したので、旅費交通費が増える。左に書く。

旅費交通費 26,000 / 仮払金 30,000

❸現金を受け取ったので、現金が増える。左に書く。

旅費交通費 26,000 / 仮払金 30,000
現金 4,000 /

借方科目	金額	貸方科目	金額
旅費交通費	26,000	仮　払　金	30,000
現　　　金	4,000		

問題3

❶原因不明の入金があったので、仮受金が増える。仮受金は負債（ホームポジション右）なので、増えるときは右に書く。

/ 仮受金 47,000

❷当座預金口座に振り込まれたので、当座預金が増える。左に書く。

当座預金 47,000 / 仮受金 47,000

借方科目	金額	貸方科目	金額
当 座 預 金	47,000	仮　受　金	47,000

問題4

❶詳細が判明したので、仮受金を取り崩す。仮受金を減らすので、左に書く。

仮受金 47,000 /

❷商品販売にかかわる手付金を受け取ったので、前受金が増える。右に書く。

仮受金47,000 / 前受金 47,000

解答

仮 受 金	47,000	前 受 金	47,000

問題5

❶家賃を支払ったので、支払家賃が増える。敷金を支払ったので、差入保証金が増える。手数料を支払ったので、支払手数料が増える。支払家賃と支払手数料は費用（ホームポジション左）、差入保証金は資産（ホームポジション左）なので、増えるときは左に書く。

160,000×2か月＝320,000

支払家賃　160,000 /
差入保証金 320,000 /
支払手数料 160,000 /

❷現金で支払ったので、現金が減る。

160,000＋320,000＋160,000＝640,000

支払家賃　160,000 / **現金 640,000**
差入保証金 320,000 /
支払手数料 160,000 /

支 払 家 賃	160,000	現　　金	640,000
差入保証金	320,000		
支払手数料	160,000		

豆知識　仕訳の勘定科目を書く順番

問題5の解答の仕訳は、次のように上下の順番が違う仕訳を書いても正解です。

支払家賃　160,000 / 現金 640,000
支払手数料 160,000 /
差入保証金 320,000 /

問題6

❶事務所を解約したため差入保証金を取り崩す。差入保証金が減るので、右に書く。

/ 差入保証金 200,000

❷原状回復を行ったので、修繕費が増える。左に書く。

修繕費 120,000 / 差入保証金 200,000

❸残額を現金で受け取ったので、現金が増える。

修繕費 120,000 / 差入保証金 200,000
現金　　80,000 /

修 繕 費	120,000	差入保証金	200,000
現　　金	80,000		

Chapter11
貸し倒れ

Chapter11-01

重要度★★

貸倒損失

売掛金や貸付金の相手先が倒産したり、夜逃げをした場合、お金を回収できなくなります。これを貸し倒れといいます。

商品を売ったときの仕訳

売掛金 500 / 売上 500

当期の売掛金が貸し倒れたときの仕訳

❶ 売掛金の相手が夜逃げしたため、貸し倒れた。当期の売掛金が貸し倒れたときは**貸倒損失**が増える。貸倒損失は費用（ホームポジション左）なので、増えるときは左に書く。

貸倒損失 500 /

❷ 売掛金が回収できなくなったので、**売掛金**を減らす。右に書く。

貸倒損失 500 / 売掛金 500

貸倒損失の仕訳について

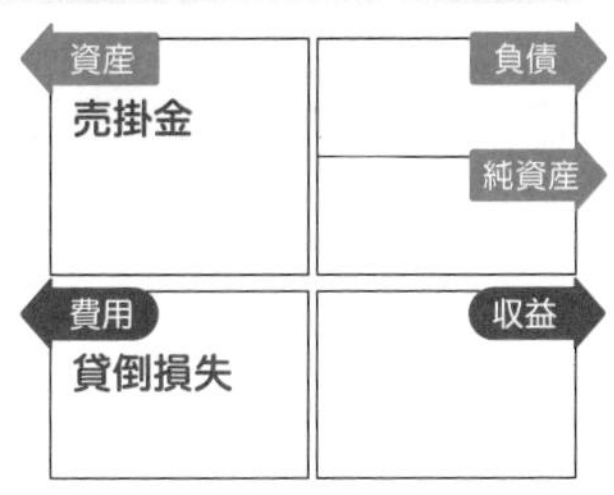

貸倒損失とは、相手先の会社が倒産したり、夜逃げをしたことなどにより、回収できなかった金額（貸し倒れた金額）のことです。貸倒損失は 費用 の勘定科目です。

倒産とは、会社が経営活動を続けられなくなることです。貸し倒れとは、売掛金、受取手形、電子記録債権、貸付金などが回収できなくなることです。

当期の売掛金が貸し倒れたときの仕訳

当期に発生した売掛金、受取手形、貸付金などが貸し倒れたときには、貸倒損失を計上します。貸し倒れが発生すると売った代金を回収できなくなり、タダで商品を渡したことになります。

具体的に貸し倒れが発生するといくら損するのか、取引の流れと仕訳を見ていきましょう。

（1）商品300円を現金で仕入れた。**仕入　300 / 現金　300**

（2）商品500円を掛けで売った。**売掛金　500 / 売上　500**

（3）売掛金500円が貸し倒れた。**貸倒損失 500 / 売掛金 500**

上記の取引を集計すると、収益は売上の500円、費用は仕入と貸倒損失の合計800円となります。つまり、収益500－費用800＝△300（マイナス300）となり、300円損したことがわかります。

豆知識　売掛金が貸し倒れなかった場合（売掛金を回収した場合）

売掛金が貸し倒れず、回収できた場合の取引の流れと仕訳は次のとおりです。

（1）商品300円を現金で仕入れた。**仕入　300 / 現金　300**

（2）商品500円を掛けで売った。**売掛金 500 / 売上　500**

（3）売掛金500円を現金で回収した。**現金　500 / 売掛金 500**

上記の取引を集計すると収益は売上の500円、費用は仕入の300円となり、収益500－費用300＝200となり、200円の利益を得たことがわかります。

まとめ

当期の売掛金が貸し倒れたときの仕訳　**貸倒損失 500 / 売掛金 500**

Chapter11-02

重要度★★★

貸倒引当金(かしだおれひきあてきん)

将来の貸し倒れに備えて、貸倒引当金(かしだおれひきあてきん)を計上します。貸倒損失の金額を予想して、決算で計算するのです。

商品を売ったときの仕訳

ペットホテルへの売上
売掛金 1,000 / 売上 1,000

商品を売ったときの仕訳

スズキさんへの売上
売掛金 29,000 / 売上 29,000

1 決算:貸倒引当金の決算整理仕訳

❶ 貸倒引当金の設定額を計算する。
売掛金残高30,000×貸倒実績率3%
＝900

❷ 貸倒引当金を設定するので、**貸倒引当金繰入**と**貸倒引当金**が増える。
貸倒引当金繰入 900 / 貸倒引当金 900

2 前期の売掛金が貸し倒れたときの仕訳

❶ ペットホテルの売掛金1,000が貸し倒れたので、**売掛金**が減る。右に書く。
/ 売掛金1,000

❷ 前期の売掛金が貸し倒れたので、まずは**貸倒引当金**900を全額取り崩す。
貸倒引当金 900 / 売掛金 1,000

❸ 不足額は貸倒損失を使う。**貸倒損失**が増えるので、左に書く。

貸倒引当金 900	**売掛金 1,000**
貸倒損失 100	

貸倒引当金の仕訳について

資産	負債
売掛金	貸倒引当金
	純資産
費用	**収益**
貸倒引当金繰入 貸倒損失	売上

引当金とは、将来発生する費用に備えて計上する金額のことです。

貸倒引当金とは、将来発生する可能性がある貸し倒れの金額を見積もって計上した引当金の金額のことです。貸倒引当金は**資産のマイナス**の勘定科目で、売掛金や受取手形に対する評価勘定（ひょうかかんじょう）といわれます。仕訳を書くときには 負債→ と覚えておくとよいでしょう。

貸倒引当金繰入（かしだおれひきあてきんくりいれ）とは、決算で貸倒引当金を繰り入れた金額のことです。貸倒引当金繰入は ←費用 の勘定科目です。

貸倒実績率（かしだおれじっせきりつ）とは、過去に発生した貸し倒れの発生率のことで、売掛金や受取手形のうち何%が貸し倒れたかを表しています。

決算時に貸倒引当金の残高がない場合

貸倒引当金の決算整理仕訳は、「決算時に貸倒引当金の残高がない場合」と「決算時に貸倒引当金の残高がある場合」の2パターンがあります。左ページで学習したのは「決算時に貸倒引当金の残高がない場合」です。例題を使って見ていきましょう。

例題　**決算において、売掛金の期末残高30,000円に対して3%の貸倒引当金を設定する。なお、貸倒引当金の期末残高はゼロであった。**

解答　**貸倒引当金繰入 900 / 貸倒引当金 900**

解説　❶貸倒引当金の設定額を計算します。

貸倒引当金の設定額　30,000（売掛金の期末残高） × 3%（貸倒実績率） ＝ 900

❷貸倒引当金の決算整理仕訳を書きます。

貸倒引当金繰入 900 / 貸倒引当金 900

決算時に貸倒引当金の残高がある場合

前期末に貸倒引当金を設定したものの、当期の期中に貸し倒れが発生しないこともあります。その結果、貸倒引当金が残った状態で、決算時に貸倒引当金を設定することになります。このような場合には、貸倒引当金の設定額と期末残高の差額を追加して貸倒引当金を計上します。これを**差額補充法**(さがくほじゅうほう)といいます。例題を使って見ていきましょう。

例題 **決算において、売掛金の期末残高30,000円に対して3%の貸倒引当金を差額補充法により設定する。なお、貸倒引当金の期末残高は500円であった。**

解答 **貸倒引当金繰入 400 / 貸倒引当金 400**

解説 ❶貸倒引当金の設定額を計算します。

貸倒引当金の設定額　30,000（売掛金の期末残高） × 3%（貸倒実績率） ＝ 900

❷決算前の貸倒引当金のT字勘定は次のとおりです。

貸倒引当金	
	500

❸貸倒引当金の繰入額を計算します。貸倒引当金の期末残高は500なので、設定額900のうち500はすでに計上済みです。残り400を繰り入れることで、貸倒引当金の金額が900となります。

貸倒引当金　500（期末残高） ―繰入＋400→ 900（設定額）

❹貸倒引当金の決算整理仕訳を書きます。

貸倒引当金繰入 400 / 貸倒引当金 400

残り400を繰り入れた結果、貸倒引当金のT字勘定は次のようになり、貸倒引当金の設定額900と一致します。

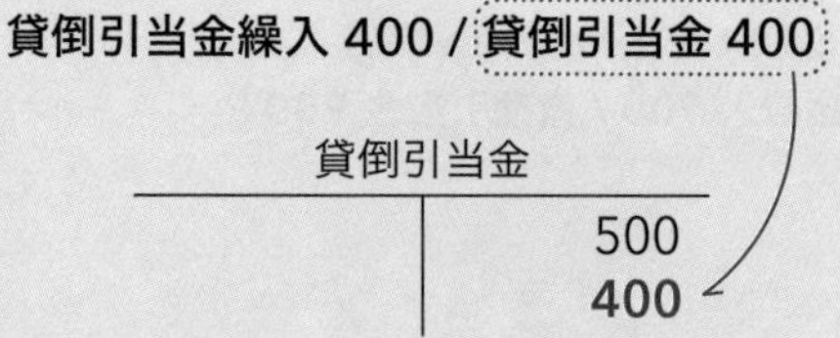

貸倒引当金の下書きの書き方

貸倒引当金の設定は、売掛金だけでなく受取手形や電子記録債権も対象となります。売掛金と受取手形の両方が設定対象となっている問題では、貸倒引当金の下書きを利用すると効率的に解答することができます。

例題　**決算において、売掛金（期末残高30,000円）と受取手形（期末残高60,000円）に対して3%の貸倒引当金を差額補充法により設定する。なお、貸倒引当金の期末残高は500円であった。**

解答　**貸倒引当金繰入 2,200 / 貸倒引当金 2,200**

解説　❶貸倒引当金の下書きを書きます。

まずは売掛金と受取手形の期末残高と貸倒実績率を書き、それぞれの貸倒引当金の設定額を計算し、合計額を計算します。

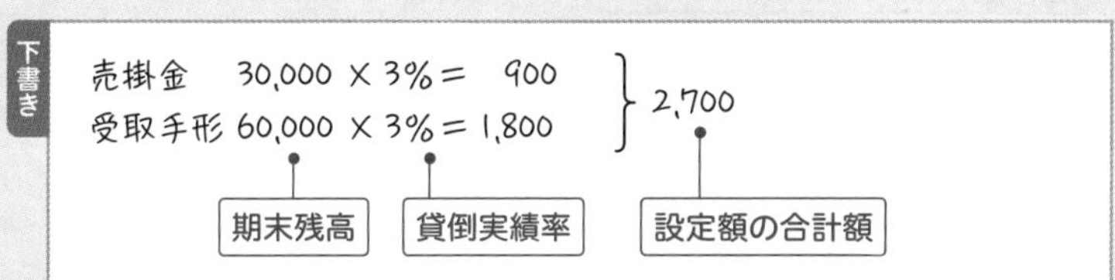

次に貸倒引当金の期末残高と貸倒引当金の設定額の差額を計算し、貸倒引当金繰入の金額を計算します。

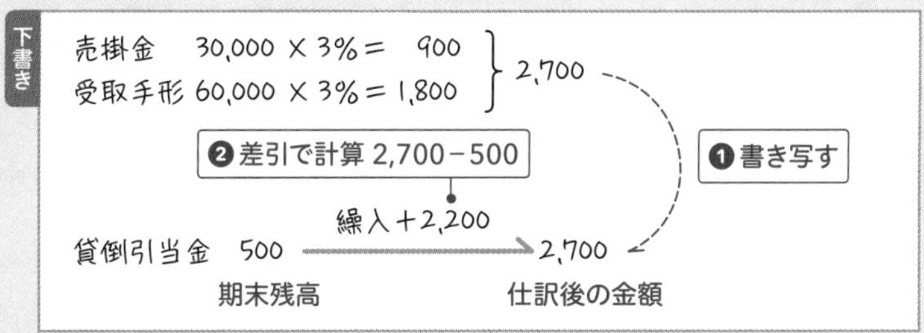

❷貸倒引当金の決算整理仕訳を書きます。

貸倒引当金繰入 2,200 / 貸倒引当金 2,200

まとめ

1 決算：貸倒引当金の決算整理仕訳　**貸倒引当金繰入 900 / 貸倒引当金 900**

2 前期の売掛金が貸し倒れたときの仕訳　**貸倒引当金 900 / 売掛金 1,000**
貸倒損失 100 /

Chapter11-03

重要度★

償却債権取立益

しょうきゃくさいけんとりたてえき

貸し倒れの仕訳を書いた後に、お金を一部回収できることがあります。その場合の仕訳を学びましょう

商品を売ったときの仕訳

売掛金 800 / 売上 800

売掛金が貸し倒れたときの仕訳

貸倒損失 800 / 売掛金 800

1 当期貸し倒れ処理したお金を回収したときの仕訳

❶ 貸倒損失の一部を回収したので、**貸倒損失**を取り消す。貸倒損失を減らすので、右に書く。

/ 貸倒損失 200

❷ 現金を受け取ったので、**現金**が増える。

現金 200 / 貸倒損失 200

2 前期貸し倒れ処理したお金を回収したときの仕訳

❶ 翌期になると1～3コマ目の取引は前期の仕訳として扱われる。前期の仕訳を当期に取り消すことはできないので、**償却債権取立益**という勘定科目を使う。

/ 償却債権取立益 100

❷ 現金を受け取ったので、**現金**が増える。

現金 100 / 償却債権取立益 100

償却債権取立益（しょうきゃくさいけんとりたてえき）の仕訳について

償却債権取立益とは、前期以前に貸し倒れ処理したお金が返ってきた金額です。償却債権取立益は 収益 の勘定科目です。

貸し倒れ処理したお金を回収した場合、いつ貸し倒れ処理したのかによって、仕訳で使う勘定科目が異なります。

資産	負債
現金 売掛金	純資産
費用	収益
貸倒損失	売上 償却債権取立益

- 当期に貸し倒れたお金を回収 → 貸倒損失を減らす。
- 前期以前に貸し倒れたお金を回収 → 償却債権取立益を使う。

1 当期貸し倒れ処理したお金を回収したときの仕訳

当期に貸し倒れ処理したお金を回収したときは、すでに計上している貸倒損失を取り消すことができるため、償却債権取立益を使わず、貸倒損失を減らす仕訳を行います。当期の仕訳は当期に取り消すことができるためです。

2 前期貸し倒れ処理したお金を回収したときの仕訳

翌期になると左ページの2コマ目の貸し倒れ処理は前期の仕訳として扱われます。

2コマ目で前期に貸し倒れ処理したお金の一部を当期に回収した場合、前期の貸倒損失を当期に取り消すことはできません。前期の仕訳の修正を当期に行うことはできないためです。

このため、1の仕訳のように貸倒損失を減らすことができないので、償却債権取立益という勘定科目を使って仕訳を行います。

まとめ

1 当期貸し倒れ処理したお金を回収したときの仕訳

現金 200 / 貸倒損失 200

2 前期貸し倒れ処理したお金を回収したときの仕訳

現金 100 / 償却債権取立益 100

Chapter11-04

重要度★★★

貸し倒れのまとめ

Chapter11で学習した内容をまとめると次のようになります。問題を解くときには、どのパターンに当てはまるか意識して仕訳を書きましょう。

当期に発生した売掛金が貸し倒れた場合

当期に発生した売掛金が貸し倒れた場合、貸倒損失を使います。当期に発生した売掛金については、まだ貸倒引当金を計上していない（当期末の決算で貸倒引当金を設定する）ため、貸倒引当金の残高があるとしても、それは前期までに発生した売掛金に関連するものです。

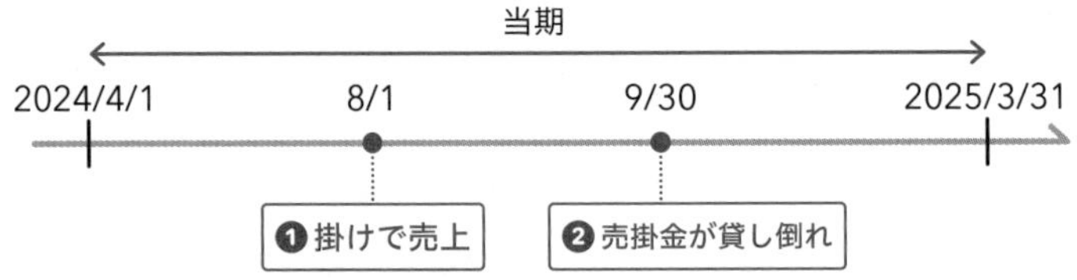

当期に発生した売掛金500が貸し倒れた
貸倒損失 500 / 売掛金 500

前期までに発生した売掛金が貸し倒れた場合

前期までに発生した売掛金については、前期末に貸倒引当金を計上済みです。このため、現時点で残高のある貸倒引当金は、取り崩せるだけ取り崩します。貸倒引当金が不足した場合は貸倒損失を使います。

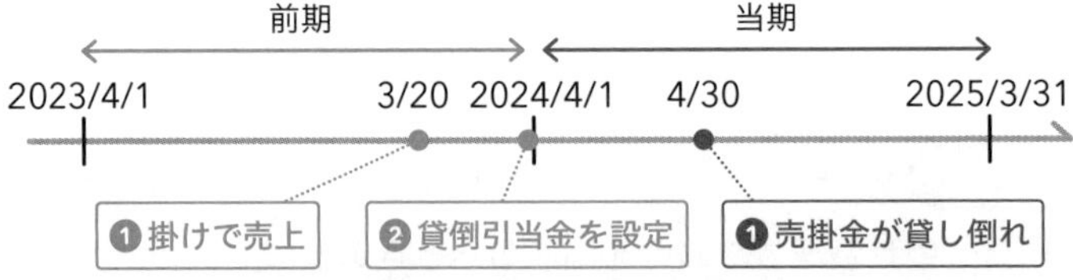

前期に発生した売掛金1,000が貸し倒れた（貸倒引当金の残高900）
貸倒引当金 900 / 売掛金 1,000
貸倒損失 100 /

当期に貸し倒れ処理したお金を回収した場合

当期に発生した売掛金の貸し倒れが発生し、貸倒損失の仕訳を書いた後に、貸し倒れた金額の一部を回収した場合、貸倒損失を取り消します。

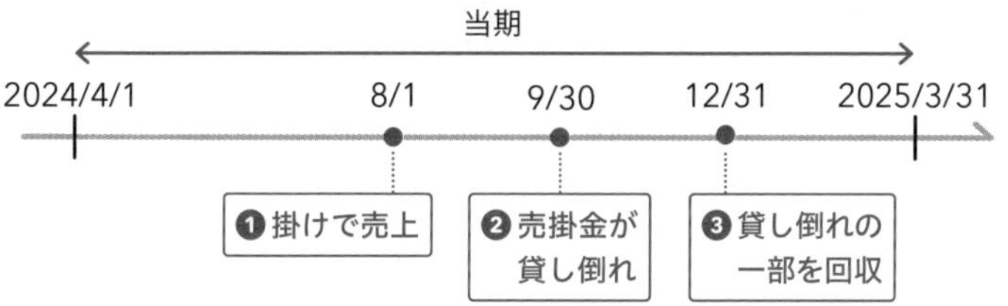

❶ **売掛金 800 / 売上 800**
❷ **貸倒損失 800 / 売掛金 800**
❸ **現金 200 / 貸倒損失 200**

貸倒損失800のうち、回収した200を取り消す

> 当期に貸し倒れ処理したお金を回収したとき
> **現金 200 / 貸倒損失 200**

前期に貸し倒れ処理したお金を回収した場合

前期に売掛金の貸し倒れが発生し、貸倒損失の仕訳を書き、当期に貸し倒れた金額の一部を回収した場合、償却債権取立益を使います。前期の仕訳で発生した「貸倒損失800」は前期の費用です。簿記では、前期の費用を当期に取り消すことができないので、償却債権取立益を使うことになります。

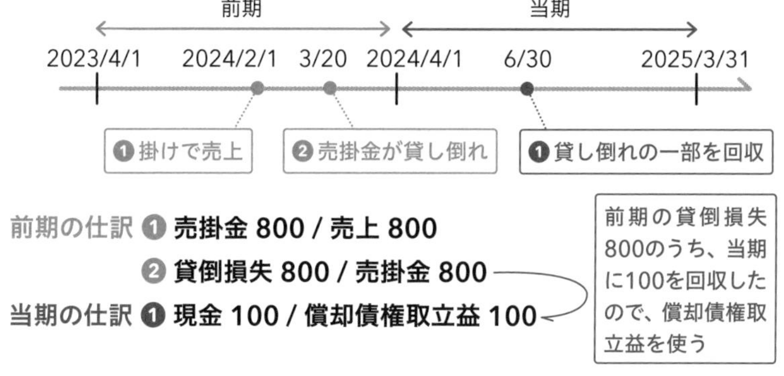

> 前期に貸し倒れ処理したお金を回収したとき
> **現金 100 / 償却債権取立益 100**

動画解説

練習問題 Chapter11 01-04

問題1から問題6の取引について仕訳しなさい。ただし、勘定科目は、次の中から最も適当と思われるものを選びなさい。

現　　金	当座預金	売　　上	仕　　入
売 掛 金	買 掛 金	貸倒損失	貸倒引当金
未収入金	貸倒引当金繰入	償却債権取立益	減価償却費

問題1

P.190

得意先東京株式会社の倒産により、同社に対する売掛金（当期販売分）¥140,000が貸し倒れた。

問題2

P.192

得意先東京株式会社の倒産により、同社に対する売掛金（前期販売分）¥180,000が貸し倒れた。なお、貸倒引当金の残高は¥200,000である。

問題3

P.192

得意先北海道株式会社の倒産により、同社に対する売掛金¥260,000が回収不能となった。同社に対する売掛金はすべて前期の販売から生じたものである。なお、貸倒引当金の残高は¥200,000である。

問題4

P.192、P.195

貸倒引当金の残高は¥10,000である。売掛金の期末残高¥600,000、受取手形の期末残高¥200,000に対して3%の貸し倒れを見積もり、差額補充法により貸倒引当金を設定する。

問題5

P.196

当期に倒産した得意先に対する売掛金（当期販売分）¥20,000を現金で回収した。なお、この売掛金は当期に貸倒損失として処理済みである。

問題6

P.196

前期に倒産した得意先に対する売掛金（前期販売分）¥30,000を現金で回収した。なお、この売掛金は前期に貸倒損失として処理済みである。

解説・解答

問題1

❶当期に発生した売掛金が貸し倒れたので、貸倒損失が増える。貸倒損失は費用（ホームポジション左）なので、増えるときは左に書く。

❷売掛金が回収できなくなったので、売掛金が減る。右に書く。

貸倒損失	140,000	売掛金	140,000

問題2

❶前期に発生した売掛金が貸し倒れたので、貸倒引当金を取り崩す。貸倒引当金は資産のマイナス（ホームポジション右）なので、減るときは左に書く。

❷売掛金が回収できなくなったので、売掛金が減る。右に書く。

貸倒引当金	180,000	売掛金	180,000

問題3

❶前期の販売から生じた売掛金が回収不能となり、貸し倒れた。まずは貸倒引当金を全額取り崩し、不足分は貸倒損失が増える。左に書く。

貸倒引当金 200,000 /
貸倒損失 60,000 /

❷売掛金が回収できなくなったので、売掛金が減る。右に書く。

貸倒引当金 200,000 / **売掛金 260,000**
貸倒損失 60,000 /

貸倒引当金	200,000	売掛金	260,000
貸倒損失	60,000		

問題4

❶貸倒引当金の下書きを書きます。

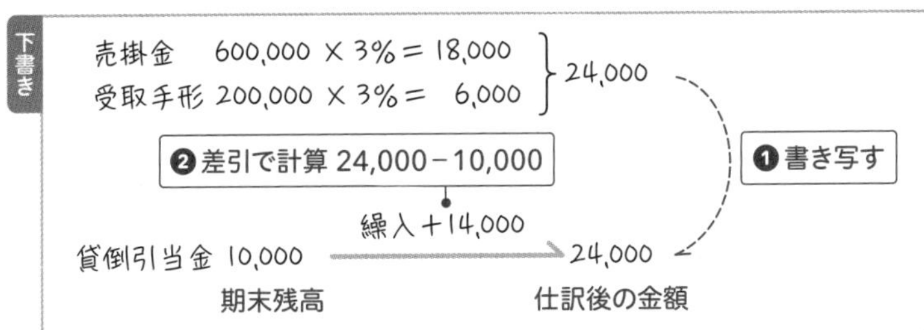

❷貸倒引当金を設定するので、貸倒引当金と貸倒引当金繰入が増える。下書きの「繰入＋14,000」が当期の貸倒引当金繰入の金額なので、これを使う。

貸倒引当金繰入	14,000	貸倒引当金	14,000

問題5

❶当期に貸倒損失として処理済みの売掛金を回収したので、貸倒損失を取り消す。貸倒損失が減るので、右に書く。

❷現金で回収したので、現金が増える。左に書く。

現　　金	20,000	貸 倒 損 失	20,000

豆知識 問題5の取引の流れと仕訳

問題5では下記（2）の仕訳を問われています。（1）で貸倒損失を計上しましたが、（2）で回収したので、貸倒損失を取り消します。このため、貸倒損失を減らしているのです。

（1）当期に売掛金が貸し倒れたとき　**貸倒損失 20,000 / 売掛金 20,000**

（2）当期に（1）の売掛金を回収したとき　**現金 20,000 / 貸倒損失 20,000**

問題6

❶前期に貸倒損失として処理済みの売掛金を、当期に回収したので、償却債権取立益を使う。償却債権取立益は収益（ホームポジション右）なので、増えるときは右に書く。

❷現金で回収したので、現金が増える。左に書く。

現　　金	30,000	償却債権取立益	30,000

豆知識 問題6の取引の流れと仕訳

問題6では下記（2）の仕訳を問われています。前期の貸倒損失は前期の費用ですので、当期に取り消すことができません。このため、償却債権取立益を使います。

（1）前期に売掛金が貸し倒れたとき　**貸倒損失 30,000 / 売掛金 30,000**

（2）当期に（1）の売掛金を回収したとき

現金 30,000 / 償却債権取立益 30,000

Chapter12
経過勘定

Chapter12-01

重要度 ★★★

経過勘定（けいかかんじょう）

経過勘定（けいかかんじょう）は難しい内容ですが試験でよく出題されます。
ここでは経過勘定が必要な理由について理解しましょう。

経過勘定とは

経過勘定とは、「お金のやりとり」と「計上すべき収益や費用」のタイミングがズレたときに修正するための勘定科目です。「未払費用（みばらいひよう）」「未収収益（みしゅうしゅうえき）」「前払費用（まえばらいひよう）」「前受収益（まえうけしゅうえき）」の4つの勘定科目を総称して経過勘定といいます。

総称	まとめた勘定科目	細かい勘定科目		
経過勘定	未払費用　Ch12-02	未払利息	未払家賃	未払広告費
	未収収益　Ch12-03	未収利息	未収家賃	未収手数料
	前払費用　Ch12-04	前払利息	前払家賃	前払広告費
	前受収益　Ch12-05	前受利息	前受家賃	前受手数料

経過勘定が必要な理由

支払利息の例題を使って、経過勘定が必要な理由を説明します。

例題　次の取引について仕訳を書きなさい。当期は2024年4月1日～2025年3月31日とする。

（1）2024年8月1日に1,000円を借り入れ、現金を受け取った。借り入れ期間は1年間、利息120円は借り入れの返済日に支払う。

（2）2025年3月31日の決算において、借入金の利息が未払いであった。

解答　（1）現金　1,000 / 借入金　1,000

（2）支払利息　80 / 未払費用　80

解説　（1）借入金の仕訳を書きます。利息は借り入れの返済日に支払うので、借入時には支払利息の仕訳を書きません。支払利息の仕訳は返済日の2025年7月31日に書きます。

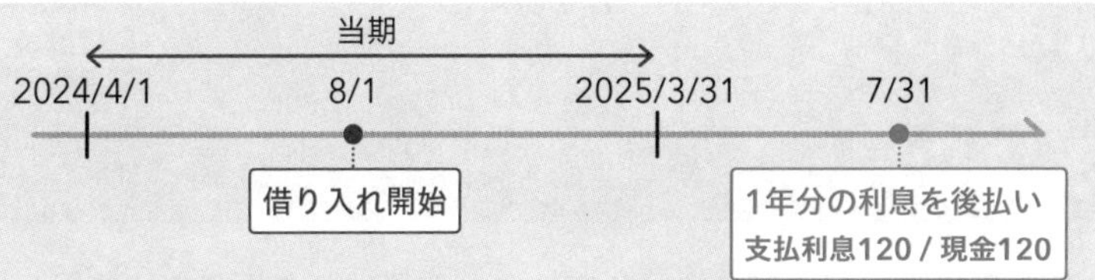

(2) 2024年8月1日～2025年3月31日に利息の支払いがなかったので、支払利息の仕訳を書いていません。期末日時点の支払利息の金額は0円です。

しかし、支払利息は月日の経過（借り入れ期間）に対応して発生しています。借入時から期末日までは2024年8月1日～2025年3月31日なので、8か月が経過しています。つまり、8か月分は利息が発生していますので、2025年3月31日の決算整理仕訳において支払利息を8か月分計上する必要があります。

❶ 8か月分の利息を計算します。支払利息が増えるので、左に書きます。
120 × 8か月÷12か月＝80
支払利息 80 /

❷ 期末日2025年3月31日に「借入金の利息が未払い」の状況です。費用が未払いなので、経過勘定の一つである**未払費用**を使います。未払費用とは、まだお金が支払われていないため仕訳がされていないが、費用は発生している場合に使う勘定科目です。詳しくはP.206で学習します。
支払利息 80 / 未払費用 80

❸ 仕訳の結果、支払利息の金額が80円となりました。

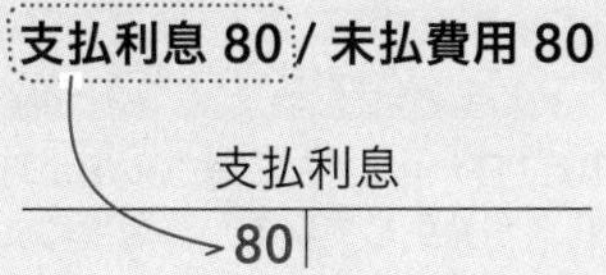

①支払利息や受取家賃など期間に対応して発生する費用や収益は、**月日の経過に対応して発生**します。一方、これまで学習してきた内容では、②現金を支払ったり、受け取ったりしたときに仕訳を書きました。①と②にズレが生じたときにズレを修正するために使うのが**経過勘定**です。

Chapter12-02

重要度★★★

未払費用（みばらいひよう）

期末日にまだお金が支払われていない費用は、決算で未払費用（みばらいひよう）として処理します。

●1年目 お金を借りたとき

1 お金を借りたときの仕訳

❶お金を借りたので、**借入金**が増える。右に書く。

/ 借入金 1,000

❷**現金**が増えるので、左に書く。

現金 1,000 / 借入金 1,000

2 決算：未払費用の決算整理仕訳

❶8月1日から3月31日までの8か月分の利息が発生しているが、期中に支払利息の仕訳が書かれていない。8か月分の利息が発生しているので、**支払利息**を増やす。左に書く。

120×8か月÷12か月＝80

支払利息 80 /

❷支払利息をまだ支払っていないので、費用が未払いの状況。**未払費用**を使う。右に書く。

支払利息 80 / 未払費用 80

未払費用の決算整理仕訳について

未払費用とは、まだお金が支払われていないため仕訳がされていないが、費用は発生している場合に使う勘定科目です。未払費用は 負債 の勘定科目です。なお、支払利息が未払いの場合、内容がわかるように未払費用の代わりに**未払利息**という勘定科目を使うこともあります。

1 お金を借りたときの仕訳

2024年8月1日にお金を借りて、2025年7月31日に1年分の利息を後払いする場合、支払利息の仕訳は2025年7月31日に書くことになります。

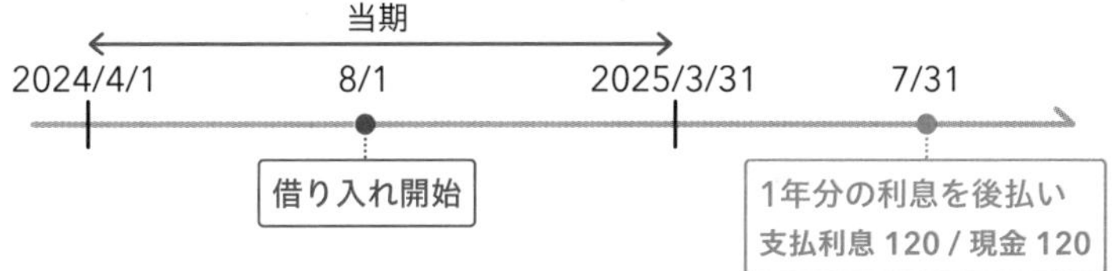

2 決算：未払費用の決算整理仕訳

期末日の時点では、支払利息の金額はゼロです。当期にお金を借りていた期間は8か月間（2024年8月1日～2025年3月31日）なので、8か月分は当期の支払利息に計上する必要があります。このため、未払費用の決算整理仕訳を書くのです。

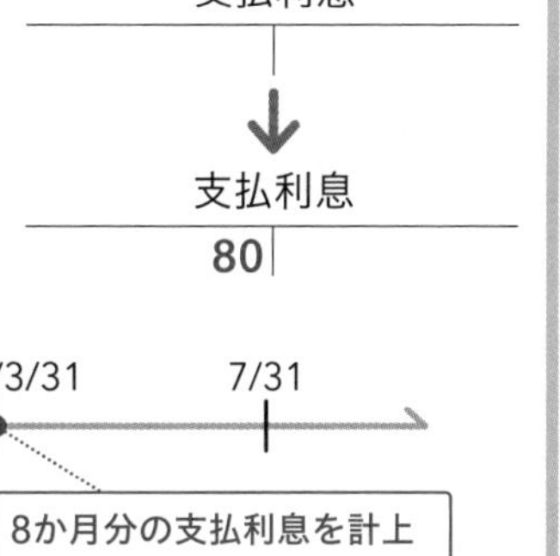

2024/4/1　8/1　2025/3/31　7/31

8か月分の支払利息80

8か月分の支払利息を計上
支払利息 80 / 未払費用 80

1 お金を借りたときの仕訳	**現金**	**1,000 /**	**借入金**	**1,000**
2 決算：未払費用の決算整理仕訳	**支払利息**	**80 /**	**未払費用**	**80**

翌期、未払費用をどのように処理するのか、見ていきましょう。

●**2年目 借入金を返済したとき**

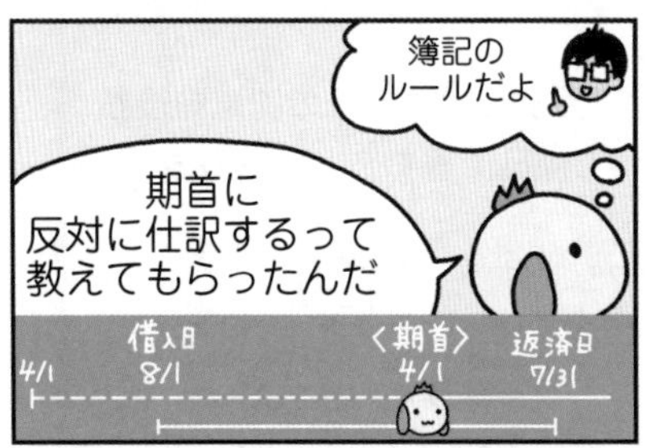

3 期首の再振替仕訳

❶ 再振替仕訳はP.206の 2 の決算整理仕訳の逆仕訳を書く。前期に計上した未払費用を取り崩すので、**未払費用**が減る。左に書く。

未払費用 80 /

❷ 利息80は前期に計上済みなので、**支払利息**を減らす。右に書く。

未払費用 80 / **支払利息 80**

4 借入金を返済したときの仕訳

❶ 借入金を返済したので、**借入金**が減る。左に書く。

借入金　1,000 /

❷ 返済時に1年分の利息を支払う約束だったので、**支払利息**が増える。左に書く。

借入金　1,000 /
支払利息　120 /

❸ **現金**が減ったので、右に書く。

借入金　1,000 / **現金 1,120**
支払利息　120 /

未払費用の再振替仕訳（さいふりかえしわけ）について

前期末に未払費用などの経過勘定の決算整理仕訳をした場合、期首に**再振替仕訳**をするというルールがあります。なぜ再振替仕訳が必要かというと、当期の支払利息（費用）の金額を正しくするためです。支払利息の金額がどのようになるのか、詳しく見ていきましょう。

3 期首の再振替仕訳、4 借入金を返済したときの仕訳

2025年7月31日に借入金を返済し、利息を支払います。

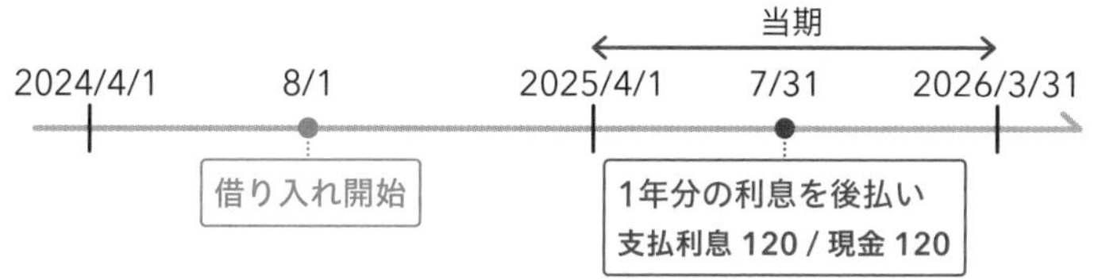

もし期首の再振替仕訳を書かなかった場合、2025年7月31日に1年分の支払利息120が計上されることになります。しかし、当期は4か月間しかお金を借りていた期間がないのに1年分の支払利息120は計上しすぎです。そこで、期首に再振替仕訳を書き、支払利息の金額を調整します。

3 再振替仕訳　**未払費用　80 / 支払利息　80**

4 借入金の返済　**借入金　1,000 / 現金　1,120**
支払利息　120 /

支払利息
	80

↓

支払利息
120	80

支払利息は 3 で80円（8か月分）減り、4 で120円（12か月分）増えるので、差額は40円（4か月分）となります。つまり、2025年4月1日～7月31日の4か月分の支払利息の金額40円が残ることになります。

まとめ

3 期首の再振替仕訳　**未払費用　80 / 支払利息　80**
4 借入金を返済したときの仕訳　**借入金　1,000 / 現金　1,120**
支払利息　120 /

Chapter12-03

重要度 ★★★

未収収益

期末日にまだお金を受け取っていない収益は、決算で未収収益として処理します。

●1年目 部屋を貸したとき

1 部屋を貸したときの仕訳

車庫（部屋）を貸したときは、お金のやりとりをしていないので、仕訳を書かない。
仕訳なし

2 決算：未収収益の決算整理仕訳

❶ 8月1日から3月31日までの8か月分の家賃が発生しているが、期中に受け取り家賃の仕訳が書かれていない。8か月分の家賃が発生しているので、**受取家賃**を増やす。右に書く。

200×8か月＝1,600

/ 受取家賃 1,600

❷ 家賃をまだ受け取っていないので、収益が未回収の状況。**未収収益**を使う。左に書く。

未収収益 1,600 / 受取家賃 1,600

未収収益の決算整理仕訳について

未収収益とは、まだお金を受け取っていないため仕訳がされていないが、収益は発生している場合に、足りない分の収益を計上するために使う勘定科目です。未収収益は 資産 の勘定科目です。なお、受取家賃が未収の場合、未収収益の代わりに**未収家賃**を使うこともあります。

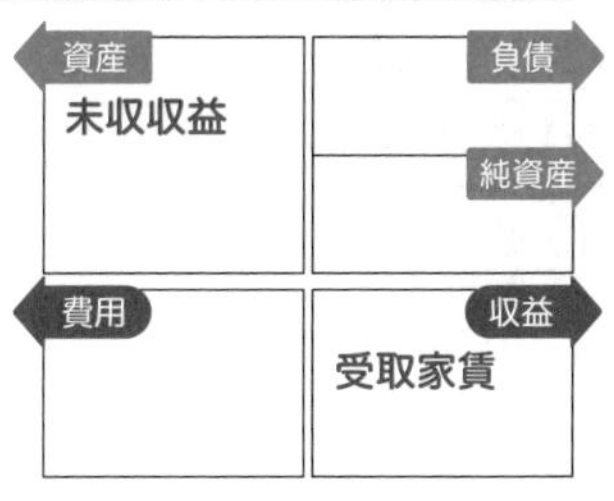

1 部屋を貸したときの仕訳

車庫（部屋）を貸したときは、契約を結んでいますが、お金のやりとりをしていません。このため、仕訳を書きません。また、家賃は1年後に後払いなので、受取家賃の仕訳は2025年7月31日に書くことになります。

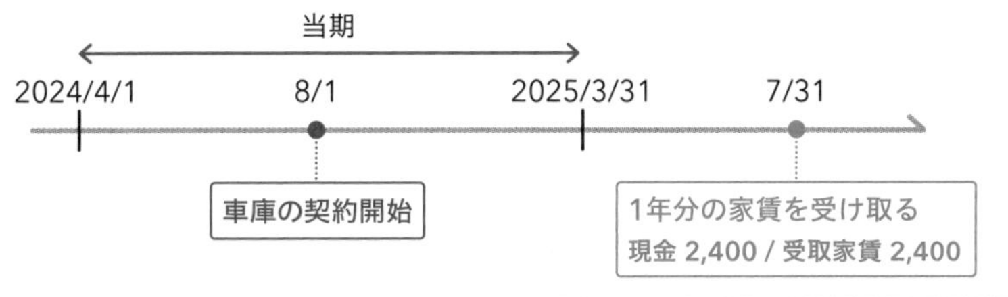

2 決算：未収収益の決算整理仕訳

期末日の時点では、受取家賃の金額はゼロです。当期に部屋を貸していた期間は8か月間（2024年8月1日～2025年3月31日）なので、8か月分は当期の受取家賃に計上する必要があります。このため、未収収益の決算整理仕訳を書くのです。

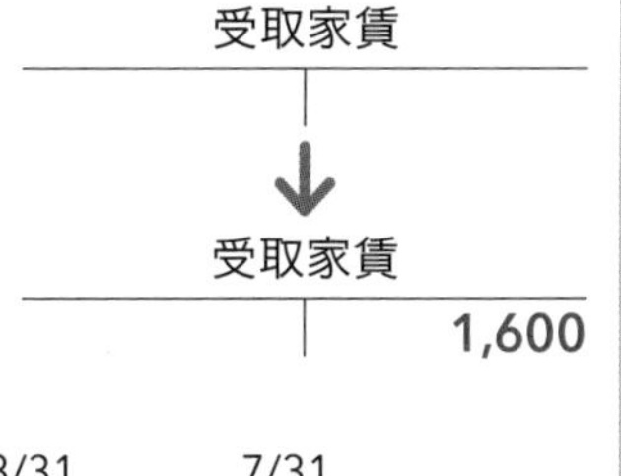

まとめ

1 部屋を貸したときの仕訳	**仕訳なし**
2 決算：未収収益の決算整理仕訳	**未収収益 1,600 / 受取家賃1,600**

翌期、未収収益をどのように処理するのか、見ていきましょう。

●2年目 家賃を受け取ったとき

3 期首の再振替仕訳

❶ 再振替仕訳はP.210の2の決算整理仕訳の逆仕訳を書く。前期に計上した未収収益を取り崩すので、**未収収益**が減る。右に書く。

/ 未収収益 1,600

❷ 家賃1,600は前期に計上済みなので、**受取家賃**を減らす。左に書く。

受取家賃 1,600 / 未収収益 1,600

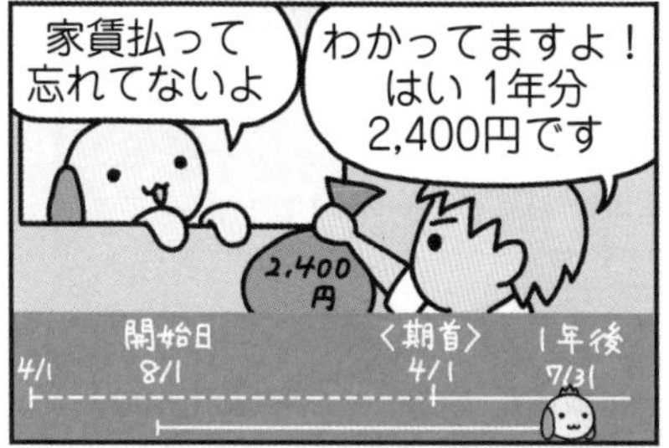

4 家賃を受け取ったときの仕訳

❶ 1年分の家賃を受け取ったので、**受取家賃**が増える。右に書く。

/ 受取家賃 2,400

❷ **現金**が増えたので、左に書く。

現金 2,400 / 受取家賃 2,400

未収収益の再振替仕訳について

前期末に未収収益などの経過勘定の決算整理仕訳をした場合、期首に再振替仕訳をするというルールがあります。なぜ再振替仕訳が必要かというと、当期の受取家賃（収益）の金額を正しくするためです。受取家賃の金額がどのようになるのか、詳しく見ていきましょう。

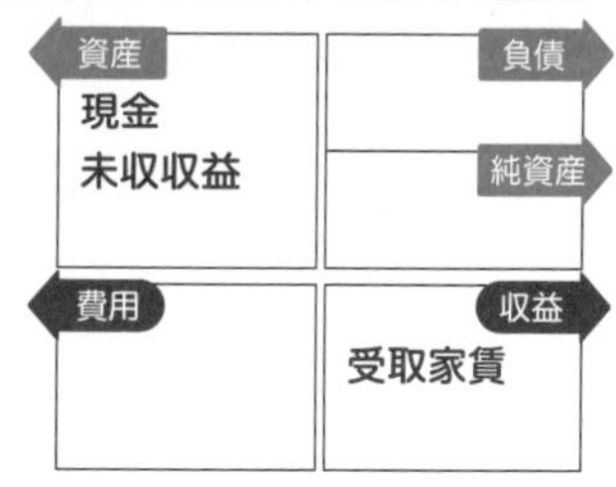

3 期首の再振替仕訳、4 家賃を受け取ったときの仕訳

2025年7月31日に1年分の家賃を受け取ります。

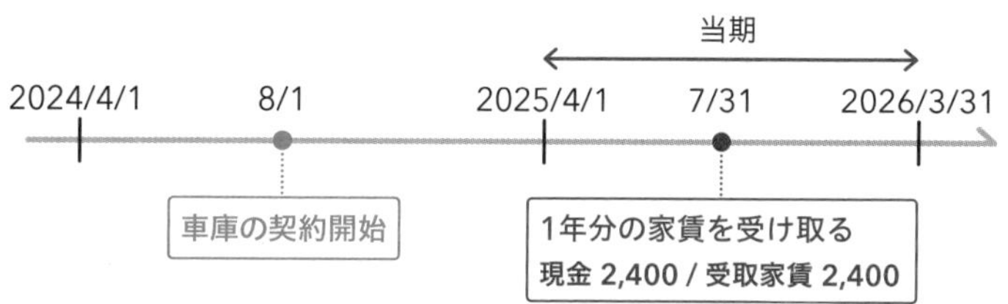

もし期首の再振替仕訳を書かなかった場合、2025年7月31日に1年分の受取家賃2,400が計上されることになります。しかし、当期は4か月間しか部屋を貸した期間がないのに1年分の受取家賃2,400は計上しすぎです。そこで、期首に再振替仕訳を書いて、受取家賃の金額を調整するのです。

3 再振替仕訳

受取家賃 1,600 / 未収収益 1,600

受取家賃

1,600	

4 家賃の受け取り

現金　2,400 / 受取家賃 2,400

受取家賃

1,600	2,400

受取家賃は 3 で1,600円（8か月分）減り、4 で2,400円（12か月分）増えるので、差額は800円（4か月分）となります。つまり、2025年4月1日～7月31日の4か月分の受取家賃の金額800円が残ることになります。

まとめ

3 期首の再振替仕訳	**受取家賃 1,600 / 未収収益 1,600**
4 家賃を受け取ったときの仕訳	**現金　2,400 / 受取家賃 2,400**

動画解説

練習問題 Chapter12 01-03

問題1から問題6の取引について仕訳しなさい。会計期間は4月1日から3月31日までの1年間とする。ただし、勘定科目は、次の中から最も適当と思われるものを選びなさい。

現　　金	**当座預金**	**借 入 金**	**貸 付 金**
支払利息	**受取利息**	**支払手数料**	**受取家賃**
未払費用	**前払費用**	**未収収益**	**前受収益**

問題1

P.206

X2年11月1日に銀行から￥1,500,000（年利率2.4%、期間1年、利払日は10月末）を借り入れ、同額が当座預金口座に振り込まれた。

問題2

P.206

X3年3月31日の決算において、問題1の借入金の利息が未払いであった。

問題3

P.208

X3年4月1日、問題2（前期末の決算）で計上した未払費用￥15,000について、再振替仕訳を行った。

問題4

P.208

X3年10月31日に問題1の借入金￥1,500,000を利息とともに当座預金口座から返済した。

問題5

P.210

決算において、受取家賃の未収分￥32,000を計上する。

問題6

P.212

当期の期首に、問題5（前期末の決算）で計上した未収収益￥32,000について、再振替仕訳を行った。

解説・解答

問題1

❶お金を借りたので、借入金が増える。借入金は負債（ホームポジション右）なので、増えるときは右に書く。

/ 借入金 1,500,000

❷当座預金口座に振り込まれたので、当座預金が増える。左に書く。

当座預金 1,500,000 / 借入金 1,500,000

当座預金	1,500,000	借入金	1,500,000

問題2

❶下書きを書いて、状況を整理する。当期借り入れていた期間は5か月（11月1日～3月31日）である。この5か月分の利息が未払いの状況。年利率は2.4%なので、1年分の利息と5か月分の利息は、下書きのように計算できる。

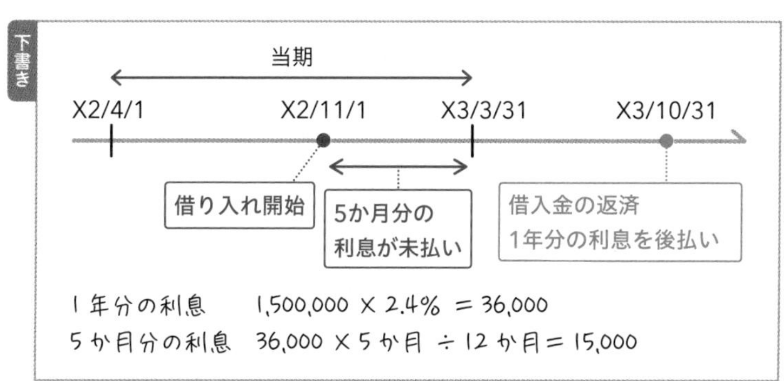

❷11月1日から3月31日までの5か月分の利息が発生しているので、支払利息が増える。支払利息は費用（ホームポジション左）なので、増えるときは左に書く。

支払利息 15,000 /

❸支払利息（費用）が未払いなので、未払費用を使う。なお、勘定科目の選択肢を見ると「未払利息」がないため、「未払費用」を使うことがわかる。

支払利息 15,000 / 未払費用 15,000

支払利息	15,000	未払費用	15,000

豆知識 **X2年度の支払利息の金額**

問題1と問題2の仕訳の結果、X2年度（X2年4月1日からX3年3月31日）の支払利息の金額を計算すると次のようになります。

問題1　**当座預金 1,500,000 / 借入金　1,500,000**

問題2　**支払利息　　15,000 / 未払費用　　15,000**

↓

X2年度の支払利息の金額　15,000（5か月分の利息）

X2年度の未払費用の金額　15,000（5か月分の利息）

問題3

❶再振替仕訳は、前期の決算の逆仕訳を書くので、問題2の逆仕訳を書く。前期に計上した未払費用を取り崩すので、未払費用が減る。左に書く。

未払費用 15,000 /

❷利息15,000は前期に計上済みなので、支払利息を減らす。右に書く。

未払費用 15,000 / **支払利息 15,000**

未払費用	15,000	支払利息	15,000

問題4

❶借入金を返済したので、借入金が減る。左に書く。

借入金　1,500,000 /

❷返済時に1年分の利息を支払う約束だったので、支払利息が増える。左に書く。1年分の利息は問題2の下書きより、36,000とわかる。

借入金　1,500,000 /
支払利息　　36,000 /

❸当座預金口座から返済したので、当座預金が減る。右に書く。

借入金　1,500,000 / **当座預金 1,536,000**
支払利息　　36,000 /

借入金	1,500,000	当座預金	1,536,000
支払利息	36,000		

豆知識 X3年度の支払利息の金額

問題3と問題4の仕訳の結果、X3年度（X3年4月1日からX4年3月31日）の支払利息の金額を計算すると次のようになります。

問題3　**未払費用　15,000 / 支払利息 15,000**
問題4　**借入金　1,500,000 / 当座預金 1,536,000**
　　　　支払利息　36,000 /

X3年度の支払利息の金額　－15,000＋36,000＝21,000（7か月分の利息）
X3年度の未払費用の金額　X2年度の残高15,000－再振替仕訳15,000＝0

問題5

❶受取家賃が未収となっているので、当期の受取家賃が計上されていない状況。受取家賃は収益（ホームポジション右）なので、増えるときは右に書く。

/ 受取家賃 32,000

❷受取家賃（収益）が未収なので、未収収益を使う。なお、勘定科目の選択肢を見ると「未収家賃」がないので、「未収収益」を使うことがわかる。

未収収益 32,000 / 受取家賃 32,000

未 収 収 益	32,000	受 取 家 賃	32,000

問題6

❶再振替仕訳は、前期の決算の逆仕訳を書くので、問題5の逆仕訳を書く。前期に計上した未収収益を取り崩すので、未収収益が減る。右に書く。

/ 未収収益 32,000

❷家賃32,000は前期に計上済みなので、受取家賃を減らす。左に書く。

受取家賃 32,000 / 未収収益 32,000

受 取 家 賃	32,000	未 収 収 益	32,000

豆知識 未収家賃を使った場合の仕訳

問題5と問題6について、勘定科目の選択肢に「未収家賃」しかなかった場合、仕訳は次のようになります。

問題5　**未収家賃 32,000 / 受取家賃 32,000**
問題6　**受取家賃 32,000 / 未収家賃 32,000**

Chapter12-04

重要度★★★

前払費用

翌期の利用分まで前払いした金額を、決算で前払費用として処理します。

●1年目 保険料を前払いしたとき

1 保険料を支払ったときの仕訳

❶ 保険料を支払ったので、**支払保険料**が増える。支払保険料は費用（ホームポジション左）なので、増えるときは左に書く。

支払保険料 1,200 /

❷ 現金で支払ったので、**現金**が減る。右に書く。

支払保険料 1,200 / **現金 1,200**

2 決算：前払費用の決算整理仕訳

❶ 翌期の4月1日から7月31日までの4か月分の保険料が当期の支払保険料に計上されている。翌期の4か月分の**支払保険料**を減らすので、右に書く。

100×4か月＝400

/ 支払保険料 400

❷ 保険料（費用）を前払いしたので、**前払費用**を使う。左に書く。

前払費用 400 / 支払保険料 400

前払費用の決算整理仕訳について

前払費用とは、お金を支払ったときに仕訳したが、当期だけでなく翌期の費用を含めて計上した場合に、翌期の費用を取り消すために使う勘定科目です。前払費用は 資産 の勘定科目です。なお、支払保険料が前払いの場合、前払費用の代わりに**前払保険料**を使うこともあります。

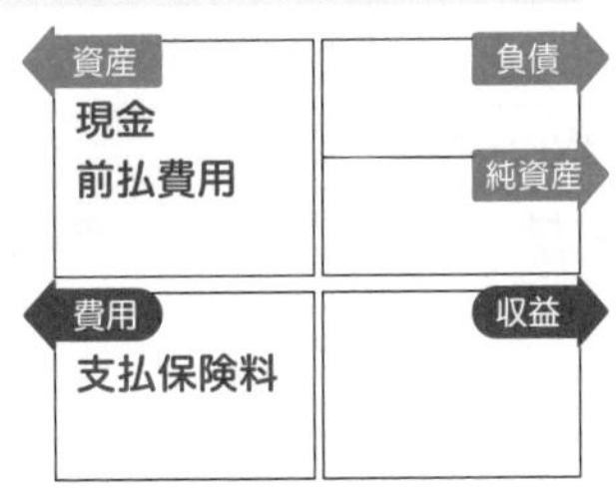

1 保険料を支払ったときの仕訳

2024年8月1日に保険の契約を行い、向こう1年分の保険料を前払いした場合、支払保険料は1年分の1,200円が計上されます。

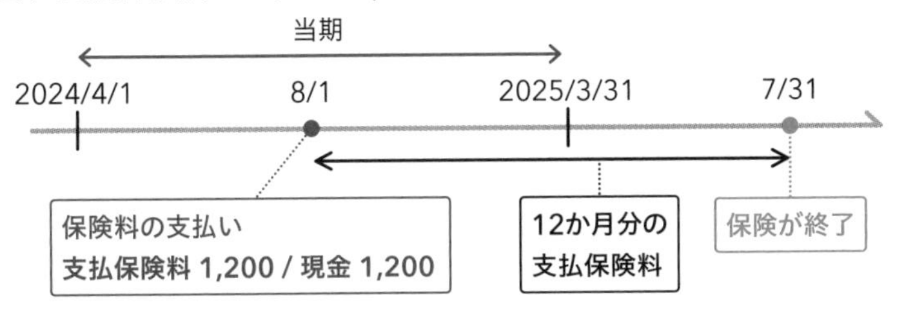

2 決算：前払費用の決算整理仕訳

期末日の時点では、支払保険料は1年分の1,200円です。当期に保険を契約していた期間は8か月間（2024年8月1日～2025年3月31日）なので、翌期4か月分の支払保険料は取り消す必要があります。

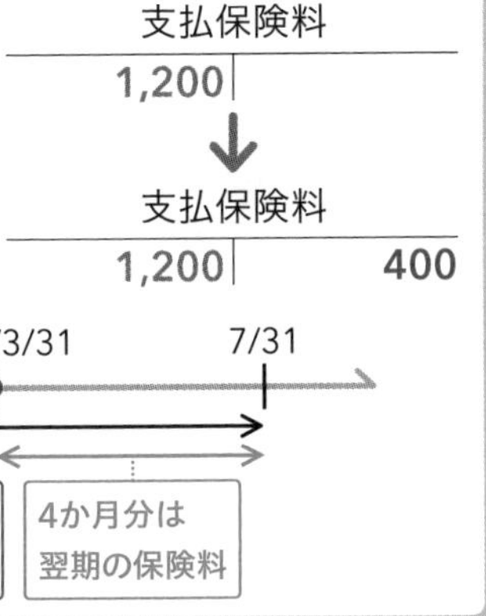

まとめ

1 保険料を支払ったときの仕訳	**支払保険料 1,200 / 現金 1,200**
2 決算：前払費用の決算整理仕訳	**前払費用 400 / 支払保険料 400**

翌期、前払費用をどのように処理するのか、見ていきましょう。

●2年目 保険の契約が満了したとき

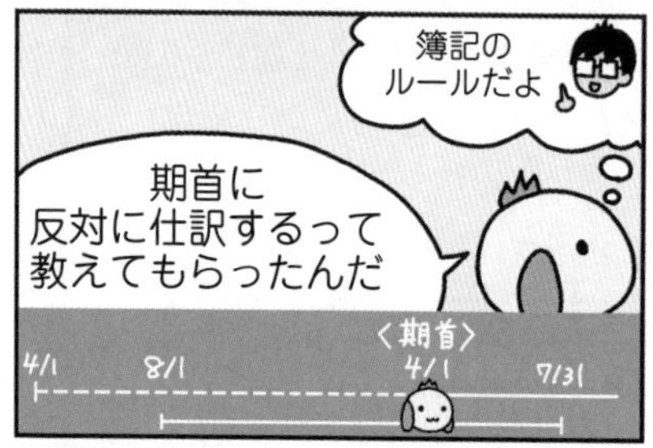

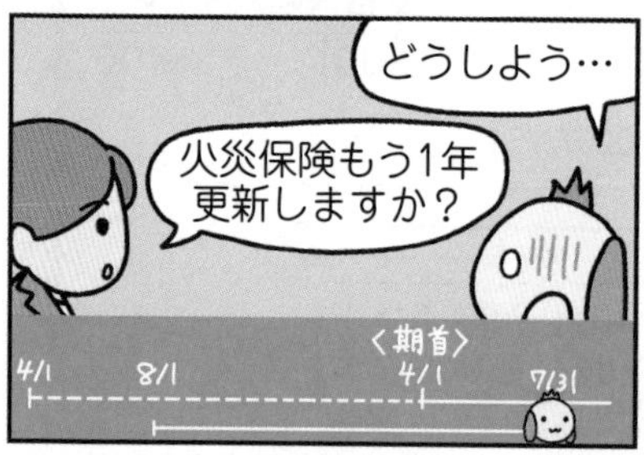

3 期首の再振替仕訳

❶ 再振替仕訳はP.218の 2 の決算整理仕訳の逆仕訳を書く。前期に計上した前払費用を取り崩すので、**前払費用**が減る。右に書く。

/ 前払費用 400

❷ 前期に前払いした保険料を当期の支払保険料として計上する。**支払保険料**が増えるので、左に書く。

支払保険料 400 / 前払費用 400

前払費用の再振替仕訳について

前期末に前払費用などの経過勘定の決算整理仕訳をした場合、期首に再振替仕訳をするというルールがあります。なぜ再振替仕訳が必要かというと、当期の支払保険料（費用）の金額を正しくするためです。支払保険料の金額がどのようになるのか、詳しく見ていきましょう。

3 期首の再振替仕訳

2025年7月31日に保険の契約が満了します。

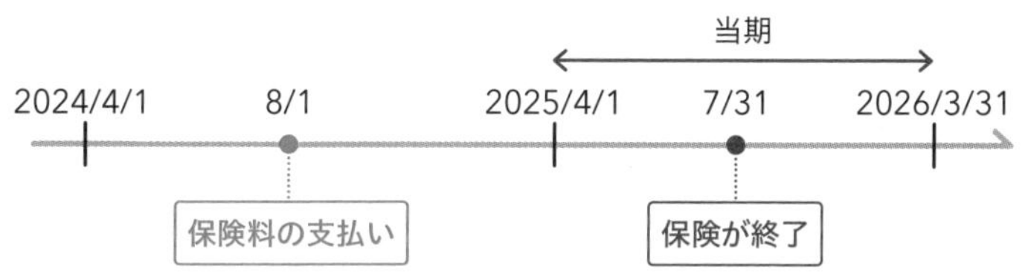

もし期首の再振替仕訳を書かなかった場合、支払保険料の金額はゼロとなります。しかし、当期は4か月間保険を契約した期間があるのに、支払保険料の金額がゼロというのはおかしいです。そこで、期首に再振替仕訳を書いて、支払保険料の金額を調整するのです。

3 再振替仕訳

支払保険料 400 / 前払費用 400

支払保険料
400 |

支払保険料は 3 で400円（4か月分）増えるので、2025年4月1日～7月31日の4か月分の支払保険料の金額400円が残ることになります。

まとめ

3 期首の再振替仕訳　**支払保険料 400 / 前払費用 400**

Chapter12-05

重要度★★★

前受収益(まえうけしゅうえき)

翌期の利用分まで前受けした金額を、決算で前受収益(まえうけしゅうえき)として処理します。

●1年目 お金を貸して利息を受け取ったとき

1 お金を貸して利息を受け取ったときの仕訳

❶お金を貸したので、**貸付金**が増える。貸付金は資産なので、増えるときは左に書く。

貸付金 3,000 /

❷利息を受け取ったので、**受取利息**が増える。受取利息は収益なので、増えるときは右に書く。

貸付金 3,000 / 受取利息 240

❸現金で支払ったので、**現金**が減る。

3,000－240＝2,760

貸付金 3,000	**受取利息**	**240**
	現金	**2,760**

2 決算:前受収益の決算整理仕訳

❶翌期の4月1日から7月31日までの4か月分の利息が当期の受取利息に計上されている。翌期の4か月分の**受取利息**を減らすので、左に書く。

240×4か月÷12か月＝80

受取利息 80 /

❷受取利息（収益）を前受けしたので、**前受収益**を使う。右に書く。

受取利息 80 / 前受収益 80

前受収益の決算整理仕訳について

前受収益とは、お金を受け取ったときに仕訳したが、当期だけでなく翌期の収益を含めて計上した場合に、翌期の収益を取り消すために使う勘定科目です。前受収益は 負債 の勘定科目です。取引の内容がわかるように前受収益の代わりに**前受利息**を使うこともあります。

1 お金を貸して利息を受け取ったときの仕訳

2024年8月1日に受取利息は向こう１年分の240円が計上されます。

当期
2024/4/1　8/1　2025/3/31　7/31

貸し付け開始、利息の受け取り
貸付金 3,000 / 受取利息 240
　　　　　　 / 現金 2,760

12か月分の受取利息

貸付金の回収

2 決算：前受収益の決算整理仕訳

期末日の時点では、受取利息は1年分の240円です。当期にお金を貸していた期間は8か月間（2024年8月1日～2025年3月31日）なので、翌期4か月分の受取利息は取り消す必要があります。

受取利息
	240

↓

受取利息
80	240

2024/4/1　8/1　2025/3/31　7/31

翌期4か月分の受取利息を取り消し
受取利息 80 / 前受収益 80

4か月分は翌期の利息

まとめ

1 お金を貸して利息を受け取ったときの仕訳　**貸付金 3,000 / 受取利息 240**
/ 現金 2,760

2 決算：前受収益の決算整理仕訳　**受取利息 80 / 前受収益 80**

翌期、前受収益をどのように処理するのか、見ていきましょう。

●2年目 貸付金を回収したとき

3 期首の再振替仕訳

❶ 再振替仕訳はP.222の 2 の決算整理仕訳の逆仕訳を書く。前期に計上した前受収益を取り崩すので、**前受収益**が減る。左に書く。

前受収益 80 /

❷ 前期に前受けした利息を当期の受取利息として計上する。**受取利息**が増えるので、右に書く。

前受収益 80 / 受取利息 80

4 貸付金を回収したときの仕訳

❶ 現金を受け取ったので、**現金**が増える。左に書く。

現金 3,000 /

❷ 貸付金を回収したので、**貸付金**が減る。右に書く。

現金 3,000 / 貸付金 3,000

前受収益の再振替仕訳について

前期末に前受収益などの経過勘定の決算整理仕訳をした場合、期首に再振替仕訳をするというルールがあります。なぜ再振替仕訳が必要かというと、当期の受取利息（収益）の金額を正しくするためです。受取利息の金額がどのようになるのか、詳しく見ていきましょう。

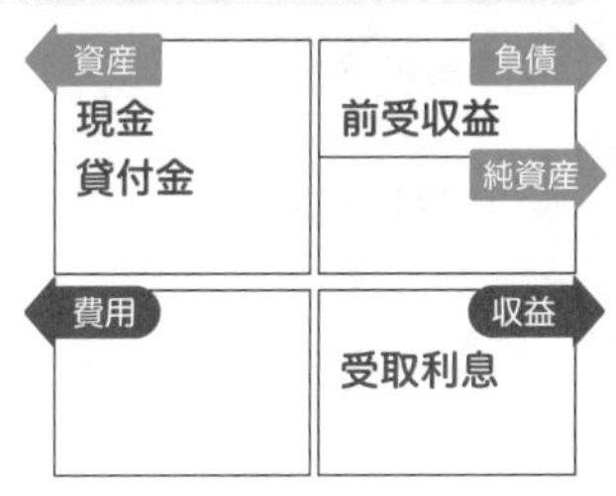

3 期首の再振替仕訳、
4 貸付金を回収したときの仕訳

2025年7月31日に貸付金を回収します。

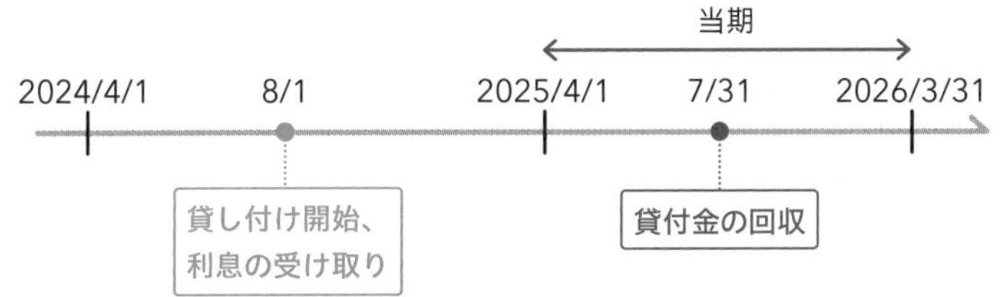

もし期首の再振替仕訳を書かなかった場合、受取利息の金額はゼロとなります。しかし、当期は4か月間お金を貸した期間があるのに、受取利息の金額がゼロというのはおかしいです。そこで、期首に再振替仕訳を書いて、受取利息の金額を調整するのです。

3 再振替仕訳　**前受収益 80 / 受取利息 80**

受取利息

	80

受取利息は 3 で80円（4か月分）増えるので、2025年4月1日～7月31日の4か月分の受取利息の金額80円が残ることになります。

まとめ

3 期首の再振替仕訳	**前受収益**	**80 /**	**受取利息**	**80**
4 貸付金を回収したときの仕訳	**現金**	**3,000 /**	**貸付金**	**3,000**

動画解説

練習問題 Chapter12 04-05

問題1から問題6の取引について仕訳しなさい。会計期間は4月1日から3月31日までの1年間とする。ただし、勘定科目は、次の中から最も適当と思われるものを選びなさい。

現　　金	当座預金	売　　上	受取利息
仕　　入	支払利息	支払保険料	未払費用
未収収益	前払費用	前受収益	貸 付 金

問題1 P.218

X2年12月1日に向こう1年分の保険料￥96,000を現金で支払った。

問題2 P.218

X3年3月31日の決算において、問題1の保険料の前払いした金額を適切な勘定に振り替えた。

問題3 P.220

X3年4月1日、問題2（前期末の決算）で計上した前払費用￥64,000について、再振替仕訳を行った。

問題4 P.222

X2年10月1日に埼玉株式会社へ￥2,400,000を貸し付け、向こう1年分の利息を差し引いた残額を現金で支払った。なお、貸付金の年利率は2%、返済日はX3年9月30日である。

問題5 P.222

X3年3月31日の決算において、問題4の貸付金の利息の前受分を計上する。

問題6 P.224

X3年4月1日、問題5（前期末の決算）で計上した前受収益￥24,000について、再振替仕訳を行った。

解説・解答

問題1

❶保険料を支払ったので支払保険料が増える。支払保険料は費用（ホームポジション左）なので、増えるときは左に書く。

支払保険料 96,000 /

❷現金で支払ったので、現金が減る。右に書く。

支払保険料 96,000 / 現金 96,000

支払保険料	96,000	現　　金	96,000

問題2

❶下書きを書いて、状況を整理する。問題1で1年分の支払保険料96,000が計上されているが、当期に保険を契約していた期間は4か月間（X2年12月1日～X3年3月31日）なので、翌期8か月分の支払保険料は取り消す必要がある。

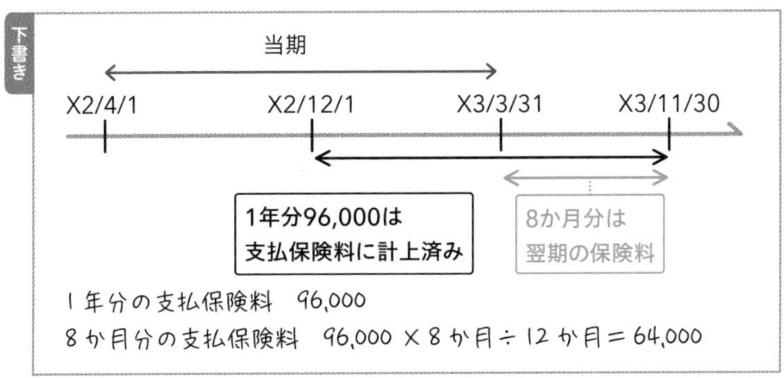

❷翌期のX3年4月1日からX3年11月30日までの8か月分の保険料が当期の支払保険料に計上されている。翌期の8か月分の支払保険料を減らすので、右に書く。

/ 支払保険料 64,000

❸支払保険料（費用）を前払いしたので、前払費用を使う。なお、勘定科目の選択肢を見ると「前払保険料」がないため、「前払費用」を使うことがわかる。

前払費用 64,000 / 支払保険料 64,000

前 払 費 用	64,000	支払保険料	64,000

豆知識 **X2年度の支払保険料の金額**

問題1と問題2の仕訳の結果、X2年度（X2年4月1日からX3年3月31日）の支払保険料の金額を計算すると次のようになります。

問題1　**支払保険料 96,000 / 現金　　　96,000**
問題2　**前払費用　64,000 / 支払保険料 64,000**

X2年度の支払保険料の金額　96,000－64,000＝32,000（当期4か月分の保険料）
X2年度の前払費用の金額　　64,000（翌期8か月分の保険料）

問題3

❶再振替仕訳は、前期の決算の逆仕訳を書くので、問題2の逆仕訳を書く。前期に計上した前払費用を取り崩すので、前払費用が減る。右に書く。

/ 前払費用 64,000

❷前期に前払いした保険料を当期の支払保険料として計上する。支払保険料が増えるので、左に書く。

支払保険料 64,000 / 前払費用 64,000

支払保険料	64,000	前 払 費 用	64,000

豆知識 **X3年度の支払保険料の金額**

問題3の仕訳の結果、X3年度（X3年4月1日からX4年3月31日）の支払保険料の金額を計算すると次のようになります。

問題3　**支払保険料 64,000 / 前払費用 64,000**

X3年度の支払保険料の金額　64,000（8か月分の保険料）
X3年度の前払費用の金額　　X2年度の残高64,000－再振替仕訳64,000＝0

問題4

❶お金を貸したので、貸付金が増える。貸付金は資産（ホームポジション左）なので、増えるときは左に書く。

貸付金 2,400,000 /

❷利息を受け取ったので、受取利息が増える。受取利息は収益（ホームポジション右）なので、増えるときは右に書く。年利率は2%なので、1年分の利息の金額は次のように計算できる。

2,400,000×2%＝48,000

貸付金 2,400,000 / 受取利息 48,000

❸残額を現金で支払ったので、現金が減る。右に書く。

2,400,000－48,000＝2,352,000

貸付金 2,400,000 / 受取利息 48,000
/ 現金 2,352,000

解答

貸　付　金	2,400,000	受 取 利 息	48,000
		現　　　金	2,352,000

問題5

❶下書きを書いて、状況を整理する。問題4で1年分の受取利息48,000が計上されているが、当期に貸し付けた期間は6か月（X2年10月1日～X3年3月31日）なので、翌期6か月分の受取利息は取り消す必要がある。年利率は2%なので、1年分の利息と6か月分の利息は、下書きのように計算できる。

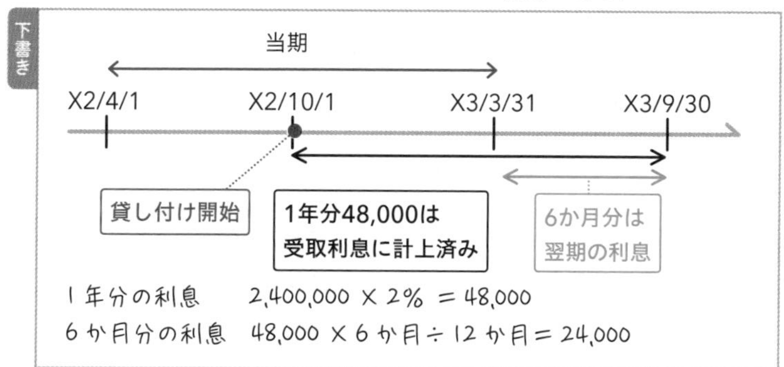

❷翌期の4月1日から9月30日までの6か月分の利息が当期の受取利息に計上されている。翌期の6か月分の受取利息を減らすので、左に書く。

受取利息 24,000 /

❸受取利息（収益）を前受けしたので、前受収益を使う。なお、勘定科目の選択肢を見ると「前受利息」がないので、「前受収益」を使うことがわかる。

受取利息 24,000 / 前受収益 24,000

受 取 利 息	24,000	前 受 収 益	24,000

問題6

❶再振替仕訳は、前期の決算の逆仕訳を書くので、問題5の逆仕訳を書く。前期に計上した前受収益を取り崩すので、前受収益が減る。左に書く。

前受収益 24,000 /

❷前期に前受けした利息を当期の受取利息として計上する。受取利息が増えるので、右に書く。

前受収益 24,000 / 受取利息 24,000

解答

前受収益	24,000	受取利息	24,000

経過勘定って難しいね。

最初は難しく感じるかもしれないけど、たくさん問題を解いて慣れることが大切だよ。

4種類もあって、混乱しちゃう。

4種類あるけど、次のようにまとめるとわかりやすいよ。例えば、利息の場合は1年分の利息を後で払うなら、未払費用ってことだね。

利息の支払い	勘定科目	決算整理仕訳
後で払う	未払費用	当期分を費用に計上。
後で受け取る	未収収益	当期分を収益に計上。
先に払う	前払費用	翌期分を費用から減らす。
先に受け取る	前受収益	翌期分を収益から減らす。

なるほど～♪

結局は費用や収益を、**当期の期間に対応した正しい金額**にする調整のために仕訳しているだけなんだ。

費用や収益を中心に考えればいいってこと？

その通りだよ！あとは練習あるのみだね。

やるぞやるぞ～♪

Part2 財務諸表等

Chapter13

総勘定元帳（勘定の記入）

Chapter13-01

総勘定元帳(そうかんじょうもとちょう)とは

各勘定科目の増減を記録したものを総勘定元帳(そうかんじょうもとちょう)といいます。

総勘定元帳とは

総勘定元帳は、各勘定科目の増減を記録した帳簿(ちょうぼ)です。帳簿というのは、仕訳や勘定科目の残高などの情報を記録するための書類のことで、Chapter21で詳しく学習します。総勘定元帳は帳簿ですが、財務諸表等を学習する上で必要な知識なので、Part3ではなくPart2に含めています。

Chapter13では、帳簿の中で一番重要な総勘定元帳について学習します。総勘定元帳は、仕訳を書き写して作成します。仕訳を総勘定元帳へ書き写すことを**転記(てんき)**といい、また総勘定元帳に記入すること自体を**記帳(きちょう)**ということもあります。

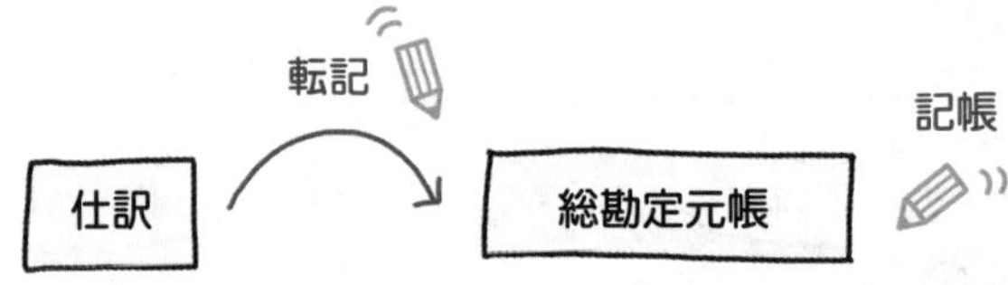

転記のルール

転記には次のルールがあります。難しくはないのですが間違えやすいので、注意して転記する必要があります。

ルール1　その勘定科目を仕訳で左に書いたら、総勘定元帳も左に書く。

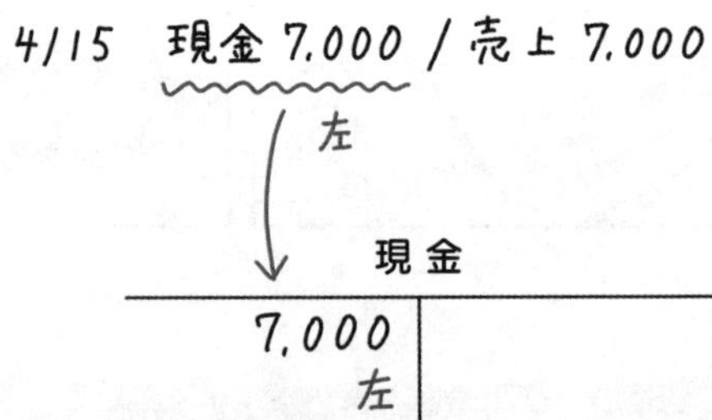

現金7,000を仕訳で左に書いたので、現金の総勘定元帳の左に7,000と書きます。そうすることで、現金の残高が左に7,000ということを、仕訳でも総勘定元帳でも表すことができます。

ルール2　その勘定科目を仕訳で右に書いたら、総勘定元帳も右に書く。

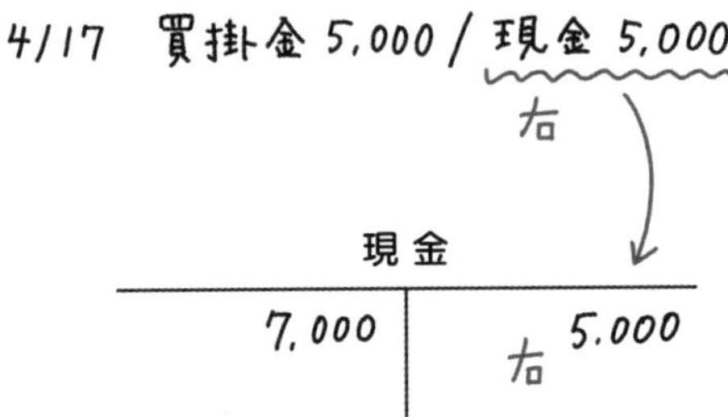

現金5,000を仕訳で右に書いたので、現金の総勘定元帳の右に5,000と書きます。そうすることで、現金の総勘定元帳では左に7,000、右に5,000となり、2つの仕訳を見返さなくても現金の残高は7,000－5,000＝2,000と計算でき、左に2,000の残高があることがわかります。

ルール3　総勘定元帳には相手勘定科目を書く。

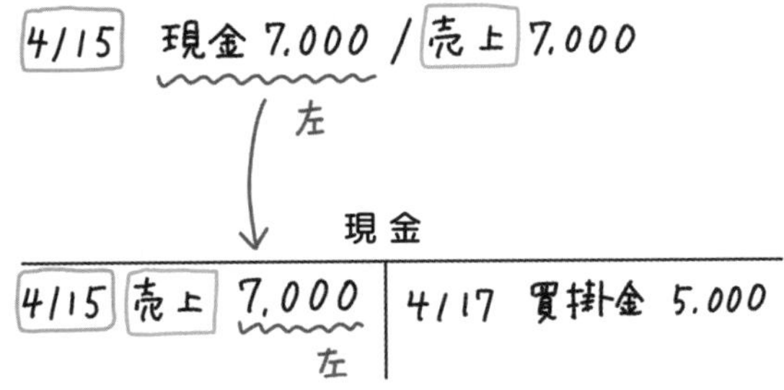

ルール1とルール2を使って転記すれば、総勘定元帳を見ると常に最新の残高がわかります。ただし、現金がどのような要因で増減したか知ることができないので不便です。そこで、転記するときには仕訳で書いた相手勘定科目と日付をメモしておきます。そうすることで、仕訳を見返さなくても総勘定元帳を見ただけで、売上による現金の増加7,000、買掛金の支払いによる現金の減少5,000と把握することができます。

総勘定元帳を作成する理由

もし総勘定元帳がなければ、例えば、現金について120回取引が行われた場合、120個仕訳を書きますが、現金の残高を知りたいときに120個の仕訳をすべて集計するのは手間がかかります。そこで、1個仕訳を書く度に総勘定元帳へ書き写しておくと、総勘定元帳を見れば常に最新の残高がわかります。

各勘定科目について「最新の残高がわかる」ようにするために、総勘定元帳を作成します。

総勘定元帳の形式

下のように総勘定元帳はP.341で学習する正式な総勘定元帳と簡易的な総勘定元帳（T字勘定）の2種類があります。簿記の試験では簡易的な総勘定元帳がよく出題されます。このChapterでは簡易的な総勘定元帳を使って説明します。

〈正式な総勘定元帳〉

現　　金　　1

X1年		摘　要	仕丁	借　方	X1年		摘　要	仕丁	貸　方
4	1	前期繰越	✓	110,000	4	3	買掛金	1	5,000
						5	仕入	〃	2,000

〈簡易的な総勘定元帳（T字勘定）〉

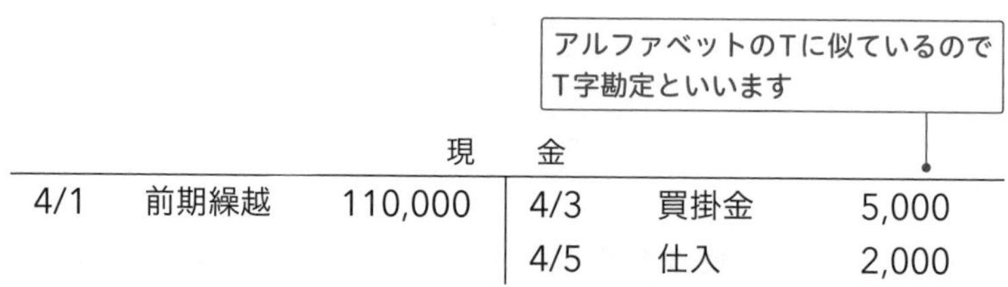

残高の繰り越しについて

ホームポジションの5分類はさらに大きく分けると、①収益・費用と、②資産・負債・純資産の2つに分けることができます。①は残高の繰り越しを行わない、②は残高の繰り越しを行うという、重要な違いがあります。残高を繰り越すとは、残高を翌期に引き継ぐことをいいます。

①収益・費用

1年間のもうけの金額を知るために、収益と費用は会計期間1年ごとに損益勘定へ集計し、翌期に残高を**繰り越しません**。

	日付	取引	売上の残高
期首	X1/4/1	—	0円
期中	X1/6/5	現金売上100円	100円
	X1/9/12	現金売上200円	300円
期末	X2/3/31	—	300円
翌期首	X2/4/1	—	0円

X1年度
売上300円（収益）

繰り越さない

②資産・負債・純資産

会社にある財産の金額を知るために、資産と負債と純資産を使います。資産と負債と純資産は損益勘定へ集計しません。また、財産は1年ごとに消えてしまうわけではないので、翌期へ残高を**繰り越します**。

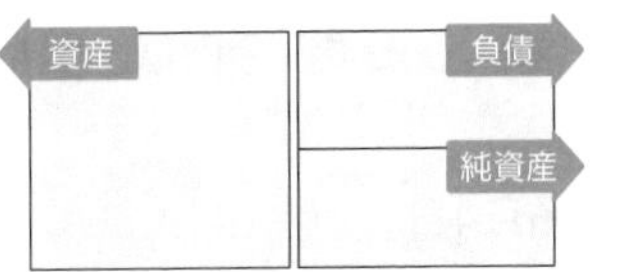

	日付	取引	現金の残高
期首	X1/4/1	—	0円
期中	X1/6/5	現金売上100円	100円
	X1/9/12	現金売上200円	300円
期末	X2/3/31	—	300円
翌期首	X2/4/1	—	300円

X2年
3月31日
現金300円（資産）

繰り越す

Chapter13-02

重要度★★★

総勘定元帳（収益・費用）

総勘定元帳の記入は、「収益・費用」と「資産・負債・純資産」によって書き方が異なります。収益と費用は会計期間1年ごとに損益勘定へ集計し、翌期に残高を繰り越しません。

収益・費用の勘定の記入

収益・費用の勘定科目について、総勘定元帳へ記入する手順を学びます。例として仕入勘定を記入する場合を見ていきましょう。

①開始記入

収益と費用は1年ごとに集計するので、前期から繰り越す金額はありません。従って、**開始記入は行いません。**

②期中の仕訳

期中に取引が発生した場合、まず仕訳を書き、次に仕訳を見て仕入勘定に記入します。今回は、掛け仕入れ5,000の仕訳を書きます。

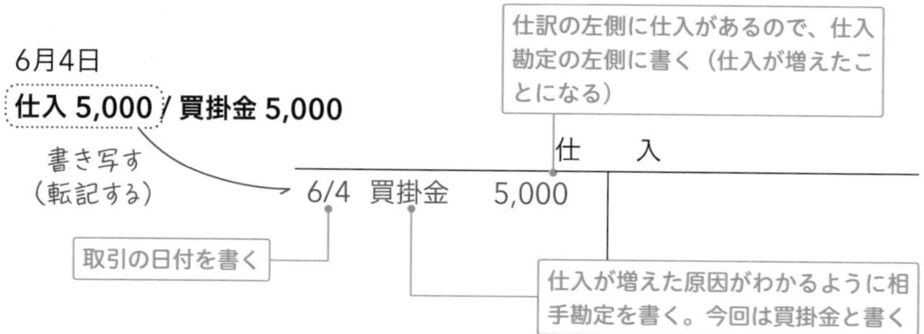

③決算の決算整理仕訳

期末日の終了後に決算を行います。まず決算整理仕訳を書き、次に決算整理仕訳を見て仕入勘定に記入します。今回は、期首商品棚卸高1,000、期末商品棚卸高2,000である場合の決算整理仕訳を書きます。

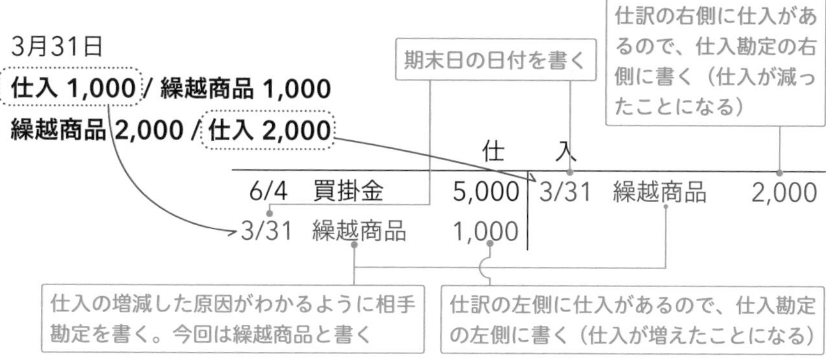

④決算の損益振替の仕訳

決算整理仕訳を書いた後、収益と費用の残高は損益勘定へ振り替えます。損益振替についてはP.160で学習しました。今回は、仕入の残高5,000＋1,000－2,000＝4,000をすべて損益勘定へ振り替えます。

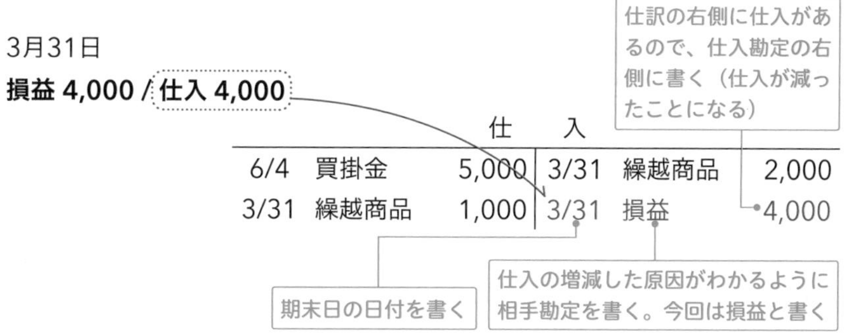

⑤決算の繰越記入

収益と費用の残高はすべて損益勘定へ振り替えましたので、翌期（次期）に繰り越すことはありません。**繰越記入は行いません。**

⑥帳簿の締め切り

左側合計（借方合計）と右側合計（貸方合計）が一致しているのか、確認するために合計額を計算します。最後に、当期が終わったしるしとして二重線を引きます。

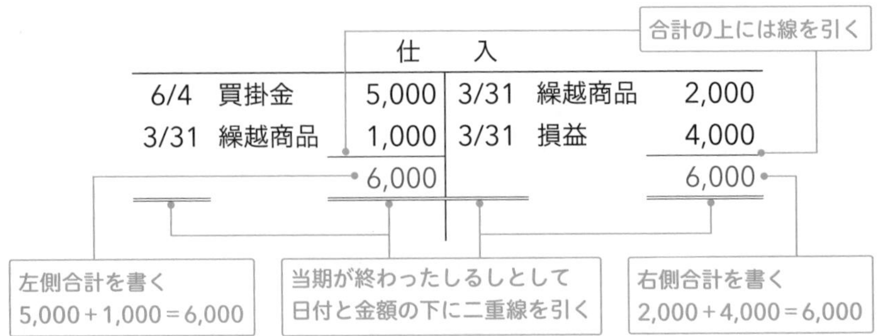

繰越商品は「⑤決算の繰越記入」じゃないの？

繰越商品は普通の勘定科目の名前だね。決算整理仕訳で書いた繰越商品という勘定科目を仕入勘定に記入しているだけだよ。

じゃあ「⑤決算の繰越記入」は…。

「⑤決算の繰越記入」は、前期繰越と次期繰越という用語を使って記入するよ。次のページで現金勘定を使って学習しよう！

Chapter13-03

重要度 ★★★

総勘定元帳（資産・負債・純資産）

今回は資産・負債・純資産の総勘定元帳の記入について学びます。繰り越しが出てくる点がポイントです。

資産・負債・純資産の勘定の記入

資産・負債・純資産の勘定科目について、総勘定元帳へ記入する手順を学びます。例として現金勘定を記入する場合を見ていきましょう。

①開始記入

次期繰越に書いた金額を**前期繰越**として記入します。これを開始記入といいます。開始記入は、前期末か当期首に書きます。

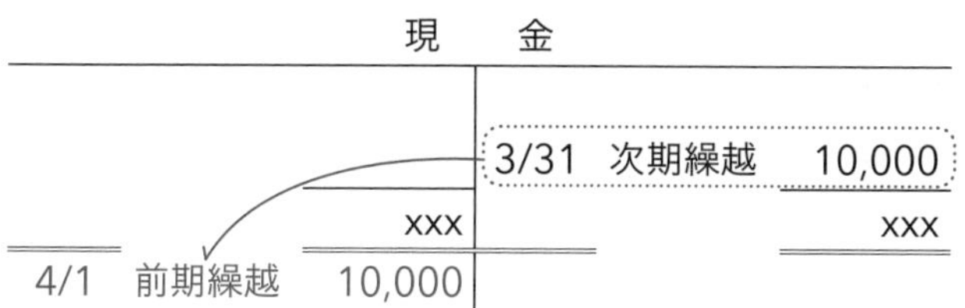

②期中の仕訳

期中の取引が発生した場合、まず仕訳を書き、次に仕訳を見て現金勘定に記入します。今回は、現金売上7,000の仕訳を書きます。

③決算の決算整理仕訳

期末日の終了後に決算を行います。まず決算整理仕訳を書き、次に決算整理仕訳を見て現金勘定に記入します。今回は、現金の帳簿残高17,000に対して、実際に金庫に入っていた現金は16,700しかなかったため、差額300を雑損とした場合の決算整理仕訳を書きます。

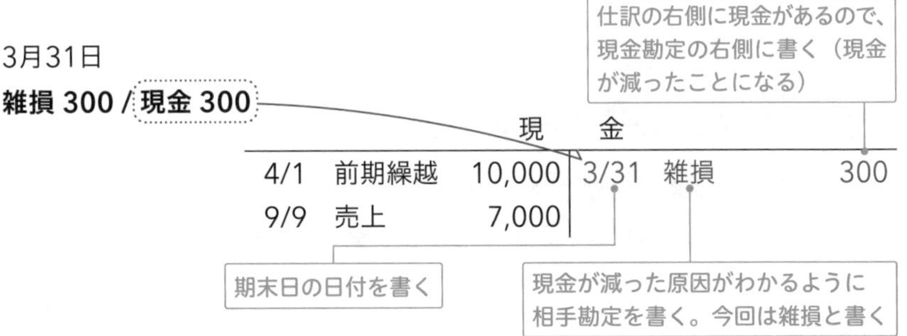

④決算の損益振替の仕訳

資産と負債と純資産の勘定科目は損益勘定への振り替えを行いません。

⑤決算の繰越記入

決算の現金勘定の残高を翌期（次期）へ繰り越すために、**次期繰越**を記入することを**繰越記入**といいます。繰越記入は仕訳を書かず、現金勘定に記入するだけです。

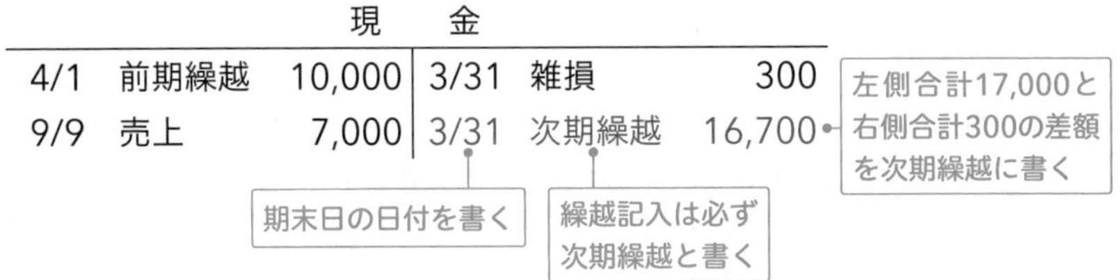

⑥帳簿の締め切り

左側合計（借方合計）と右側合計（貸方合計）が一致しているのか、確認するために合計額を計算します。最後に、当期が終わったしるしとして二重線を引きます。

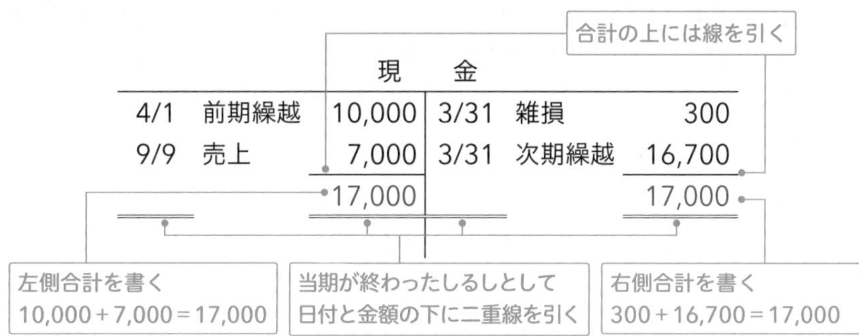

さらに、次期へ繰り越した金額を前期繰越として記入します（開始記入）。

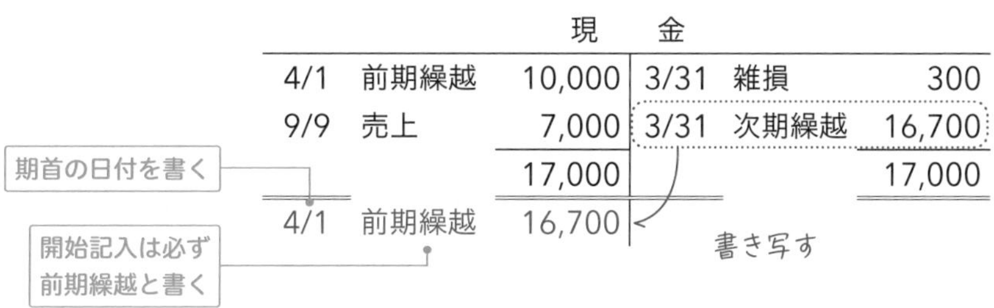

動画解説

練習問題 Chapter13 01-03

PB株式会社における次の取引にもとづいて、X2年度（X2年4月1日からX3年3月31日までの1年間）の解答欄の勘定の空欄に日付、語句または金額を記入しなさい。なお、語句は次の中から最も適当と思われるものを選びなさい。

現　　金	**普通預金**	**当座預金**	**借入金**
貸付金	**支払利息**	**受取利息**	**損　　益**
前期繰越	**次期繰越**	**未払利息**	**前払利息**

X1年8月1日　N銀行から¥1,200,000（利率年1.2%、期間1年）を借り入れ、当社の普通預金口座に振り込まれた。なお、利息は元本返済時に一括で支払う契約である。

X2年3月31日　決算日を迎え、未払利息を計上した。

X2年4月1日　前期の決算日に未払利息を計上していたので、再振替仕訳を行った。

X2年7月31日　N銀行からの借入金について、利息とともに借入金を普通預金口座より返済した。

X2年8月1日　M銀行から¥2,000,000（利率年1.5%、期間1年間）を借り入れ、当社の普通預金口座に振り込まれた。なお、利息は元本返済時に一括で支払う契約である。

X3年3月31日　決算日を迎え、未払利息を計上した。

[答案用紙]

支　払　利　息

(　　)	(　　)	(　　)	(　　)	(　　)	(　　)
(　　)	(　　)	(　　)	(　　)	(　　)	(　　)
		(　　)			(　　)

未　払　利　息

(　　)	(　　)	(　　)	X2/4/1	前期繰越	9,600
(　　)	(　　)	(　　)	(　　)	(　　)	(　　)
		(　　)			(　　)

解説・解答

総勘定元帳の記入の問題は、Chapter12で学習した経過勘定の仕訳と同時に問われることが多いです。ステップ1とステップ2は経過勘定の復習、ステップ3とステップ4が総勘定元帳の記入です。

ステップ1 下書きに線表を書いて状況を整理する。

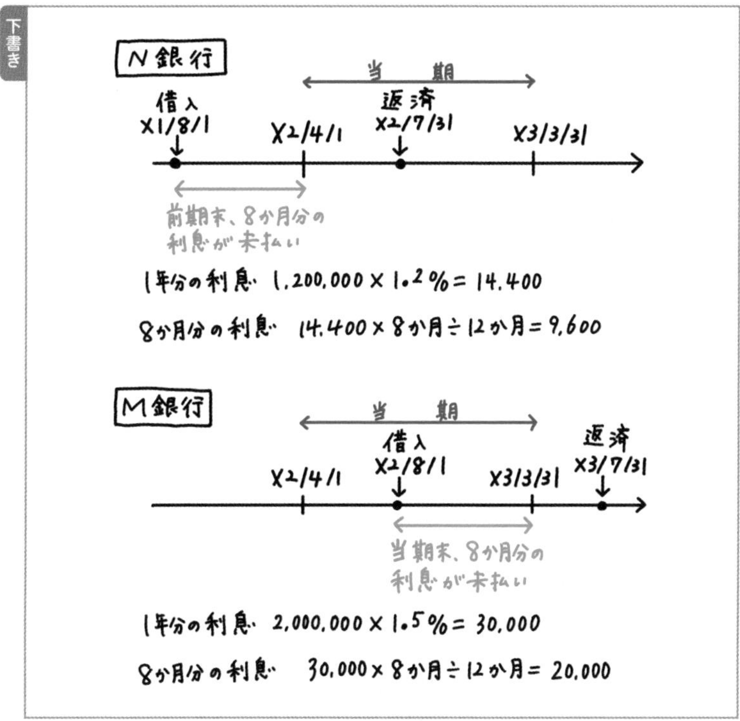

ステップ2 下書きに仕訳を書く。

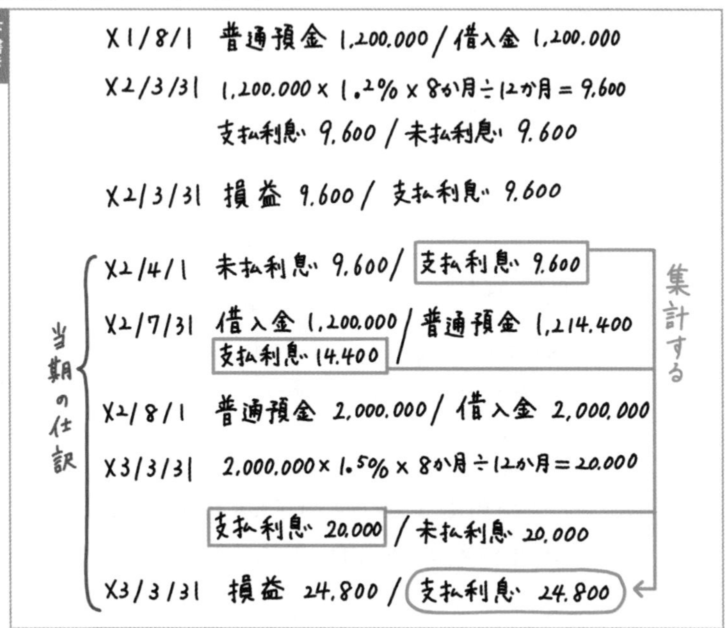

〈前期に書いた仕訳〉

前期の仕訳は、当期の総勘定元帳の記入には関わらないが、問題文に書いてある取引はすべて仕訳を書いておくと間違えにくい。

X1年8月1日　借入金の発生

普通預金 1,200,000 / 借入金 1,200,000

X2年3月31日　未払利息の計上

経過勘定の未払費用（P.206）の仕訳を書く。本問は未払利息勘定を記入する問題なので、仕訳を書く場合に未払費用ではなく未払利息を使う。当期8か月分の利息が未払いなので、8か月分の未払利息を計上する。

1,200,000×1.2%×8か月÷12か月＝9,600
（1,200,000×1.2%：1年分の利息　8か月÷12か月：8か月分の利息に修正）

支払利息 9,600 / 未払利息 9,600

X2年3月31日　損益振替

損益振替（P.160）の仕訳を書く。〈前期に書いた仕訳〉で書いた支払利息を集計し、損益勘定へ振り替える。

損益 9,600 / 支払利息 9,600

〈当期に書く仕訳〉

X2年4月1日　未払利息の再振替仕訳

前期末（X2年3月31日）に書いた仕訳の再振替仕訳（逆仕訳）を書く。

未払利息 9,600 / 支払利息 9,600

X2年7月31日　借入金の返済

1,200,000×1.2%＝14,400

借入金　1,200,000 / 普通預金 1,214,400
支払利息　　14,400 /

X2年8月1日　借入金の発生

普通預金 2,000,000 / 借入金 2,000,000

X3年3月31日　未払利息の計上

2,000,000×1.5%×8か月÷12か月＝20,000
（2,000,000×1.5%：1年分の利息　×8か月÷12か月：8か月分の利息に修正）

支払利息 20,000 / 未払利息 20,000

X3年3月31日　損益振替

損益振替（P.160）の仕訳を書く。〈当期に書く仕訳〉で書いた支払利息を集計し、損益勘定へ振り替える。支払利息は費用の勘定科目なのでホームポジションは左側。仕訳の左側にある支払利息を＋、右側にある支払利息を－して集計する。

14,400＋20,000－9,600＝24,800
（14,400：X2/7/31　20,000：X3/3/31　9,600：X2/4/1）

損益 24,800 / 支払利息 24,800

ステップ3 支払利息勘定を記入する。支払利息は費用の勘定科目なので、開始記入と繰越記入は不要で、損益振替が必要である。

❶ X2年4月1日の仕訳を見ると右に支払利息9,600があるので、支払利息勘定の右に「X2/4/1」「9,600」と書く。仕訳の相手勘定科目は未払利息なので「未払利息」と書く。

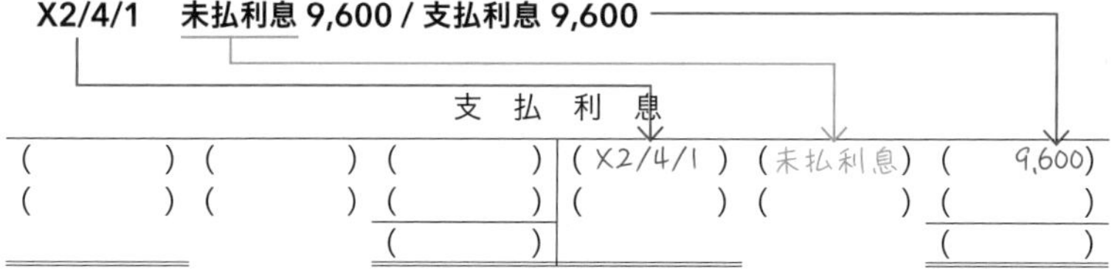

❷X2年7月31日の仕訳を見ると左に支払利息14,400があるので、支払利息勘定の左に「X2/7/31」「14,400」と書く。仕訳の相手勘定科目は普通預金なので「普通預金」と書く。

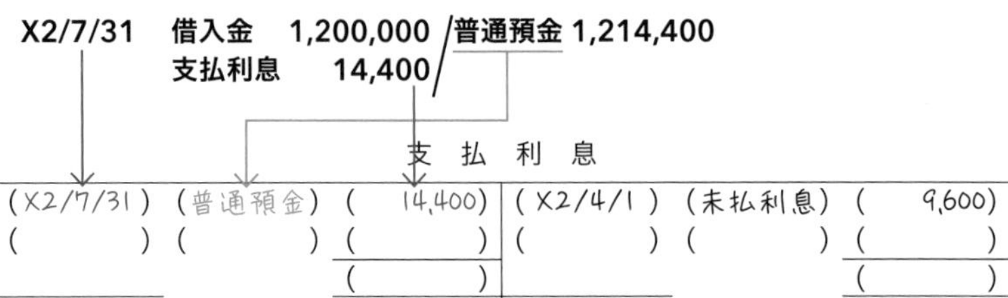

❸X3年3月31日の仕訳を見ると左に支払利息20,000があるので、支払利息勘定の左に「X3/3/31」「20,000」と書く。仕訳の相手勘定科目は未払利息なので「未払利息」と書く。

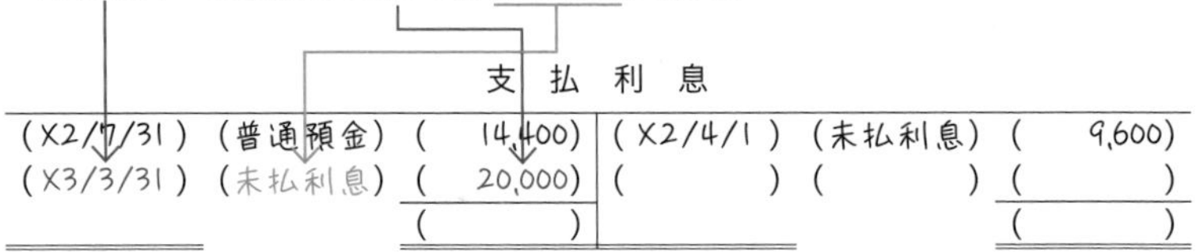

❹X3年3月31日の仕訳を見ると右に支払利息24,800があるので、支払利息勘定の右に「X3/3/31」「24,800」と書く。仕訳の相手勘定科目は損益なので「損益」と書く。

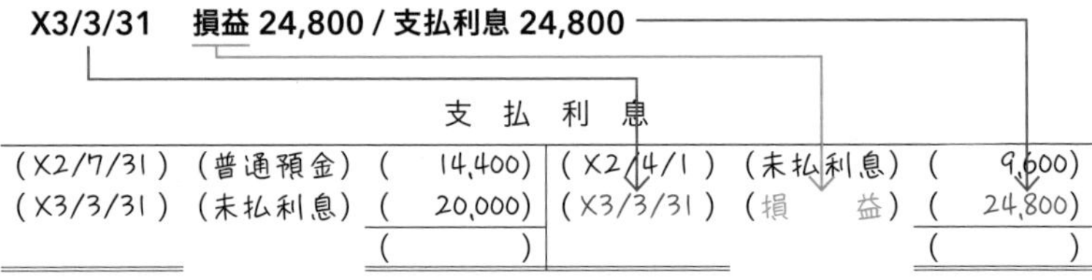

❺最後に電卓で合計して左側（借方）と右側（貸方）の合計欄を書く。

支 払 利 息

(X2/7/31)	(普通預金)	(14,400)	(X2/4/1)	(未払利息)	(9,600)
(X3/3/31)	(未払利息)	(20,000)	(X3/3/31)	(損 益)	(24,800)
		(34,400)			(34,400)

ステップ4 未払利息勘定を記入する。未払利息は負債の勘定科目なので、開始記入と繰越記入が必要で、損益振替は不要。本問では未払利息勘定にすでに「X2/4/1前期繰越9,600」が記入されているので、開始記入は済んでいるとわかる。

❶ X2年4月1日の仕訳を見ると左に未払利息9,600があるので、未払利息勘定の左に「X2/4/1」「9,600」と書く。仕訳の相手勘定科目は支払利息なので「支払利息」と書く。

❷ X3年3月31日の仕訳を見ると右に未払利息20,000があるので、未払利息勘定の右に「X3/3/31」「20,000」と書く。仕訳の相手勘定科目は支払利息なので「支払利息」と書く。

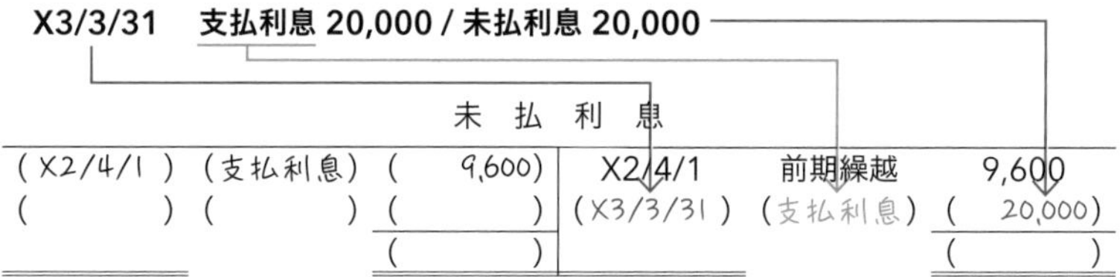

❸ 繰越記入をする。未払利息勘定の残高（次期繰越）を計算する。

9,600＋20,000－9,600＝20,000

未払利息勘定の左に「X3/3/31次期繰越20,000」と記入する。

未 払 利 息

(X2/4/1)	(支払利息)	(9,600)	X2/4/1	前期繰越	9,600
(X3/3/31)	(次期繰越)	(20,000)	(X3/3/31)	(支払利息)	(20,000)
		(　　)			(　　)

❹最後に電卓で合計して左側（借方）と右側（貸方）の合計欄を書く。

未　払　利　息

(X2/4/1)	(支払利息)	(9,600)	X2/4/1	前期繰越	9,600
(X3/3/31)	(次期繰越)	(20,000)	(X3/3/31)	(支払利息)	(20,000)
		(29,600)			(29,600)

解答

支　払　利　息

(X2/7/31)	(普通預金)	(14,400)	(X2/4/1)	(未払利息)	(9,600)
(X3/3/31)	(未払利息)	(20,000)	(X3/3/31)	(損　益)	(24,800)
		(34,400)			(34,400)

未　払　利　息

(X2/4/1)	(支払利息)	(9,600)	X2/4/1	前期繰越	9,600
(X3/3/31)	(次期繰越)	(20,000)	(X3/3/31)	(支払利息)	(20,000)
		(29,600)			(29,600)

Chapter14
試算表

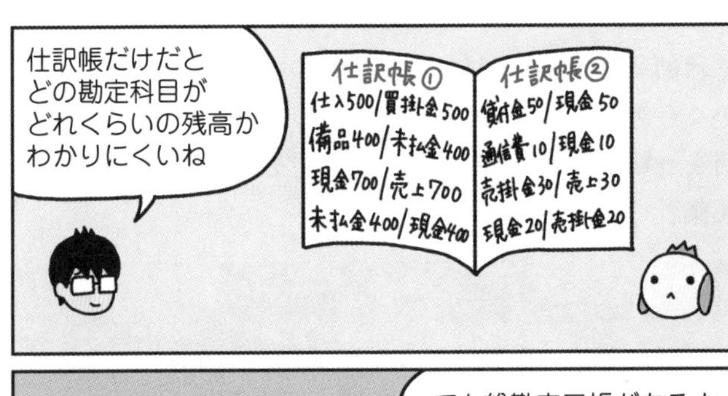

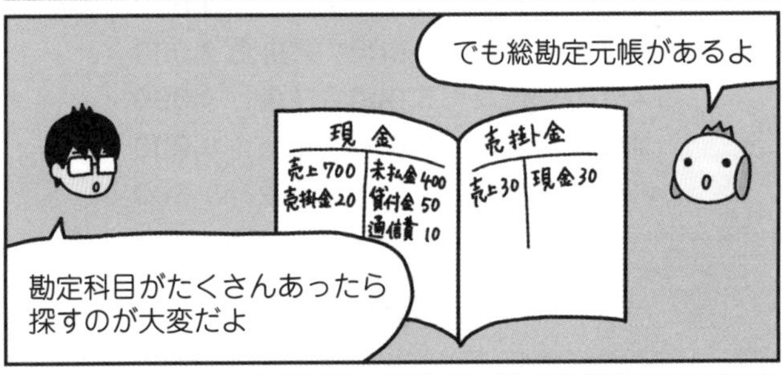

Chapter14-01

重要度★

試算表(しさんひょう)とは

試算表(しさんひょう)とは、すべての勘定科目を集計した表のことです。

試算表について学習しましょう。

試算表を作成する目的

これまで学習してきたように、期中に行った取引について仕訳帳に仕訳を書き、その仕訳を総勘定元帳へ転記します。

仕訳帳や総勘定元帳を見れば、どのような取引が行われたのか、勘定科目の残高はいくらあるのかわかります。しかし、仕訳帳や総勘定元帳はすべての勘定科目を一覧で見ることができません。そこで月末や期末に、すべての勘定科目を集計した**試算表**を作成します。

仕訳帳 **どのような取引が行われたのかわかる**

日付	借方科目	金額		貸方科目	金額
4/6	売掛金	4,000	/	売上	4,000
4/10	仕入	2,000	/	買掛金	2,000
4/14	仕入	3,000	/	現金	3,000
4/20	現金	8,000	/	売上	8,000
4/25	買掛金	500	/	現金	500

総勘定元帳 **勘定科目の残高がいくらあるのかわかる**

現金

4/1	前期繰越	10,000	4/14	仕入	3,000
4/20	売上	8,000	4/25	買掛金	500

買掛金

4/25	現金	500	4/1	前期繰越	0
			4/10	仕入	2,000

売掛金

4/1	前期繰越	0			
4/6	売上	4,000			

資本金

			4/1	前期繰越	7,000

繰越利益剰余金

			4/1	前期繰越	3,000

仕入			
4/10 買掛金	2,000		
4/14 現金	3,000		

売上			
		4/6 売掛金	4,000
		4/20 現金	8,000

試算表 すべての勘定科目を一覧で見ることができる

試　算　表

X1年4月30日

借方残高	勘定科目	貸方残高
14,500	現　　金	
4,000	売　掛　金	
	買　掛　金	1,500
	資　本　金	7,000
	繰越利益剰余金	3,000
	売　　上	12,000
5,000	仕　　入	
23,500		23,500

※ここでは簡便的に残高試算表を試算表として掲載しています。

さらに期末においては、試算表をもとに、精算表や財務諸表（損益計算書と貸借対照表）を作成します。試算表は実務において重要です。

試算表の種類

試算表には**合計試算表**（ごうけいしさんひょう）、**残高試算表**（ざんだかしさんひょう）、**合計残高試算表**（ごうけいざんだかしさんひょう）の3つの種類があります。それぞれどのような試算表で、どのように記入するのか、Chapter14-02で説明します。

重要度★

試算表の種類

合計試算表、残高試算表、合計残高試算表について詳しく見ていきましょう。

合計試算表の記入

勘定科目ごとに、借方と貸方の**合計**を集計した試算表です。

合計試算表のポイント

> **勘定科目の左側合計を合計試算表の左側（借方合計）に記入する。**
> **勘定科目の右側合計を合計試算表の右側（貸方合計）に記入する。**

総勘定元帳の現金勘定が次のような場合、合計試算表の現金勘定に記入してみます。

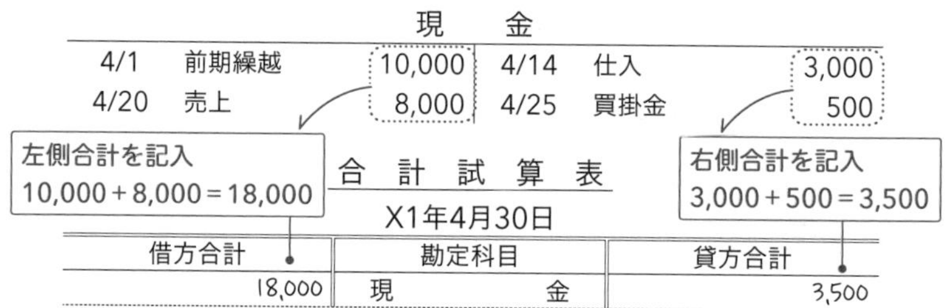

すべての勘定科目を記入した合計試算表は次のようになります。

合計試算表は借方合計を記入する

合計試算表は貸方合計を記入する

合　計　試　算　表

X1年4月30日

借方合計	勘定科目	貸方合計
18,000	現　金	3,500
4,000	売　掛　金	
500	買　掛　金	2,000
	資　本　金	7,000
	繰越利益剰余金	3,000
	売　上	12,000
5,000	仕　入	
27,500		27,500

合計は必ず一致する

残高試算表の記入

勘定科目ごとに、借方と貸方の残高を集計した試算表です。

残高試算表のポイント

> **勘定科目の残高を記入する。**
> **残高なので、左側（借方）か右側（貸方）のどちらかにしか記入しない。**

総勘定元帳の現金勘定が次のような場合、残高試算表の現金勘定に記入してみます。

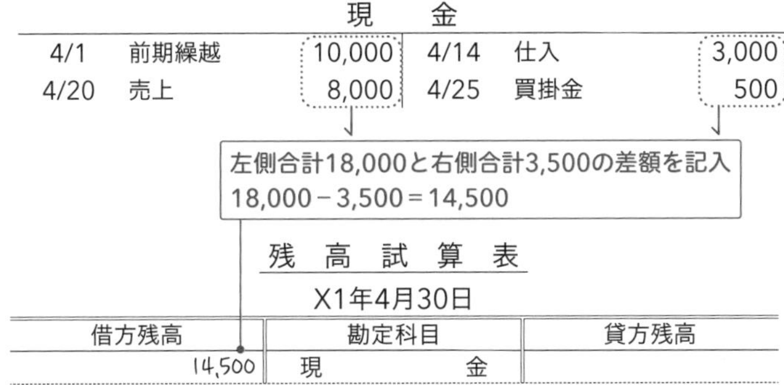

すべての勘定科目を記入した残高試算表は次のようになります。

残高試算表は借方残高を記入する

残　高　試　算　表
X1年4月30日

残高試算表は貸方残高を記入する

借方残高	勘定科目	貸方残高
14,500	現　　金	
4,000	売　掛　金	
	買　掛　金	1,500
	資　本　金	7,000
	繰越利益剰余金	3,000
	売　　上	12,000
5,000	仕　　入	
23,500		23,500

合計は必ず一致する

合計残高試算表の記入

勘定科目ごとに、借方と貸方の**合計**と**残高**を集計した試算表です。

合計残高試算表のポイント

合計試算表と残高試算表を合体させただけ。

残高試算表と同じように記入する

合計試算表と同じように記入する

合計残高試算表

X1年4月30日

借方残高	借方合計	勘定科目	貸方合計	貸方残高
14,500	18,000	現金	3,500	
4,000	4,000	売掛金		
	500	買掛金	2,000	1,500
		資本金	7,000	7,000
		繰越利益剰余金	3,000	3,000
		売上	12,000	12,000
5,000	5,000	仕入		
23,500	27,500		27,500	23,500

現金勘定の借方残高は次のように計算できる
借方合計18,000－貸方合計3,500＝借方残高14,500

試算表って覚えないとダメなの？

簿記の知識としては大切な内容なんだけど、簿記3級の試験では、ほとんど出題されないんだ。Chapter14の内容は読んで理解すれば十分だね。

そうなんだ。さらっと読んでおこう。

ただし、Chapter16で学習する決算整理後残高試算表は試験でよく出題されるから、こっちは自分で解けるように練習しないとダメだよ。

Chapter14はさらっと読んで、Chapter16は問題を解く練習をするよ。

重要度★

残高試算表の問題の解き方

残高試算表は基本的に毎月作成します。どのように残高試算表の問題を解くのか、例題を使って見ていきましょう。

試算表は試験の出題可能性がとても低いです。ここでは3種類の試算表のうち残高試算表の解き方を解説します。

例題 次の［資料］にもとづいて、X1年5月末の残高試算表を作成しなさい。

［資料1］X1年4月末の残高試算表

残　高　試　算　表

X1年4月30日

借方残高	勘定科目	貸方残高
14,500	現　　　　金	
4,000	売　掛　金	
	買　掛　金	1,500
	資　本　金	7,000
	繰越利益剰余金	3,000
	売　　　　上	12,000
5,000	仕　　　　入	
23,500		23,500

［資料2］X1年5月中の取引

5月 3日　商品¥4,000を仕入れ、代金は現金で支払った。

5月12日　商品¥7,000を売り上げ、代金は掛けとした。

5月23日　売掛金¥3,000を回収し、現金を受け取った。

［答案用紙］

残　高　試　算　表

X1年5月31日

借方残高	勘定科目	貸方残高
	現　　　　金	
	売　掛　金	
	買　掛　金	
	資　本　金	
	繰越利益剰余金	
	売　　　　上	
	仕　　　　入	

解説　まずは、❶残高試算表の理論的な解き方を説明します。ただし、後で説明する❷残高試算表の効率的な解き方に従って解いた方が速く解くことができ、応用が利きます。試験問題を解くときは、❷残高試算表の効率的な解き方で解くことをオススメします。

❶残高試算表の理論的な解き方

ステップ1　まずは［資料2］を見て、仕訳を書きます。

5/3　仕入 4,000 / 現金 4,000
5/12　売掛金 7,000 / 売上 7,000
5/23　現金 3,000 / 売掛金 3,000

ステップ2［資料1］と仕訳から、すべての勘定科目についてT字勘定を書きます。P.235やP.236で説明した通り、収益、費用の勘定科目は翌期に残高を繰り越しません。ただし、期中における毎月の繰り越しは行われるので、仕入と売上についてもT字勘定に前月繰越を書きます。

❶現金

5/1 前月繰越 14,500	5/3 仕入 4,000
5/23 売掛金 3,000	

❷売掛金

5/1 前月繰越 4,000	5/23 現金 3,000
5/12 売上 7,000	

❸仕入

5/1 前月繰越 5,000	
5/3 現金 4,000	

❹買掛金

	5/1 前月繰越 1,500

❺資本金

	5/1 前月繰越 7,000

❻繰越利益剰余金

	5/1 前月繰越 3,000

❼売上

	5/1 前月繰越 12,000
	5/12 売掛金 7,000

ステップ3 答案用紙の5月末の残高試算表にT字勘定から金額を書き写します。残高試算表なので「残高」を記入します。最後に合計欄を記入します。

❶現金　左側合計14,500＋3,000＝17,500と
　右側合計4,000の差額17,500－4,000＝13,500
❷売掛金　左側合計4,000＋7,000＝11,000と
　右側合計3,000の差額11,000－3,000＝8,000
❸仕入　左側合計5,000＋4,000＝9,000
❹買掛金　右側1,500
❺資本金　右側7,000
❻繰越利益剰余金　右側3,000
❼売上　右側合計12,000＋7,000＝19,000

残高試算表

X1年5月31日

借方残高	勘定科目	貸方残高
❶ 13,500	現金	
❷ 8,000	売掛金	
	買掛金	1,500 ❹
	資本金	7,000 ❺
	繰越利益剰余金	3,000 ❻
	売上	19,000 ❼
❸ 9,000	仕入	
30,500		30,500

❷ 残高試算表の効率的な解き方

ステップ1 まずは［資料2］を見て、仕訳を書きます。

下書き

5/3 仕入 4,000 / 現金 4,000
5/12 売掛金 7,000 / 売上 7,000
5/23 現金 3,000 / 売掛金 3,000

ステップ2 ［資料1］の4月末残高試算表の金額を、答案用紙の5月末残高試算表の横にメモします。

［資料1］

残高試算表

X1年4月30日

借方残高	勘定科目	貸方残高
14,500	現金	
4,000	売掛金	
	買掛金	1,500
	資本金	7,000
	繰越利益剰余金	3,000
	売上	12,000
5,000	仕入	
23,500		23,500

［答案用紙］

残高試算表

X1年5月31日

メモ	借方残高	勘定科目	貸方残高	メモ
14,500		現金		
4,000		売掛金		
		買掛金		1,500
		資本金		7,000
		繰越利益剰余金		3,000
		売上		12,000
5,000		仕入		

ステップ3 仕訳の金額を残高試算表の横にメモします。例えば、5月3日の仕訳の場合、左側に「仕入」が書いてあるので、残高試算表の仕入の行の左側に＋4,000と書きます。

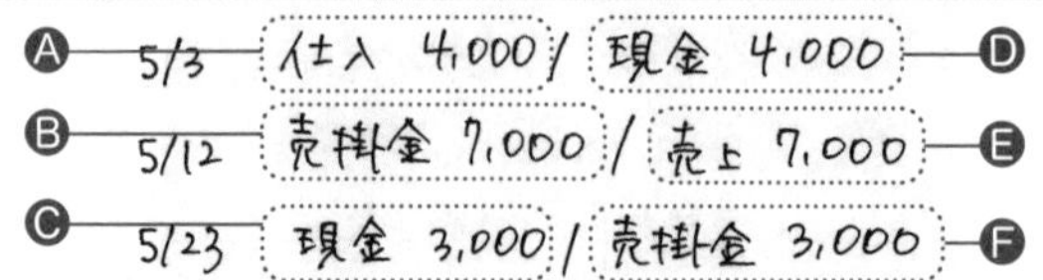

A 5/3 仕入 4,000 / 現金 4,000 D
B 5/12 売掛金 7,000 / 売上 7,000 E
C 5/23 現金 3,000 / 売掛金 3,000 F

残　高　試　算　表

X1年5月31日

（メモ）	借方残高	勘定科目	貸方残高	（メモ）
14,500 ＋ 3,000（C）		現　　　金		＋ 4,000（D）
4,000 ＋ 7,000（B）		売　掛　金		＋ 3,000（F）
		買　掛　金		1,500
		資　本　金		7,000
		繰越利益剰余金		3,000
		売　　　上		12,000 ＋ 7,000（E）
5,000 ＋ 4,000（A）		仕　　　入		

ステップ4 最後にメモした金額を集計して、借方残高、貸方残高に記入します。最後に一番下の合計欄を記入します。

例えば現金勘定は、
左側合計17,500と右側合計4,000の差額を記入
17,500－4,000＝13,500

解答

残　高　試　算　表

X1年5月31日

（メモ）	借方残高	勘定科目	貸方残高	（メモ）
14,500 ＋ 3,000	13,500	現　　　金		＋ 4,000
4,000 ＋ 7,000	8,000	売　掛　金		＋ 3,000
		買　掛　金	1,500	1,500
		資　本　金	7,000	7,000
		繰越利益剰余金	3,000	3,000
		売　　　上	19,000	12,000 ＋ 7,000
5,000 ＋ 4,000	9,000	仕　　　入		
	30,500		30,500	

簿記の試験では提出する前に答案用紙の欄外にメモした金額は消しゴムで消してから提出しましょう。自宅で問題を解く場合はメモをそのまま残しておくと、答え合わせのときにどこでミスしたのか原因を確認しやすいです。

Chapter15

決算整理仕訳

Chapter15-01

重要度★★

訂正仕訳（ていせいしわけ）

日々の取引から仕訳を書きますが、間違った仕訳を書いてしまうこともあります。間違った仕訳を訂正することを訂正仕訳（ていせいしわけ）といいます。

●金額を間違えた場合の訂正仕訳

1 商品を仕入れたときの間違った仕訳

パブロフは、800円を間違って600円と書いてしまった。

仕入 600 / 買掛金 600

2 決算：訂正仕訳

❶ 仕入を増やすので、左に書く。

800－600＝200

仕入 200 /

❷ 買掛金を増やすので、右に書く。

仕入 200 / 買掛金 200

簿記では、過去に書いた仕訳の勘定科目や金額を直接修正しません。間違った仕訳を書いた場合には、追加で訂正仕訳を書くことで、正しい仕訳になるように修正します。

1 **間違った仕訳　仕入 600 / 買掛金 600**

2 **訂正仕訳　　　仕入 200 / 買掛金 200**

1 と 2 を書くことで、仕入の金額が800、買掛金の金額が800となり、正しい仕訳を書いた場合と同じになります。

正しい仕訳　　　仕入 800 / 買掛金 800

●勘定科目を間違えた場合の訂正仕訳

1 商品を売ったときの間違った仕訳

パブロフは、約束手形を受け取ったのに、受取手形ではなく現金と書いてしまった。

現金 700 / 売上 700

2 決算：訂正仕訳

❶現金を受け取っていないので、現金を減らす。右に書く。

/ 現金 700

❷手形を受け取ったので、受取手形を増やす。左に書く。

受取手形 700 / 現金 700

簿記では、過去に書いた仕訳の勘定科目や金額を直接修正しません。間違った仕訳を書いた場合には、追加で訂正仕訳を書くことで、正しい仕訳になるように修正します。

1 **間違った仕訳　現金 700 / 売上 700**

2 **訂正仕訳　受取手形 700 / 現金 700**

1と2を書くことで、現金の金額は700－700＝0、受取手形の金額が700、売上の金額が700となり、正しい仕訳を書いた場合と同じになります。

正しい仕訳　受取手形 700 / 売上 700

Chapter15-02

重要度★★★

決算整理仕訳のまとめ

ここまでに学習してきた決算整理仕訳のまとめを見ていきましょう。

決算の流れ

期中に発生した取引については、取引が発生した都度、期中に仕訳を書きます。これを**期中仕訳**ということもあります。

しかし、会社のもうけや財産を正しく表すためには期中仕訳だけでは足りません。当期の会社のもうけや、当期末の会社の財産の状態を正しく表すために調整を行い、精算表や財務諸表を作成して外部へ公表する**決算**という手続きが必要です。決算で書く仕訳を**決算整理仕訳**といいます。

例えば減価償却費は、期中に何か取引が発生したから書く仕訳ではありません。期中に固定資産を使った分だけ、当期のうちに固定資産の価値を減らし同時に費用を計上することで、会社のもうけや財産を正しく表すことができます。そこで、決算整理仕訳で減価償却費の仕訳を書きます。

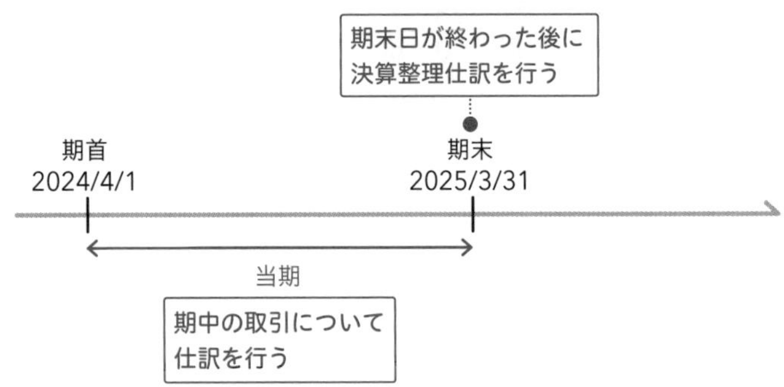

ここまで学習した決算整理仕訳

Chapter01～Chapter12で学習した決算整理仕訳をまとめると次のとおりです。決算整理仕訳は簿記3級試験の第3問で「決算整理後残高試算表」「精算表」「財務諸表」の問題として必ず出題されます。そのため、Chapter15でここまで学習した決算整理仕訳の復習をしているのです。

まずはP.266の練習問題を解いてみましょう。解けなかったら、各Chapterに戻って内容を復習してみてください。

内容	説明	決算整理仕訳
訂正仕訳（Ch15-01）	期中の取引で間違った仕訳を書いた場合、決算のタイミングで訂正仕訳を行います。	**仕入 3,000 / 買掛金 3,000**
現金過不足の精算（Ch04-02）	月末や決算のタイミングで、現金実査を行った結果、現金の実際有高と帳簿残高に差が発生した場合、現金過不足が生じます。決算のタイミングで、現金過不足に残高が残っていた場合、現金過不足の精算の決算整理仕訳を行います。現金過不足を雑損か雑益に振り替えます。	❶現金過不足の残高が借方にある場合 **雑損 4,000 / 現金過不足 4,000** ❷現金過不足の残高が貸方にある場合 **現金過不足 4,000 / 雑益 4,000**
当座借越の振り替え（Ch04-09）	期中に当座預金の残高がマイナスになり、決算まで残高がマイナスのままだった場合、決算のタイミングで当座預金から当座借越（または借入金）に振り替える決算整理仕訳を行います。	**当座預金 100,000 / 当座借越 100,000** または **当座預金 100,000 / 借入金 100,000**
売上原価の計算（Ch02-10）	商品売買を3分法で記帳している場合、決算のタイミングで決算整理仕訳を行います。	❶仕入勘定で売上原価を計算する場合 **仕入 50,000 / 繰越商品 50,000** **繰越商品 80,000 / 仕入 80,000** ❷売上原価勘定で売上原価を計算する場合 **売上原価 730,000 / 仕入 730,000** **売上原価 50,000 / 繰越商品 50,000** **繰越商品 80,000 / 売上原価 80,000**
貸倒引当金の繰り入れ（Ch11-02）	翌期以降に発生する貸し倒れに備えて、決算のタイミングで貸倒引当金の繰り入れの決算整理仕訳を行います。	**貸倒引当金繰入 10,000 / 貸倒引当金 10,000**
固定資産の減価償却（Ch05-02）	固定資産を当期に使用した分を費用として計上するため、決算のタイミングで減価償却の決算整理仕訳を行います。	**減価償却費 36,000 / 備品減価償却累計額 36,000**

貯蔵品への振り替え（Ch10-04）	決算のタイミングで、郵便切手や収入印紙の実査を行った結果、手許に残っている郵便切手と収入印紙を貯蔵品へ振り替える決算整理仕訳を行います。郵便切手は通信費から貯蔵品へ、収入印紙は租税公課から貯蔵品へ振り替えます。	**貯蔵品 3,000 / 通信費 1,000** **租税公課 2,000**
経過勘定への振り替え（Ch12）	期中の取引により、当期の未払いや前払いの費用、未収や前受けの収益が決算のタイミングで発生している場合に、経過勘定への振り替えの決算整理仕訳を行います。	**支払利息 2,000 / 未払費用 2,000** **未収収益 5,000 / 受取家賃 5,000** **前払費用 4,000 / 支払保険料 4,000** **受取利息 3,000 / 前受収益 3,000**
消費税の計上（Ch08-02）	当期の消費税の納付額を確定するため、決算のタイミングで消費税の確定の決算整理仕訳を行います。	**仮受消費税 100,000 / 仮払消費税 73,000** **未払消費税 27,000**
法人税等の計上（Ch08-01）	当期の法人税等の納付額を確定するため、決算のタイミングで法人税等の確定の決算整理仕訳を行います。	**法人税等 90,000 / 仮払法人税等 60,000** **未払法人税等 30,000**
損益振替（Ch09-04）	すべての決算整理仕訳を行った後に、利益を計算するために損益振替仕訳を行います。期中仕訳と決算整理仕訳で書いた収益と費用の金額をすべて損益振替します。ここでは、収益と費用が次の金額だった場合の損益振替仕訳を見ていきましょう。 収益：売上 1,100,000／受取家賃 60,000／受取利息 36,000／雑益 4,000 費用：仕入 700,000／給料 102,000／通信費 7,000／租税公課 9,000／支払保険料 24,000／貸倒引当金繰入 10,000／減価償却費 36,000／支払利息 12,000／法人税等 90,000	❶収益の損益振替 **売上 1,100,000 / 損益 1,200,000** **受取家賃 60,000** **受取利息 36,000** **雑益 4,000** ❷費用の損益振替 **損益 990,000 / 仕入 700,000** **給料 102,000** **通信費 7,000** **租税公課 9,000** **支払保険料 24,000** **貸倒引当金繰入 10,000** **減価償却費 36,000** **支払利息 12,000** **法人税等 90,000** ❸損益を繰越利益剰余金へ振替 **損益 210,000 / 繰越利益剰余金 210,000**

なんで決算整理仕訳だけをまとめてるの？

Chapter16～18は、決算整理仕訳を書かないと解けない問題だから、ここで決算整理仕訳だけを復習しているんだ。決算整理仕訳は決算日に書くから、問題を解くときは「今日は決算日の3月31日」というイメージを持つことが大切だね。

決算日の3月31日は大忙しだね。

決算は必要な資料がとても多いから、資料を集めるだけでも大変で、現実問題としては決算日に決算の手続きをすべて行うのは難しいね。帳簿には3月31日の日付で決算整理仕訳を記帳するけど、実際には決算の手続きは4月中に1か月くらいかけて行うんだ。

そうなんだ。なるほど～♪

動画解説

練習問題 Chapter15 01-02

次の決算整理事項について決算整理仕訳を書きなさい。ただし、勘定科目は、次の中から最も適当と思われるものを選びなさい。

現　　金	当座預金	仕　　入	貸倒引当金繰入
現金過不足	売掛金	繰越商品	当座借越
貯蔵品	前受金	通信費	減価償却費
売　　上	貸倒引当金	支払家賃	備品減価償却累計額
法人税等	前払費用	仮払消費税	未払法人税等
雑　　損	仮受消費税	未払消費税	仮払法人税等

1. 現金過不足￥2,000（借方残高）の原因を調査したところ、￥1,600は通信費の記入漏れであった。残額は不明のため適切に処理する。
2. 商品￥10,000を売り上げ、代金を現金で受け取ったさいに以下の仕訳を行っていたことが判明したので、適切に修正する。
   （借方）現金10,000　（貸方）前受金10,000
3. 決算において当座預金勘定の残高が￥30,000（貸方）となっているため、当座借越勘定へ振り替える。
4. 当社は商品売買について3分法を用いており、仕入勘定で売上原価を計算している。決算整理前の繰越商品の残高￥160,000は期首商品棚卸高を表しており、期末商品棚卸高は￥189,000であった。
5. 売掛金の期末残高￥360,000に対して2%の貸倒引当金を差額補充法により設定する。決算整理前の貸倒引当金の残高は￥4,000であった。
6. 備品（取得原価￥800,000、備品減価償却累計額￥200,000、間接法で記帳）について、残存価額ゼロ、耐用年数を8年とする定額法により減価償却を行う。
7. 購入時に費用処理した郵便切手の未使用高￥4,000があることが判明したため、適切な勘定へ振り替える。
8. 家賃の前払額が￥30,000ある。
9. 仮受消費税の期末残高￥56,000、仮払消費税の期末残高￥40,000であった。消費税の処理を行う。
10. 当期純利益の30%にあたる￥60,000を法人税、住民税及び事業税に計上する。

解説・解答

1. 現金過不足

❶現金過不足2,000は借方残高なので、左側に残高がある。現金過不足の金額をすべて取り消すので、現金過不足を右に書く。

/ 現金過不足 2,000

❷現金過不足のうち1,600は通信費だったので、通信費が増える。残り400は原因不明だったので、雑損と書く。

通信費 1,600 / 現金過不足 2,000
雑損 400 /

2. 訂正仕訳

貸方は前受金ではなく、売上が正しいので、訂正仕訳で修正する。

❶前受金を受け取っていないので、前受金を減らす。左に書く。

前受金 10,000 /

❷商品を売り上げたので、売上を増やす。右に書く。

前受金 10,000 / 売上 10,000

3. 当座借越

当座預金は資産（ホームポジション左）の勘定科目であり、貸方の残高ということは残高がマイナスとなっている。当座預金を当座借越に振り替える決算整理仕訳を書く。

当座預金 30,000 / 当座借越 30,000

4. 売上原価の計算

仕入勘定で売上原価を計算しているので、「しーくりくりしー」を書く。

仕入 160,000 / 繰越商品 160,000
繰越商品 189,000 / 仕入 189,000

5. 貸倒引当金の繰り入れ

下書きを書き、貸倒引当金繰入の金額を計算し、決算整理仕訳を書く。

売掛金 360,000 × 2% = 7,200

貸倒引当金 4,000 —繰入 +3,200→ 7,200
期末残高　　　　仕訳後の金額

貸倒引当金繰入 3,200 / 貸倒引当金 3,200

6. 減価償却

減価償却費の金額を計算し、決算整理仕訳を書く。

(800,000－0) ÷ 8年 ＝ 100,000

減価償却費 100,000 / 備品減価償却累計額 100,000

7. 貯蔵品

郵便切手の未使用分は貯蔵品に振り替える。

貯蔵品 4,000 / 通信費 4,000

8. 経過勘定

家賃の前払いなので、家賃を先に支払っていることがわかる。翌期分の支払家賃を前払費用に振り替える決算整理仕訳を書く。

前払費用 30,000 / 支払家賃 30,000

9. 消費税

消費税の決算整理仕訳を書く。まずは仮受消費税と仮払消費税を取り崩す。差額は未払消費税が増えるので、右に書く。

仮受消費税 56,000 / 仮払消費税 40,000
**　　　　　　　　　/ 未払消費税 16,000**

10. 法人税等

法人税等の決算整理仕訳を書く。問題文に中間納付の情報がないので、仮払法人税等は使わない。全額が未払いなので、未払法人税等を使う。

法人税等 60,000 / 未払法人税等 60,000

1	通信費	1,600	現金過不足	2,000
	雑損	400		
2	前受金	10,000	売上	10,000
3	当座預金	30,000	当座借越	30,000
4	仕入	160,000	繰越商品	160,000
	繰越商品	189,000	仕入	189,000
5	貸倒引当金繰入	3,200	貸倒引当金	3,200
6	減価償却費	100,000	備品減価償却累計額	100,000
7	貯蔵品	4,000	通信費	4,000
8	前払費用	30,000	支払家賃	30,000
9	仮受消費税	56,000	仮払消費税	40,000
			未払消費税	16,000
10	法人税等	60,000	未払法人税等	60,000

Chapter16 決算整理後残高試算表

Chapter16-01

決算整理後残高試算表

決算整理後残高試算表(けっさんせいりござんだかしさんひょう)とは、決算整理仕訳を反映させた後の残高試算表のことです。試験でよく出題されますので、練習しておきましょう。

決算整理後残高試算表の作成の流れ

決算整理後残高試算表とは、決算整理仕訳を反映させた後の残高試算表のことで、次の手順で作成します。

①期中の取引を仕訳する。

②期中の仕訳を集計して決算整理前残高試算表を作成する。

③決算で決算整理仕訳を書く。

④決算整理前残高試算表に決算整理仕訳を反映させて、**決算整理後残高試算表**を作成する。

①〜④の手順を詳しく見ていきましょう。

●期中：X1年4月1日〜X2年3月31日

売り上げや仕入れ、経費の支払いなど、期中の取引を仕訳します。

仕訳

Ch02 商品売買
Ch03 手形と電子記録債権
Ch04 現金・預金
Ch05 固定資産
Ch06 貸付・借入
Ch07 給料
Ch08 税金
Ch09 純資産
Ch10 その他の収益・費用
Ch11 貸し倒れ
Ch12 経過勘定
Ch19 証ひょう

●期末日：X2年3月31日

期中の仕訳をすべて集計し、決算整理前残高試算表を作成します。Chapter14で「残高試算表」として説明したのは「決算整理前残高試算表」のことです。次に説明する決算整理仕訳を反映させる前の残高試算表という意味です。

決算整理前残高試算表
X2年3月31日

借方残高	勘定科目	貸方残高
101,300	現金	
40,000	受取手形	
100,000	売掛金	
60,000	繰越商品	
56,000	仮払消費税	
10,000	仮払法人税等	
200,000	備品	
	買掛金	80,000
	仮受消費税	70,000
	借入金	100,000
	貸倒引当金	1,500
	備品減価償却累計額	36,000
	資本金	80,000
	繰越利益剰余金	86,000
	売上	700,000
560,000	仕入	
14,200	通信費	
12,000	支払利息	
1,153,500		1,153,500

試算表

Ch14 試算表

●決算：期末日の最後の作業

❶決算整理仕訳を書きます。

決算整理仕訳

Ch15 決算整理仕訳

今回の設例では、次の決算整理仕訳を書くと仮定します。他にどのような決算整理仕訳があるのかを知りたい場合は、Chapter15をご覧ください。

仕入　　60,000 / 繰越商品 60,000

繰越商品 80,000 / 仕入　　80,000

貸倒引当金繰入 1,300 / 貸倒引当金 1,300

減価償却費 36,000 / 備品減価償却累計額 36,000

前払費用 2,000 / 支払利息 2,000

貯蔵品 1,500 / 通信費 1,500

仮受消費税 70,000 / 仮払消費税 56,000
/ 未払消費税 14,000

法人税等 30,000 / 仮払法人税等 10,000
/ 未払法人税等 20,000

❷決算整理前残高試算表に決算整理仕訳を反映させて、**決算整理後**残高試算表を作成します。

決算整理後残高試算表

X2年3月31日

借方残高	勘定科目	貸方残高
101,300	現金	
40,000	受取手形	
100,000	売掛金	
80,000	繰越商品	
1,500	貯蔵品	
2,000	前払費用	
200,000	備品	
	買掛金	80,000
	未払消費税	14,000
	未払法人税等	20,000
	借入金	100,000
	貸倒引当金	2,800
	備品減価償却累計額	72,000
	資本金	80,000
	繰越利益剰余金	86,000
	売上	700,000
540,000	仕入	
1,300	貸倒引当金繰入	
36,000	減価償却費	
12,700	通信費	
10,000	支払利息	
30,000	法人税等	
1,154,800		1,154,800

今回学ぶ内容

P.271に書いてある決算整理前残高試算表と勘定科目や金額を比べてみよう。

決算整理仕訳で出てくる勘定科目の金額が増減することがわかる。

例：繰越商品
決算整理前　60,000
決算整理仕訳
　−60,000＋80,000
決算整理後　80,000

❸決算整理後残高試算表をもとに、損益計算書と貸借対照表を作成します。
当期の手続きはこれで完了です。

なお、損益計算書と貸借対照表を作成する流れには、精算表を利用する方法もあります。精算表はChapter17で学習します。

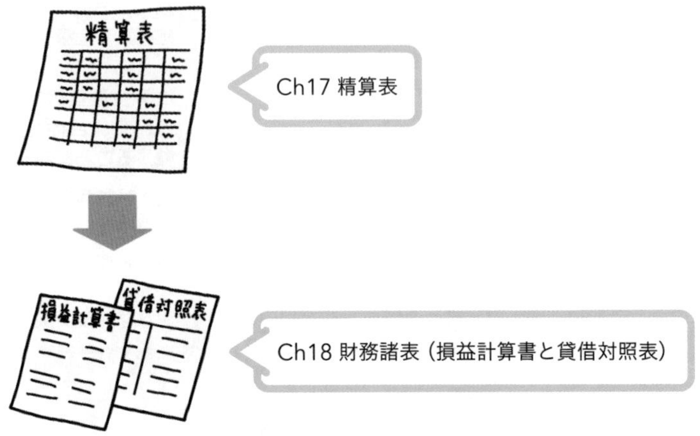

練習問題 Chapter16 01

次の決算整理前残高試算表と決算整理事項にもとづいて、答案用紙の決算整理後残高試算表を作成しなさい。なお、当会計期間はX1年4月1日からX2年3月31日までの1年間である。

決算整理前残高試算表

X2年3月31日

借方残高	勘定科目	貸方残高
101,300	現金	
40,000	受取手形	
100,000	売掛金	
60,000	繰越商品	
56,000	仮払消費税	
10,000	仮払法人税等	
200,000	備品	
	買掛金	80,000
	仮受消費税	70,000
	借入金	100,000
	貸倒引当金	1,500
	備品減価償却累計額	36,000
	資本金	80,000
	繰越利益剰余金	86,000
	売上	700,000
560,000	仕入	
14,200	通信費	
12,000	支払利息	
1,153,500		1,153,500

決算整理事項

1. 商品の期末棚卸高は￥80,000であった。売上原価は仕入勘定で計算する。
2. 受取手形および売掛金の期末残高に対して、2%の貸倒引当金を差額補充法により設定する。
3. 備品について、定額法により減価償却を行う。残存価額は取得原価の10%、耐用年数は5年とする。
4. 利息の前払額が￥2,000ある。
5. 購入時に費用処理した郵便切手の未使用高￥1,500があることが判明したため、適切な勘定へ振り替える。

6. 消費税の処理を行う。
7. 法人税等が￥30,000と計算されたので、仮払法人税等との差額を未払法人税等として計上する。

[答案用紙]

決算整理後残高試算表

X2年3月31日

借方残高	勘定科目	貸方残高
	現　　　　金	
	受　取　手　形	
	売　　掛　　金	
	繰　越　商　品	
	貯　　蔵　　品	
	前　払　費　用	
	備　　　　品	
	買　　掛　　金	
	未 払 消 費 税	
	未払法人税等	
	借　　入　　金	
	貸 倒 引 当 金	
	備品減価償却累計額	
	資　　本　　金	
	繰越利益剰余金	
	売　　　　上	
	仕　　　　入	
	貸倒引当金繰入	
	減 価 償 却 費	
	通　　信　　費	
	支　払　利　息	
	法　人　税　等	

解説・解答

ステップ1 すべての決算整理仕訳を書く。

❶商品の棚卸高なので、「しーくりくりしー」。

期首の商品残高は「決算整理前」残高試算表の「繰越商品」60,000を使う。

仕入　　60,000 / 繰越商品 60,000

繰越商品 80,000 / 仕入　　80,000

❷貸倒引当金は下書きを書く。

下書き

受取手形　40,000 × 2% = 800
売掛金　100,000 × 2% = 2,000
} 2,800

貸倒引当金 1,500 ―繰入+1,300→ 2,800
期末残高　　　仕訳後の金額

貸倒引当金繰入 1,300 / 貸倒引当金 1,300

❸減価償却の決算整理仕訳を書く。

(200,000－200,000×10%) ÷ 5年 = 36,000

減価償却費 36,000 / 備品減価償却累計額 36,000

❹利息の前払いなので、翌期分の支払利息を減らす。答案用紙に「前払費用」と書いてあるので、「前払利息」ではなく「前払費用」を使う。

前払費用 2,000 / 支払利息 2,000

❺郵便切手の未使用分は貯蔵品に振り替える。貯蔵品が増えるので、左に書く。通信費が減るので、右に書く。

貯蔵品 1,500 / 通信費 1,500

❻消費税の決算整理仕訳を書く。まずは仮受消費税と仮払消費税を取り崩す。差額は未払消費税が増えるので、右に書く。

仮受消費税 70,000 / 仮払消費税 56,000
/ 未払消費税 14,000

❼法人税等の決算整理仕訳を書く。法人税等が増えたので、左に書く。残高試算表に仮払法人税等があり、期中に前払している。仮払法人税等10,000→0に減らすので、右に書く。差額20,000はまだ支払っていないので、未払法人税等を使う。右に書く。

法人税等 30,000 / 仮払法人税等 10,000
/ 未払法人税等 20,000

Part 2 財務諸表等
Ch 16 決算整理後残高試算表

ステップ2 資料に与えられた決算整理前残高試算表の金額を答案用紙に書き写す（欄外の黒字部分）。下書きの決算整理仕訳を答案用紙に書き写す（欄外の赤字部分）。

決算整理後残高試算表

X2年3月31日

（欄外）	借方残高	勘定科目	貸方残高	（欄外）
101,300		現金		
40,000		受取手形		
100,000		売掛金		
60,000 + 80,000		繰越商品		+ 60,000
+ 1,500		貯蔵品		
+ 2,000		前払費用		
200,000		備品		
		買掛金		80,000
		未払消費税		+ 14,000
		未払法人税等		+ 20,000
		借入金		100,000
		貸倒引当金		1,500 + 1,300
		備品減価償却累計額		36,000 + 36,000
		資本金		80,000
		繰越利益剰余金		86,000
		売上		700,000
560,000 + 60,000		仕入		+ 80,000
+ 1,300		貸倒引当金繰入		
+ 36,000		減価償却費		
14,200		通信費		+ 1,500
12,000		支払利息		+ 2,000
+ 30,000		法人税等		

ステップ3 残高試算表の借方残高、貸方残高を記入する。最後に合計欄を記入し、横に書いたメモを消しゴムで消す。

決算整理後残高試算表
X2年3月31日

	借方残高	勘定科目	貸方残高	
101,300	101,300	現　　金		
40,000	40,000	受取手形		
100,000	100,000	売　掛　金		
60,000 + 80,000	A 80,000	繰越商品		+ 60,000
+ 1,500	1,500	貯　蔵　品		
+ 2,000	2,000	前払費用		
200,000	200,000	備　　品		
		買　掛　金	80,000	80,000
		未払消費税	14,000	+ 14,000
		未払法人税等	20,000	+ 20,000
		借　入　金	100,000	100,000
		貸倒引当金	B 2,800	1,500 + 1,300
		備品減価償却累計額	C 72,000	36,000 + 36,000
		資　本　金	80,000	80,000
		繰越利益剰余金	86,000	86,000
		売　　上	700,000	700,000
560,000 + 60,000	D 540,000	仕　　入		+ 80,000
+ 1,300	1,300	貸倒引当金繰入		
+ 36,000	36,000	減価償却費		
14,200	E 12,700	通　信　費		+ 1,500
12,000	F 10,000	支払利息		+ 2,000
+ 30,000	30,000	法人税等		
	1,154,800		1,154,800	

A 繰越商品は資産（ホームポジション左）の勘定科目なので、増えるときは左、減るときは右に書く。左側の金額はプラスし、右側の金額はマイナスする。

60,000 + 80,000（左側の合計） − 60,000（右側の合計） = 80,000

B 貸倒引当金　1,500 + 1,300 = 2,800

C 備品減価償却累計額　36,000 + 36,000 = 72,000

D 仕入　560,000 + 60,000（左側の合計） − 80,000（右側の合計） = 540,000

E 通信費　14,200（左側の合計） − 1,500（右側の合計） = 12,700

F 支払利息　12,000（左側の合計） − 2,000（右側の合計） = 10,000

決算整理後残高試算表

X2年3月31日

借方残高	勘定科目	貸方残高
101,300	現金	
40,000	受取手形	
100,000	売掛金	
80,000	繰越商品	
1,500	貯蔵品	
2,000	前払費用	
200,000	備品	
	買掛金	80,000
	未払消費税	14,000
	未払法人税等	20,000
	借入金	100,000
	貸倒引当金	2,800
	備品減価償却累計額	72,000
	資本金	80,000
	繰越利益剰余金	86,000
	売上	700,000
540,000	仕入	
1,300	貸倒引当金繰入	
36,000	減価償却費	
12,700	通信費	
10,000	支払利息	
30,000	法人税等	
1,154,800		1,154,800

Chapter17

精算表

Chapter17-01

重要度★★★

精算表（せいさんひょう）

精算表（せいさんひょう）とは、決算で損益計算書と貸借対照表を作成するために記入する表のことです。簿記の試験でよく出題されるので、書き方を練習しましょう。

精算表の残高試算表欄には、決算整理前の残高試算表の金額を記入します。修正記入欄には決算整理仕訳を記入します。

①貸借対照表の勘定科目
資産、負債、純資産の勘定科目（P.013参照）。残高試算表の金額と修正記入の金額の合計を貸借対照表欄に記入する

決算整理前の残高試算表の金額

決算整理仕訳を記入する

精算表

勘定科目	残高試算表		修正記入		損益計算書		貸借対照表	
	借方	貸方	借方	貸方	借方	貸方	借方	貸方
現金	101,300						101,300	
受取手形	40,000						40,000	
売掛金	100,000						100,000	
繰越商品	60,000		80,000	60,000			80,000	
仮払消費税	56,000			56,000				
仮払法人税等	10,000			10,000				
備品	200,000						200,000	
買掛金		80,000						80,000
仮受消費税		70,000	70,000					
借入金		100,000						100,000
貸倒引当金		1,500		1,300				2,800
備品減価償却累計額		36,000		36,000				72,000
資本金		80,000						80,000
繰越利益剰余金		86,000						86,000
売上		700,000				700,000		
仕入	560,000		60,000	80,000	540,000			
通信費	14,200			1,500	12,700			
支払利息	12,000			2,000	10,000			
合計	1,153,500	1,153,500						
貸倒引当金繰入			1,300		1,300			
減価償却費			36,000		36,000			
前払費用			2,000				2,000	
貯蔵品			1,500				1,500	
未払消費税				14,000				14,000
未払法人税等				20,000				20,000
法人税等			30,000		30,000			
当期純利益					70,000			70,000
合計			280,800	280,800	700,000	700,000	524,800	524,800

③決算整理の勘定科目
決算整理仕訳で新しく出てきた勘定科目。上の①②にない場合、ここに追加して記入する

②損益計算書の勘定科目
収益、費用の勘定科目（P.014参照）。残高試算表の金額と修正記入の金額の合計を損益計算書欄に記入する

動画解説

練習問題 Chapter17 01

次の決算整理事項にもとづいて、答案用紙の精算表を作成しなさい。

1. 期末商品棚卸高は¥80,000。売上原価は仕入勘定で計算する。
2. 受取手形および売掛金の期末残高に対して、2%の貸倒引当金を差額補充法により設定する。
3. 備品について、定額法により減価償却を行う。残存価額は取得原価の10%、耐用年数は5年とする。
4. 利息の前払額が¥2,000ある。
5. 購入時に費用処理した郵便切手の未使用分¥1,500があることが判明したため、適切な勘定へ振り替える。
6. 消費税の処理を行う。
7. 法人税等が¥30,000と計算されたので、仮払法人税等との差額を未払法人税等として計上する。

[答案用紙]

精算表

勘定科目	残高試算表		修正記入		損益計算書		貸借対照表	
	借方	貸方	借方	貸方	借方	貸方	借方	貸方
現金	101,300							
受取手形	40,000							
売掛金	100,000							
繰越商品	60,000							
仮払消費税	56,000							
仮払法人税等	10,000							
備品	200,000							
買掛金		80,000						
仮受消費税		70,000						
借入金		100,000						
貸倒引当金		1,500						
備品減価償却累計額		36,000						
資本金		80,000						
繰越利益剰余金		86,000						
売上		700,000						
仕入	560,000							
通信費	14,200							
支払利息	12,000							
合計	1,153,500	1,153,500						
合計								

解説・解答

表の違いを理解しやすいように練習問題はP.275、P.292と同じ数値の問題を使っています。ここでは精算表の記入方法を練習しましょう。

ステップ1 すべての決算整理仕訳を書く。

❶商品の棚卸高なので、「しーくりくりしー」。
期首の商品残高は残高試算表欄「繰越商品」60,000を使う。

仕入 60,000 / 繰越商品 60,000
繰越商品 80,000 / 仕入 80,000

❷貸倒引当金は下書きを書く。

下書き

受取手形 40,000 × 2% = 800
売掛金 100,000 × 2% = 2,000
} 2,800

貸倒引当金 1,500 —繰入＋1,300→ 2,800
期末残高　仕訳後の金額

貸倒引当金繰入 1,300 / 貸倒引当金 1,300

❸減価償却の決算整理仕訳を書く。
(200,000－200,000×10%) ÷ 5年 ＝ 36,000
減価償却費 36,000 / 備品減価償却累計額 36,000

❹利息の前払いなので、翌期分の支払利息を減らす。なお、前払費用は前払利息でも正解。
前払費用 2,000 / 支払利息 2,000

❺郵便切手の未使用分は貯蔵品に振り替える。貯蔵品が増えるので、左に書く。通信費が減るので、右に書く。
貯蔵品 1,500 / 通信費 1,500

❻消費税の決算整理仕訳を書く。まずは仮受消費税と仮払消費税を取り崩す。差額は未払消費税が増えるので、右に書く。
仮受消費税 70,000 / 仮払消費税 56,000
/ 未払消費税 14,000

❼法人税等の決算整理仕訳を書く。法人税等が増えたので、左に書く。残高試算表に仮払法人税等があり、期中に前払している。仮払法人税等10,000→0に減らすので、右に書く。差額20,000はまだ支払っていないので、未払法人税等を使う。右に書く。
法人税等 30,000 / 仮払法人税等 10,000
/ 未払法人税等 20,000

ステップ2 下書きの決算整理仕訳を精算表の「修正記入欄」に写す。

精算表

勘定科目	残高試算表		修正記入		損益計算書		貸借対照表	
	借方	貸方	借方	貸方	借方	貸方	借方	貸方
現金	101,300							
受取手形	40,000							
売掛金	100,000							
繰越商品	60,000		80,000	60,000				
仮払消費税	56,000			56,000				
仮払法人税等	10,000			10,000				
備品	200,000							
買掛金		80,000						
仮受消費税		70,000	70,000					
借入金		100,000						
貸倒引当金		1,500		1,300				
備品減価償却累計額		36,000		36,000				
資本金		80,000						
繰越利益剰余金		86,000						
売上		700,000						
仕入	560,000		60,000	80,000				
通信費	14,200			1,500				
支払利息	12,000			2,000				
合計	1,153,500	1,153,500						
貸倒引当金繰入			1,300					
減価償却費			36,000					
前払費用			2,000					
貯蔵品			1,500					
未払消費税				14,000				
未払法人税等				20,000				
法人税等			30,000					
合計			280,800	280,800				

❶勘定科目を探す
❷仕訳の左側なら、左側に金額を書く

足りない勘定科目はこの欄に追加で記入

合計を計算。左と右が一致する

ステップ3 精算表の「損益計算書」「貸借対照表」をうめる。

> **ルール1**　修正記入欄がホームポジションと同じ側なら+、逆側ならー。
> **ルール2**　損益計算書か貸借対照表かは、「これだけは覚えておこう」P.013とP.014を見て覚える。

精算表

勘定科目	残高試算表		修正記入		損益計算書		貸借対照表	
	借方	貸方	借方	貸方	借方	貸方	借方	貸方
現金	101,300						101,300	
受取手形	40,000						40,000	
売掛金	100,000						100,000	
繰越商品	60,000		80,000	60,000			Ⓐ 80,000	
仮払消費税	56,000			56,000				
仮払法人税等	10,000			10,000				
備品	200,000						200,000	
買掛金		80,000						80,000
仮受消費税		70,000	70,000					
借入金		100,000						100,000
貸倒引当金		1,500		1,300				Ⓑ 2,800
備品減価償却累計額		36,000		36,000				Ⓒ 72,000
資本金		80,000						80,000
繰越利益剰余金		86,000						86,000
売上		700,000				700,000		
仕入	560,000		60,000	80,000	540,000			
通信費	14,200			1,500	Ⓓ 12,700			
支払利息	12,000			2,000	Ⓔ 10,000			
合計	1,153,500	1,153,500						
貸倒引当金繰入			1,300		1,300			
減価償却費			36,000		36,000			
前払費用			2,000				2,000	
貯蔵品			1,500				1,500	
未払消費税				14,000				14,000
未払法人税等				20,000				20,000
法人税等			30,000		30,000			
当期純利益					Ⓕ 70,000			Ⓖ 70,000
合計			280,800	280,800	700,000	700,000	524,800	524,800

■ 損益計算書に書くもの　■ 貸借対照表に書くもの

当期純利益は最後に出すんだね。なるほど～♪

Ⓐ 繰越商品（ホームポジション左）

60,000 + 80,000 − 60,000 = **80,000**

試算表左側 / 修正記入欄左なので＋ / 修正記入欄右なので−

Ⓑ 貸倒引当金（ホームポジション右）

1,500 + 1,300 = **2,800**

Ⓒ 備品減価償却累計額（ホームポジション右）

36,000 + 36,000 = **72,000**

Ⓓ 通信費（ホームポジション左）

14,200 − 1,500 = **12,700**

Ⓔ 支払利息（ホームポジション左）

12,000 − 2,000 = **10,000**

Ⓕ 当期純利益

540,000＋12,700＋10,000＋1,300＋36,000＋30,000＝630,000

700,000 − 630,000 = **70,000**

損益計算書右側収益合計 / 損益計算書左側費用合計 / 差額がプラスなら当期純利益

Ⓖ 損益計算書の当期純利益を左側に書いたので、貸借対照表の当期純利益は右側に書く。

仕訳から考えると、損益振替（Chapter09-04）によって、当期純利益の金額だけ繰越利益剰余金が増えるため、繰越利益剰余金の右側に記入することになる。しかし、精算表では、繰越利益剰余金ではなく、当期純利益の行に記入する（精算表の書き方のルール）。

なお、当期純損失の場合（収益より費用が多い場合）は、損益計算書の当期純損失を右側に書き、貸借対照表の当期純損失は左側に書く。

解答

精 算 表

勘定科目	残高試算表		修正記入		損益計算書		貸借対照表	
	借方	貸方	借方	貸方	借方	貸方	借方	貸方
現金	101,300						101,300	
受取手形	40,000						40,000	
売掛金	100,000						100,000	
繰越商品	60,000		80,000	60,000			80,000	
仮払消費税	56,000			56,000				
仮払法人税等	10,000			10,000				
備品	200,000						200,000	
買掛金		80,000						80,000
仮受消費税		70,000	70,000					
借入金		100,000						100,000
貸倒引当金		1,500		1,300				2,800
備品減価償却累計額		36,000		36,000				72,000
資本金		80,000						80,000
繰越利益剰余金		86,000						86,000
売上		700,000				700,000		
仕入	560,000		60,000	80,000	540,000			
通信費	14,200			1,500	12,700			
支払利息	12,000			2,000	10,000			
合計	1,153,500	1,153,500						
貸倒引当金繰入			1,300		1,300			
減価償却費			36,000		36,000			
前払費用			2,000				2,000	
貯蔵品			1,500				1,500	
未払消費税				14,000				14,000
未払法人税等				20,000				20,000
法人税等			30,000		30,000			
当期純利益					70,000			70,000
合計			280,800	280,800	700,000	700,000	524,800	524,800

Chapter18

財務諸表（損益計算書と貸借対照表）

Chapter18-01

損益計算書（そんえきけいさんしょ）・貸借対照表（たいしゃくたいしょうひょう）

当期の収益と費用の内訳を報告する書類を損益計算書（そんえきけいさんしょ）、期末日の資産、負債、純資産の内訳を報告する書類を貸借対照表（たいしゃくたいしょうひょう）といいます。損益計算書と貸借対照表をまとめて財務諸表といいます。

損益計算書の形式

損益計算書とは、当期の収益と費用の内訳を報告する書類です。Chapter 17の精算表の損益計算書欄と中身は同じですが、形式や勘定科目が少し違います。

仕入ではなく売上原価と書く

売上ではなく売上高と書く

損　益　計　算　書

X1年4月1日からX2年3月31日まで　（単位：円）

費　用	金　額	収　益	金　額
売上原価	540,000	売上高	700,000
貸倒引当金繰入	1,300		
減価償却費	36,000		
通信費	12,700		
支払利息	10,000		
法人税等	30,000		
当期純利益	70,000		
	700,000		700,000

収益と費用の差額が
左側なら、当期純利益
右側なら、当期純損失

合計は必ず一致する

名前がちょっと違うんだ。間違えちゃいそう。

そうなんだ。問題を解きながら、慣れていけば大丈夫だよ。

貸借対照表の形式

貸借対照表とは、期末日の資産、負債、純資産の内訳を報告する書類です。Chapter17の精算表の貸借対照表欄と中身は同じですが、形式や勘定科目が少し違います。

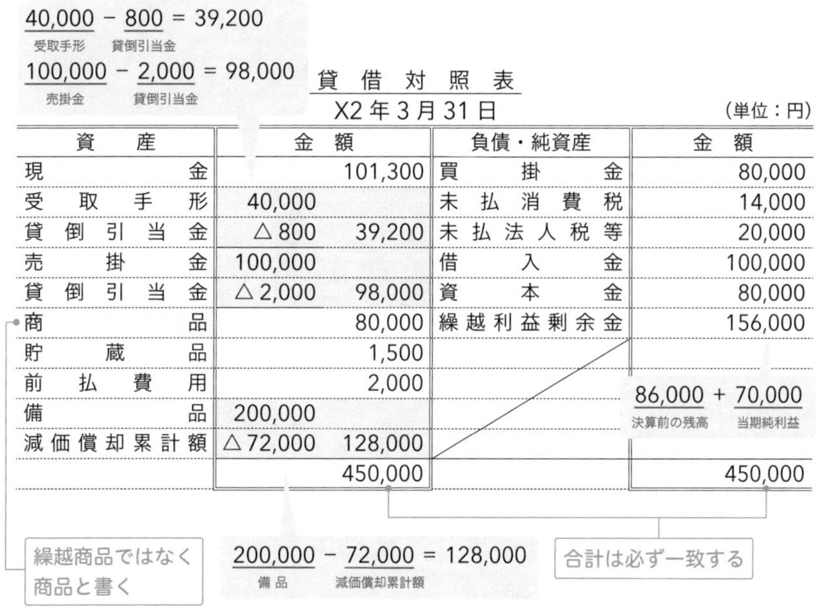

貸　借　対　照　表

X2 年 3 月 31 日

（単位：円）

資　産	金　額		負債・純資産	金　額
現金		101,300	買掛金	80,000
受取手形	40,000		未払消費税	14,000
貸倒引当金	△800	39,200	未払法人税等	20,000
売掛金	100,000		借入金	100,000
貸倒引当金	△2,000	98,000	資本金	80,000
商品		80,000	繰越利益剰余金	156,000
貯蔵品		1,500		
前払費用		2,000		
備品	200,000			
減価償却累計額	△72,000	128,000		
		450,000		450,000

貸倒引当金と減価償却累計額は、試算表では負債と同じように右側の勘定科目ですが、正確に説明すると資産の控除科目（マイナス科目）です。このような勘定科目を**評価勘定**（ひょうかかんじょう）といいます。貸借対照表では特別な書き方をすることになるので、注意しましょう。

損益計算書や貸借対照表を作ったら、何かいいことあるの？

損益計算書は、1年間の収益と費用と利益の内訳がわかるので、会社がいくらもうけたのかわかるんだ。貸借対照表は期末日の財産の状況や借入金の状況がわかるよ。

動画解説

練習問題 Chapter18 01

次の決算整理前残高試算表と決算整理事項によって、答案用紙の（　　）内に適当な金額を記入して、損益計算書と貸借対照表を完成しなさい。なお、当会計期間はX1年4月1日からX2年3月31日までの1年間である。

決算整理前残高試算表
X2 年 3 月 31 日

借方残高	勘定科目	貸方残高
101,300	現金	
40,000	受取手形	
100,000	売掛金	
60,000	繰越商品	
56,000	仮払消費税	
10,000	仮払法人税等	
200,000	備品	
	買掛金	80,000
	仮受消費税	70,000
	借入金	100,000
	貸倒引当金	1,500
	備品減価償却累計額	36,000
	資本金	80,000
	繰越利益剰余金	86,000
	売上	700,000
560,000	仕入	
14,200	通信費	
12,000	支払利息	
1,153,500		1,153,500

決算整理事項

1. 商品の期末棚卸高は￥80,000であった。売上原価は仕入勘定で計算する。
2. 受取手形および売掛金の期末残高に対して、それぞれ2%の貸倒引当金を差額補充法により設定する。
3. 備品について、定額法により減価償却を行う。残存価額は取得原価の10%、耐用年数は5年とする。
4. 利息の前払額が￥2,000ある。
5. 購入時に費用処理した郵便切手の未使用分￥1,500があることが判明したため、適切な勘定へ振り替える。

6. 消費税の処理を行う。
7. 法人税等が¥30,000と計算されたので、仮払法人税等との差額を未払法人税等として計上する。

[答案用紙]

損益計算書
X1年4月1日からX2年3月31日まで　　(単位：円)

費用	金額	収益	金額
売上原価	(　　)	売上高	(　　)
貸倒引当金繰入	(　　)		
減価償却費	(　　)		
通信費	(　　)		
支払利息	(　　)		
法人税等	(　　)		
当期純利益	(　　)		
	(　　)		(　　)

貸借対照表
X2年3月31日　　(単位：円)

資産	金額		負債・純資産	金額
現金		(　　)	買掛金	(　　)
受取手形	(　　)		未払消費税	(　　)
貸倒引当金	(△　　)	(　　)	未払法人税等	(　　)
売掛金	(　　)		借入金	(　　)
貸倒引当金	(△　　)	(　　)	資本金	(　　)
商品		(　　)	繰越利益剰余金	(　　)
貯蔵品		(　　)		
前払費用		(　　)		
備品	(　　)			
減価償却累計額	(△　　)	(　　)		
		(　　)		(　　)

解説・解答

表の違いを理解しやすいように練習問題はP.275、P.283と同じ数値の問題を使っています。ここでは損益計算書と貸借対照表の記入方法を練習しましょう。

ステップ1 すべての決算整理仕訳を書く。

❶商品の棚卸高なので、「しーくりくりしー」。

仕入　　60,000 / 繰越商品 60,000
繰越商品 80,000 / 仕入　　80,000

❷貸倒引当金は下書きを書く。

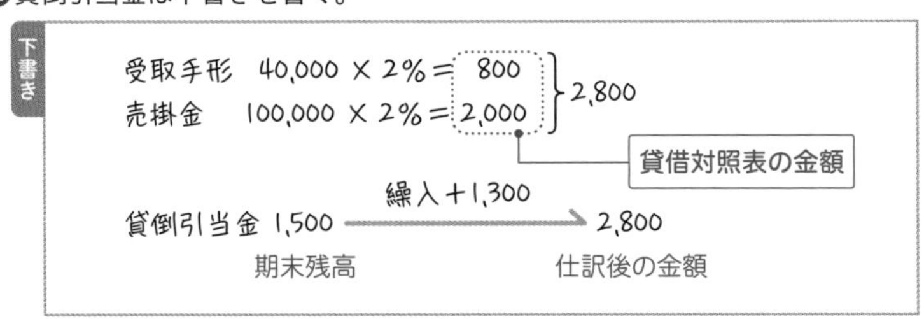

貸倒引当金繰入 1,300 / 貸倒引当金 1,300

❸減価償却の決算整理仕訳を書く。

（200,000－200,000×10%）÷ 5年 ＝ 36,000

減価償却費 36,000 / 備品減価償却累計額 36,000

❹利息の前払いなので、翌期分の支払利息を減らす。答案用紙の貸借対照表に「前払費用」と記入されているので、「前払利息」ではなく「前払費用」を使う。

前払費用 2,000 / 支払利息 2,000

❺郵便切手の未使用分は貯蔵品に振り替える。

貯蔵品 1,500 / 通信費 1,500

❻消費税の決算整理仕訳を書く。

仮受消費税 70,000 / 仮払消費税 56,000
**　　　　　　　　　 / 未払消費税 14,000**

❼法人税等の決算整理仕訳を書く。

法人税等 30,000 / 仮払法人税等 10,000
**　　　　　　　　 / 未払法人税等 20,000**

ステップ2 決算整理前残高試算表の金額を答案用紙の損益計算書、貸借対照表の横へ書き写す。

損益計算書
X1年4月1日からX2年3月31日まで

	費用	金額	収益	金額	
560,000	売上原価	(　)	売上高	(　)	700,000
	貸倒引当金繰入	(　)			
	減価償却費	(　)			
14,200	通信費	(　)			
12,000	支払利息	(　)			
	法人税等	(　)			
	当期純利益	(　)			
		(　)		(　)	

貸借対照表
X2年3月31日

	資産	金額		負債・純資産	金額	
101,300	現金		(　)	買掛金	(　)	80,000
40,000	受取手形	(　)		未払消費税	(　)	
	貸倒引当金	(△　)	(　)	未払法人税等	(　)	
100,000	売掛金	(　)		借入金	(　)	100,000
	貸倒引当金	(△　)	(　)	資本金	(　)	80,000
60,000	商品		(　)	繰越利益剰余金	(　)	86,000
	貯蔵品		(　)			
	前払費用		(　)			
200,000	備品	(　)				
△36,000	減価償却累計額	(△　)	(　)			
			(　)		(　)	

ステップ3で記入（貸倒引当金）

ステップ3 下書きの決算整理仕訳の金額を答案用紙の損益計算書、貸借対照表の横へ書き写す（欄外の赤字部分）。

損　益　計　算　書
X1年4月1日からX2年3月31日まで

（欄外）	費　用	金　額	収　益	金　額	（欄外）
560,000 ＋ 60,000 △80,000	売上原価	(　　)	売上高	(　　)	700,000
＋1,300	貸倒引当金繰入	(　　)			
＋36,000	減価償却費	(　　)			
14,200 △1,500	通信費	(　　)			
12,000 △2,000	支払利息	(　　)			
＋30,000	法人税等	(　　)			
	当期純利益	(　　)			
		(　　)		(　　)	

貸　借　対　照　表
X2年3月31日

（欄外）	資　産	金　額		負債・純資産	金　額	（欄外）
101,300	現金		(　　)	買掛金	(　　)	80,000
40,000	受取手形	(　　)		未払消費税	(　　)	＋14,000
※△800	貸倒引当金	(△　　)	(　　)	未払法人税等	(　　)	＋20,000
100,000	売掛金	(　　)		借入金	(　　)	100,000
※△2,000	貸倒引当金	(△　　)	(　　)	資本金	(　　)	80,000
60,000 △60,000 ＋80,000	商品		(　　)	繰越利益剰余金	(　　)	86,000
＋1,500	貯蔵品		(　　)			
＋2,000	前払費用		(　　)			
200,000	備品	(　　)				
△(36,000＋36,000)	減価償却累計額	(△　　)	(　　)			
			(　　)		(　　)	

※貸倒引当金は残高の2%なので、受取手形40,000×2%＝800、売掛金100,000×2%＝2,000が貸倒引当金の金額となる。貸倒引当金の合計800＋2,000＝2,800は「決算整理前残高試算表の貸倒引当金1,500と決算整理仕訳の貸倒引当金1,300の合計2,800」と一致する。

ステップ4 左側の横の数値を電卓で合計し、費用欄と資産欄に記入する。同様に右側の横の数値を合計し、収益欄と負債・純資産欄（繰越利益剰余金以外）に記入する。

損益計算書
X1年4月1日からX2年3月31日まで

計算メモ	費用	金額	収益	金額	計算メモ
560,000 + 60,000 △ 80,000	売上原価	(540,000)	売上高	(700,000)	700,000
+ 1,300	貸倒引当金繰入	(1,300)			
+ 36,000	減価償却費	(36,000)			
14,200 △ 1,500	通信費	(12,700)			
12,000 △ 2,000	支払利息	(10,000)			
+ 30,000	法人税等	(30,000)			
	当期純利益	(　　)			
		(　　)		(　　)	

貸借対照表
X2年3月31日

計算メモ	資産	金額		負債・純資産	金額	計算メモ
101,300	現金		(101,300)	買掛金	(80,000)	80,000
40,000	受取手形	(40,000)		未払消費税	(14,000)	+14,000
△ 800	貸倒引当金	(△ 800)	(39,200)	未払法人税等	(20,000)	+20,000
100,000	売掛金	(100,000)		借入金	(100,000)	100,000
△ 2,000	貸倒引当金	(△ 2,000)	(98,000)	資本金	(80,000)	80,000
60,000 △ 60,000 + 80,000	商品		(80,000)	繰越利益剰余金	(　　)	86,000（ステップ5で記入）
+ 1,500	貯蔵品		(1,500)			
+ 2,000	前払費用		(2,000)			
200,000	備品	(200,000)				
△ (36,000 + 36,000)	減価償却累計額	(△ 72,000)	(128,000)			
			(　　)		(　　)	

ステップ5 損益計算書の収益と費用の差額から当期純利益を記入する。貸借対照表の繰越利益剰余金の横に当期純利益を書き写し、繰越利益剰余金を記入する。最後に合計欄を記入し、損益計算書と貸借対照表の横に書いたメモを消しゴムで消す。

損益計算書

X1年4月1日からX2年3月31日まで

メモ	費用	金額	収益	金額	メモ
560,000 + 60,000 △80,000	売上原価	(540,000)	売上高	(700,000)	700,000
+ 1,300	貸倒引当金繰入	(1,300)			
+ 36,000	減価償却費	(36,000)			
14,200 △1,500	通信費	(12,700)			
12,000 △2,000	支払利息	(10,000)			
+ 30,000	法人税等	(30,000)			
	当期純利益	(70,000)			
		(700,000)		(700,000)	

貸借対照表

X2年3月31日

メモ	資産	金額		負債・純資産	金額	メモ
101,300	現金		(101,300)	買掛金	(80,000)	80,000
40,000	受取手形	(40,000)		未払消費税	(14,000)	+ 14,000
△800	貸倒引当金	(△800)	(39,200)	未払法人税等	(20,000)	+ 20,000
100,000	売掛金	(100,000)		借入金	(100,000)	100,000
△2,000	貸倒引当金	(△2,000)	(98,000)	資本金	(80,000)	80,000
60,000 △60,000 + 80,000	商品		(80,000)	繰越利益剰余金	(156,000)	86,000 + 70,000
+ 1,500	貯蔵品		(1,500)			
+ 2,000	前払費用		(2,000)			
200,000	備品	(200,000)				
△(36,000 + 36,000)	減価償却累計額	(△72,000)	(128,000)			
			(450,000)		(450,000)	

収益と費用の差額から当期純利益を計算する。

収益　700,000

費用　540,000＋1,300＋36,000＋12,700＋10,000＋30,000＝630,000

当期純利益　700,000－630,000＝70,000

70,000を損益計算書「当期純利益」に記入し、貸借対照表「繰越利益剰余金」を計算し記入する。

繰越利益剰余金　86,000＋70,000＝156,000

損益振替の仕訳を書くと次のようになり、繰越利益剰余金が増えることになる。

❶収益の損益振替

売上 700,000 / 損益 700,000

❷費用の損益振替

損益 630,000	**仕入**	**540,000**
	貸倒引当金繰入	**1,300**
	減価償却費	**36,000**
	通信費	**12,700**
	支払利息	**10,000**
	法人税等	**30,000**

❸当期純利益の損益振替

損益 70,000 / 繰越利益剰余金 70,000

解答

損益計算書
X1年4月1日からX2年3月31日まで

(単位：円)

費用	金額	収益	金額
売上原価	(540,000)	売上高	(700,000)
貸倒引当金繰入	(1,300)		
減価償却費	(36,000)		
通信費	(12,700)		
支払利息	(10,000)		
法人税等	(30,000)		
当期純利益	(70,000)		
	(700,000)		(700,000)

貸借対照表
X2年3月31日

(単位：円)

資産	金額		負債・純資産	金額
現金		(101,300)	買掛金	(80,000)
受取手形	(40,000)		未払消費税	(14,000)
貸倒引当金	(△ 800)	(39,200)	未払法人税等	(20,000)
売掛金	(100,000)		借入金	(100,000)
貸倒引当金	(△ 2,000)	(98,000)	資本金	(80,000)
商品		(80,000)	繰越利益剰余金	(156,000)
貯蔵品		(1,500)		
前払費用		(2,000)		
備品	(200,000)			
減価償却累計額	(△72,000)	(128,000)		
		(450,000)		(450,000)

豆知識 財務諸表と精算表

簿記の最終目標は、財務諸表（損益計算書と貸借対照表）を作成することです。損益計算書と貸借対照表は会社外部へ公表するため、会計基準で書き方が決まっています。

精算表は、損益計算書と貸借対照表を作成する下準備として便利ですが、会社外部へ公表するわけではなく会社内部の資料として使われます。

Part3｜帳簿等

Chapter19

証ひょう

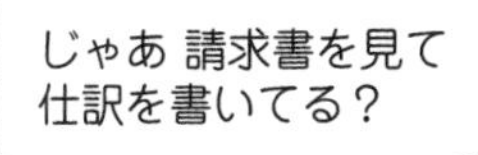

Chapter19-01

重要度★

証ひょう

証ひょうの種類と形式について学習します。証ひょうの書き方を覚える必要はありません。与えられた証ひょうを見て仕訳を書けることが大切です。

証ひょうとは

証ひょうとは、取引を証明するための根拠となるものです。証ひょうの例としては、請求書や領収書、銀行口座の通帳や入出金明細など、業界や会社によってさまざまな形式の書類があります。例えば、当社が商品を仕入れる場合には、次のような証ひょうが使われます。

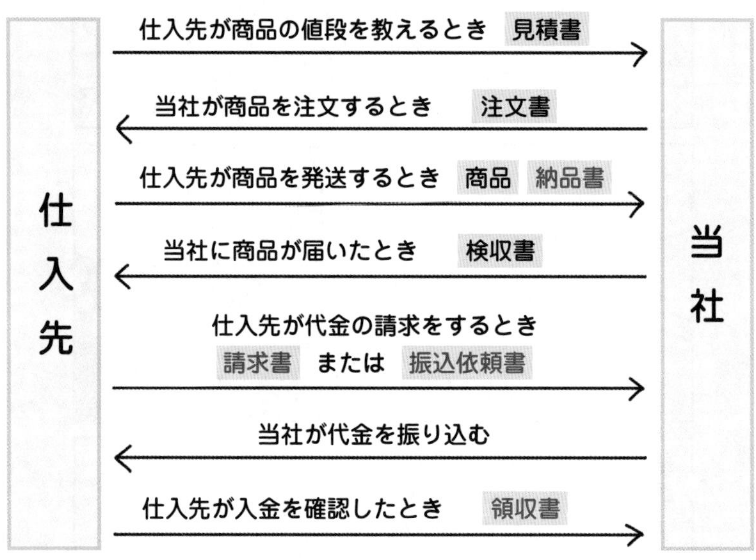

※簿記３級の試験では、赤字の証ひょうについて学習します。

証ひょうの種類

簿記3級で学習する証ひょうは以下の表の通りです。詳しくは次のページから学習します。

	証ひょう名	証ひょうの説明	使用する主な勘定科目
支払い	納品書	当社が取引先の会社から商品を受け取ったさいにもらう書類。	仕入 消耗品費（経費） 備品（固定資産の取得）
	請求書 納品書兼請求書	当社が取引先の会社から代金の支払いを請求されるさいに受け取る書類。納品書と請求書を合わせた納品書兼請求書もある。	仕入 消耗品費（経費） 備品（固定資産の取得）
	振込依頼書	当社が取引先の会社から代金の振り込みを依頼されるさいに受け取る書類。	支払手数料 支払家賃 差入保証金
	領収書	当社が代金を支払ったさいに受け取る書類。	旅費交通費（経費） 備品（固定資産の取得）
売上	売上集計表	当社が売上の金額を集計するために作成する書類。	売上
	請求書（控） 納品書兼請求書(控)	当社が得意先に代金を請求するさいに、原本を得意先に送り、控えを当社が保管するもの。	売上
	他店振出小切手	得意先が振り出した小切手。	現金
	受取手形	得意先が振り出した約束手形。	受取手形
税金	納付書（領収証書）	当社が税務署から法人税等や消費税の支払いを請求されるさいに受け取る書類。税務署で納税すると支払った日付の出納印を押してもらえる。	仮払法人税等(中間納付) 未払法人税等(確定納付) 未払消費税（確定納付）
預金	当座勘定照合表	当座預金の入出金明細が書かれた書類。当座預金は通帳がないため、当座勘定照合表が毎月届く。	当座預金
	通帳 WEB通帳	普通預金、定期預金の入出金明細が書かれたもの。	普通預金 定期預金

Chapter19-02

重要度★★

支払いの証ひょう

支払いに関係する証ひょうとして、納品書、請求書、振込依頼書、領収書の4つを学習します。仕訳で使う金額を読み取れるように練習しましょう。

納品書

納品書とは、当社が取引先の会社から商品を受け取ったさいにもらう書類です。当社は受け取った納品書にもとづいて、仕訳を書きます。

例題 **商品を仕入れ、品物とともに次の納品書を受け取り、代金は後日支払うこととした。消費税の会計処理は税抜方式によっている。必要な仕訳を答えなさい。**

納品書

パブロフ株式会社　御中

東京ドッグ株式会社

品物	数量	単価	金額
野菜ドッグフードSサイズ	10	300	¥3,000
魚ドッグフードSサイズ	10	500	¥5,000
	消費税		¥800
	合計		¥8,800

解答 仕入 8,000 / 買掛金 8,800
仮払消費税 800 /

解説 取引と証ひょうの関係は次の通りです。証ひょうから仕入と仮払消費税の金額を読み取り、仕訳を書きます。買掛金は、仕入と仮払消費税の金額の合計です。消費税の仕訳はP.148で学習しました。

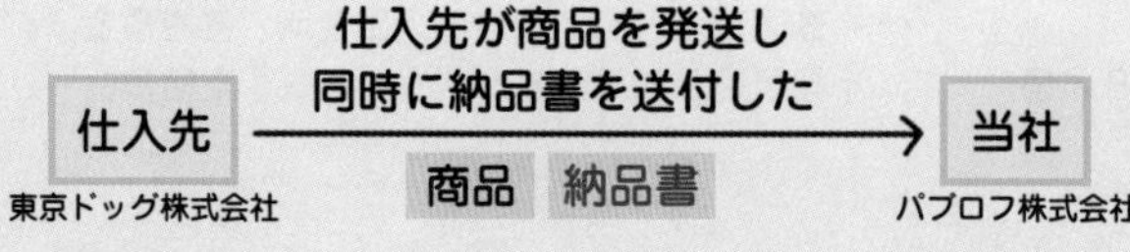

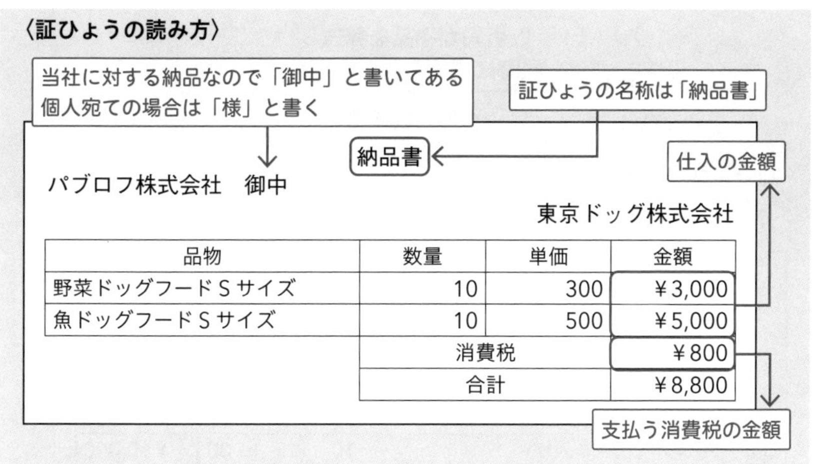

請求書

請求書とは、当社が取引先の会社から代金の支払いを請求されるさいに受け取る書類です。当社は受け取った請求書にもとづいて、仕訳を書きます。

例題　**事務作業に使用する物品を購入し、品物とともに次の請求書を受け取り、代金は後日支払うこととした。必要な仕訳を答えなさい。**

請求書

パブロフ株式会社　御中

関東文具株式会社

品物	数量	単価	金額
コピー用紙（500枚入り）	20	800	¥16,000
ボールペン（100本入り）	10	1,000	¥10,000
送料	−	−	¥1,000
	合計		¥27,000

XX01年5月31日までに合計額を下記口座へお振込みください。
関東銀行銀座支店　普通　123456　カントウブング（カ

※上記の例題は消費税がない場合を扱っています。実際の請求書には消費税の金額が記載されます。

解答　**消耗品費 27,000 / 未払金 27,000**

解説　取引と証ひょうの関係は次の通りです。証ひょうから消耗品費の金額を読み取り、仕訳を書きます。「代金は後日支払うこととした」と指示があるので未払金を使います。消耗品費の仕訳はP.102で学習しました。

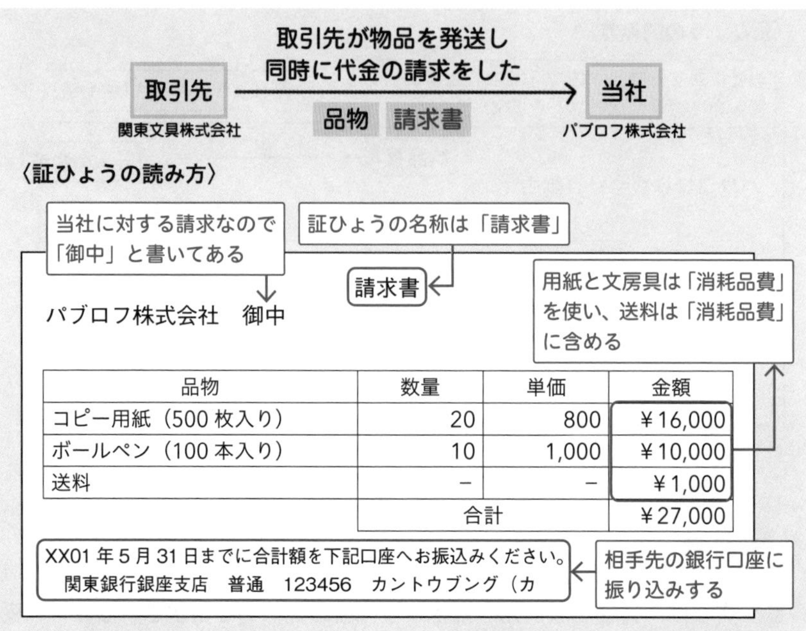

請求書

パブロフ株式会社　御中

品物	数量	単価	金額
コピー用紙（500 枚入り）	20	800	¥16,000
ボールペン（100 本入り）	10	1,000	¥10,000
送料	−	−	¥1,000
	合計		¥27,000

XX01 年 5 月 31 日までに合計額を下記口座へお振込みください。
関東銀行銀座支店　普通　123456　カントウブング（カ

振込依頼書

振込依頼書とは、当社が取引先の会社から代金の振り込みを依頼されるさいに受け取る書類です。当社は受け取った振込依頼書にもとづいて振り込みを行い、仕訳を書きます。

例題　**事務所の賃借契約を行い、下記の振込依頼書通りに当社普通預金口座から振り込み、賃借を開始した。必要な仕訳を答えなさい。なお、仲介手数料は費用として処理すること。**

振込依頼書

パブロフ株式会社　御中

株式会社東京不動産

ご契約ありがとうございます。以下の金額を下記の口座へお振込みください。

内容	金額
初月賃料	¥40,000
仲介手数料	¥20,000
敷金	¥60,000
合計	¥120,000

関東銀行銀座支店　普通　789123　カ）トウキョウフドウサン

※上記の例題は消費税がない場合として扱っています。実際の振込依頼書には消費税の金額が記載されます。

解答　支払家賃　40,000 / 普通預金 120,000
支払手数料 20,000 /
差入保証金 60,000 /

解説　取引と証ひょうの関係は次の通りです。証ひょうから支払家賃、支払手数料、差入保証金の金額を読み取り、仕訳を書きます。普通預金は、振り込んだ金額の合計です。差入保証金の仕訳はP.184で学習しました。

領収書

領収書とは、当社が代金を支払ったさいに受け取る書類です。当社は領収書にもとづいて、支払いの仕訳を書きます。

Part 3 帳簿等　Ch 19 証ひょう

例題　事務作業に使用するパソコンを購入し、品物と引き替えに代金を現金で支払い、次の領収書を受け取った。必要な仕訳を答えなさい。

領収書

パブロフ株式会社　御中

東京家電株式会社

品物	数量	単価	金額
32型モニター付きデスクトップパソコン	2	330,000	¥660,000
配送料	−	−	¥27,000
	合計		¥687,000

上記の合計額を領収しました。

印　収入印紙 200円

※上記の例題は消費税がない場合として扱っています。実際の領収書には消費税の金額が記載されます。

解答　備品 687,000 / 現金 687,000

解説　取引と証ひょうの関係は次の通りです。証ひょうから備品の取得原価の金額を読み取り、仕訳を書きます。現金は支払った金額の合計です。

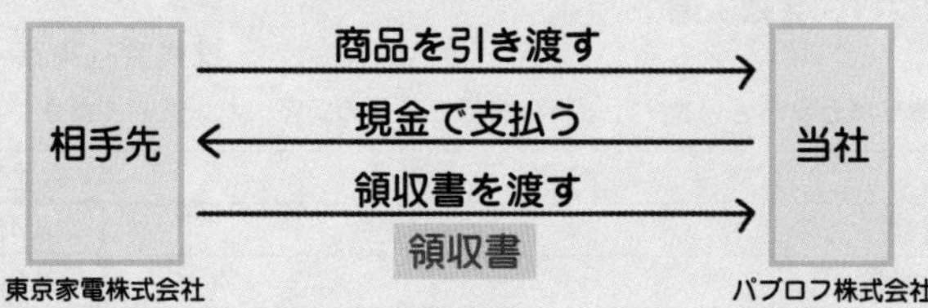

〈証ひょうの読み方〉

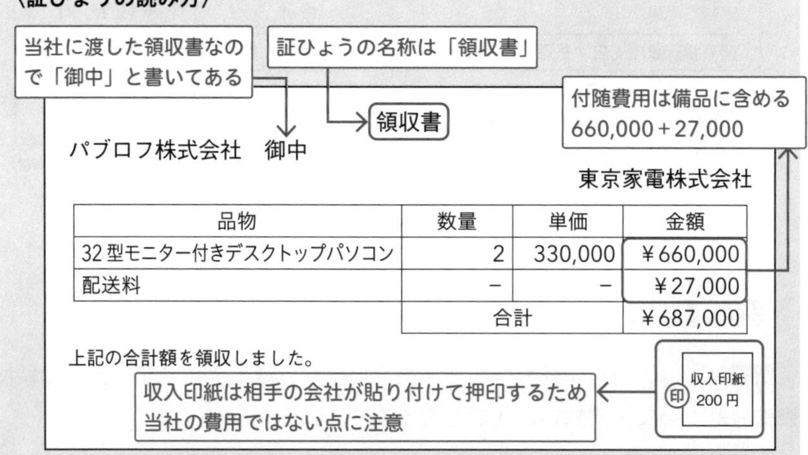

Chapter19-03

重要度★★

売上の証ひょう

売上に関係する証ひょうとして、売上集計表、請求書（控）、他店振出小切手、受取手形の4つを学習します。仕訳で使う金額を読み取れるように練習しましょう。

売上集計表

売上集計表とは、当社が売上の金額を集計するために作成する書類です。売上集計表は、当社で作っている社内資料なので、取引先名や振込口座などの情報は書いてありません。

例題　**店頭における1日分の売上の仕訳を行うにあたり、集計結果は次の通りであった。消費税の会計処理は税抜方式によっている。必要な仕訳を答えなさい。なお、すべて現金による決済であった。**

売上集計表

XX01 年 5 月 10 日

品物	数量	単価	金額
野菜ドッグフード S サイズ	10	600	¥6,000
魚ドッグフード S サイズ	10	1,000	¥10,000
	消費税		¥1,600
	合計		¥17,600

解答　**現金 17,600 / 売上 16,000**
仮受消費税 1,600

解説　取引と証ひょうの関係は次の通りです。証ひょうから売上と仮受消費税の金額を読み取り、仕訳を書きます。現金は、売上と仮受消費税の金額の合計です。消費税の仕訳はP.148で学習しました。

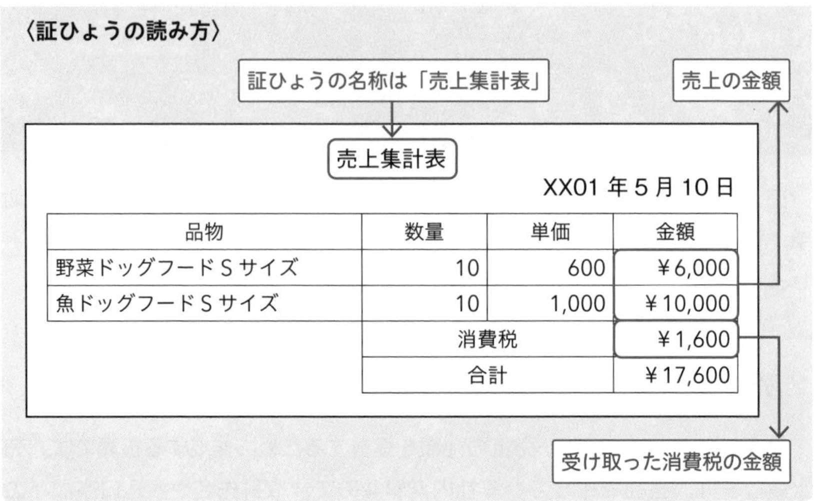

売上集計表

XX01 年 5 月 10 日

品物	数量	単価	金額
野菜ドッグフード S サイズ	10	600	¥6,000
魚ドッグフード S サイズ	10	1,000	¥10,000
	消費税		¥1,600
	合計		¥17,600

請求書(控)

請求書(控) とは、当社が得意先に代金を請求するさいに、請求書原本を得意先に送り、当社で請求書の控えを保管する書類です。P.305で学習した請求書は支払いの証ひょうですが、請求書(控)は売上の証ひょうなので、間違えないように注意しましょう。

例題 **商品を売り上げ、品物とともに次の請求書の原本を発送し、販売額と送料の合計額を掛けとして処理した。同時に配送業者へ品物を引き渡し、同額の送料を現金で支払った。必要な仕訳を答えなさい。**

請求書(控)

株式会社埼玉物産　御中

パブロフ株式会社

品物	数量	単価	金額
中華風ドッグフード	10	400	¥4,000
和風ドッグフード	10	500	¥5,000
送料	−	−	¥800
	合計		¥9,800

XX01 年 5 月 30 日までに合計額を下記口座へお振込みください。
関東銀行品川支店　普通　321654　パブロフ(カ

※上記の例題は消費税がない場合として扱っています。実際の請求書(控)には消費税の金額が記載されます。

解答　売掛金 9,800 / 売上 9,800
発送費　800 / 現金　800

解説　取引と証ひょうの関係は次の通りです。証ひょうから売上と売上諸掛（送料）の金額を読み取り、仕訳を書きます。販売額と送料の合計額を請求しているので、売上の額は合計額を使います。売上諸掛についてはP.056で学習済みです。

売上の金額　販売額（4,000＋5,000）＋送料800＝9,800

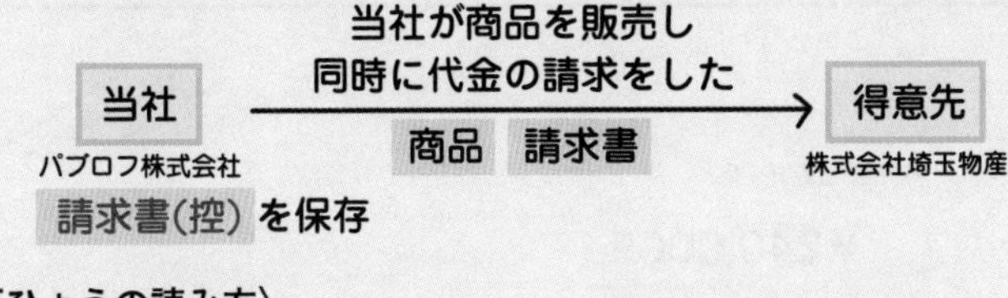

〈証ひょうの読み方〉

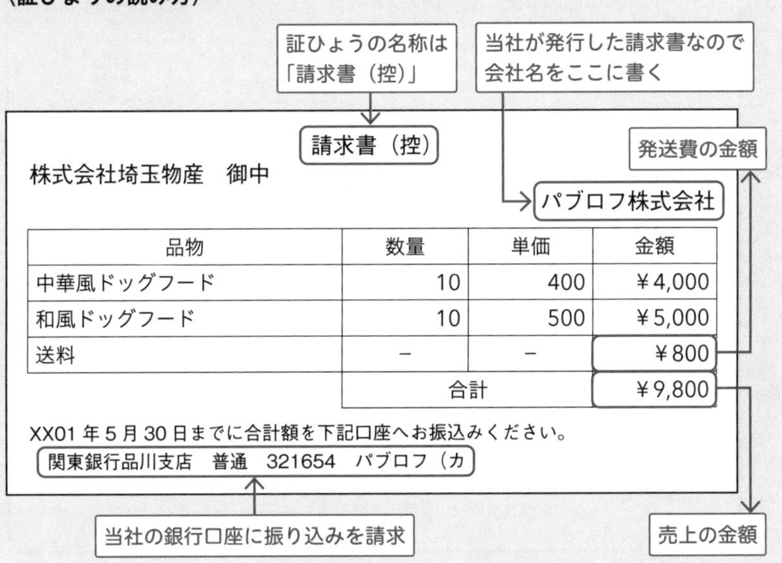

請求書（控）

株式会社埼玉物産　御中

パブロフ株式会社

品物	数量	単価	金額
中華風ドッグフード	10	400	￥4,000
和風ドッグフード	10	500	￥5,000
送料	−	−	￥800
	合計		￥9,800

XX01 年 5 月 30 日までに合計額を下記口座へお振込みください。
関東銀行品川支店　普通　321654　パブロフ（カ

他店振出小切手と受取手形

他店振出小切手とは、得意先が振り出した小切手です。受取手形とは、得意先が振り出した約束手形です。商品を売り上げ、他店振出小切手や受取手形を受け取ったときに、売上の仕訳を書きます。

例題　**商品￥440,000（消費税￥40,000を含む）を売り渡して、代金として以下の通り受け取った。消費税の会計処理は税抜方式によっている。必要な仕訳を答えなさい。**

小　切　手

銀行渡り

支払地
関東銀行品川支店

￥240,000※

上記の金額をこの小切手と引替に
持参人へお支払いください。
振出日　XX01 年 5 月 20 日

株式会社アカサカ
振出地　東京都港区●●　振出人　代表取締役　赤坂　次郎 印

約　束　手　形

収入印紙
200 円
印

パブロフ株式会社　殿

支払期日	XX01 年 6 月 30 日
支払地	東京都品川区
支払場所	関東銀行品川支店

￥200,000※

上記金額をあなたまたはあなたの指図人へ
この約束手形を引替えにお支払いいたします。

振出地　東京都港区●●
振出人　株式会社アカサカ

代表取締役　赤坂　次郎 印

解答

借方	金額	貸方	金額
現金	240,000	売上	400,000
受取手形	200,000	仮受消費税	40,000

解説　取引と証ひょうの関係は次の通りです。証ひょうから各勘定科目の金額を読み取り、仕訳を書きます。他店振出小切手の仕訳はP.100、消費税の仕訳はP.148で学習しました。

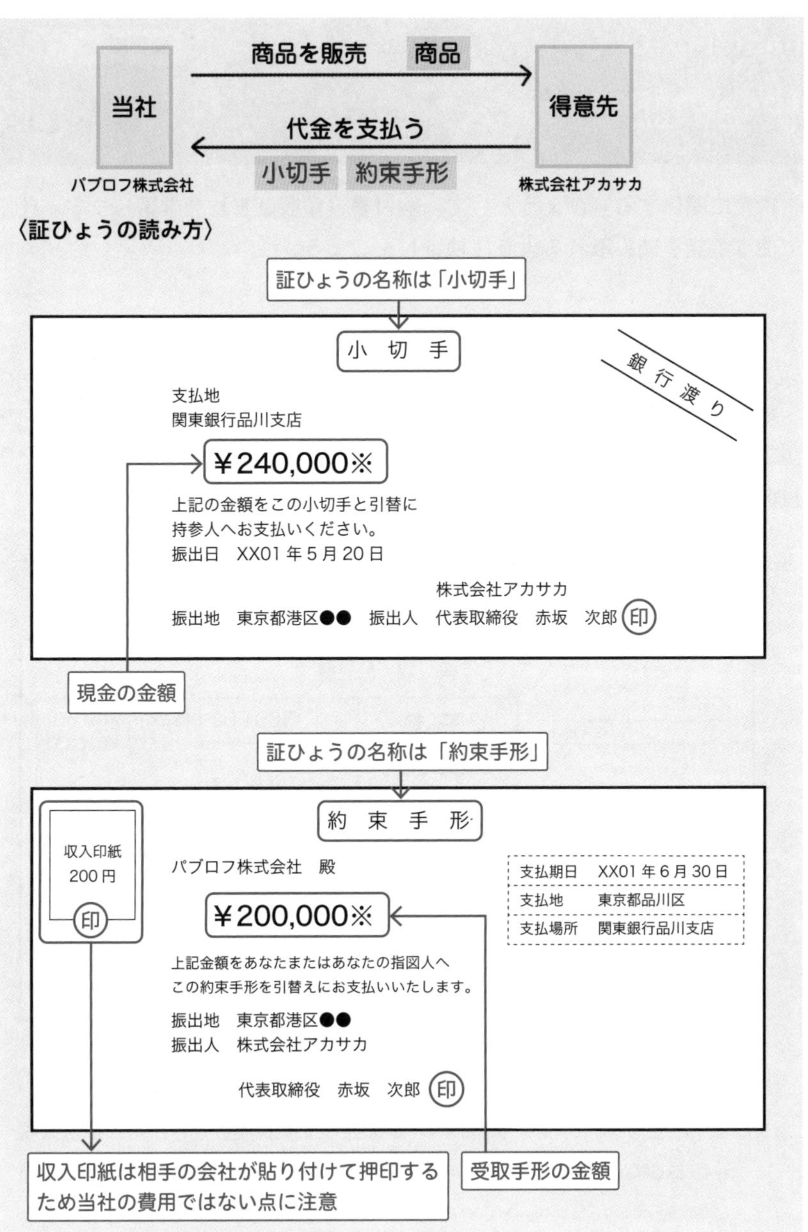
商品を販売
商品
当社
得意先
代金を支払う
小切手
約束手形
パプロフ株式会社
株式会社アカサカ
〈証ひょうの読み方〉
証ひょうの名称は「小切手」
小　切　手
銀行渡り
支払地
関東銀行品川支店
¥240,000※
上記の金額をこの小切手と引替に
持参人へお支払いください。
振出日　XX01 年 5 月 20 日
株式会社アカサカ
振出地　東京都港区●●　振出人　代表取締役　赤坂　次郎 ㊞
現金の金額
証ひょうの名称は「約束手形」
約　束　手　形
収入印紙
200 円
㊞
パプロフ株式会社　殿
¥200,000※
支払期日　XX01 年 6 月 30 日
支払地　東京都品川区
支払場所　関東銀行品川支店
上記金額をあなたまたはあなたの指図人へ
この約束手形を引替えにお支払いいたします。
振出地　東京都港区●●
振出人　株式会社アカサカ
代表取締役　赤坂　次郎 ㊞
収入印紙は相手の会社が貼り付けて押印する
ため当社の費用ではない点に注意
受取手形の金額

Chapter19-04

重要度★

税金の証ひょう

税金に関係する証ひょうとして、納付書（領収証書）を学習します。仕訳で使う金額を読み取れるように練習しましょう。

納付書（領収証書）

納付書（領収証書）とは、当社が税務署から法人税等や消費税の支払いを請求されるさいに受け取る書類です。税務署や銀行で納税すると支払った日付の出納印を押してもらえます。

例題 **以下の納付書にもとづき、当社の普通預金口座から振り込んだ。必要な仕訳を答えなさい。**

領 収 証 書

科目 法人税

税目	金額
本 税	300,000
○○○税	
△△△税	
□□□税	
××× 税	
合計額	¥300,000

納税等の区分 XX010401 XX020331

中間申告　確定申告（○印）

住所	東京都港区××
氏名	パブロフ株式会社

出納印 XX02. 5.31 関東銀行

解答 **未払法人税等 300,000 / 普通預金 300,000**

解説 取引と証ひょうの関係は次のページの通りです。証ひょうから未払法人税等の金額を読み取ります。本問では銀行の出納印が押印してある納付書（領収証書）が与えられているので、❷の仕訳が問われていることがわかります。法人税等の仕訳はP.145で学習しました。

❶法人税等の決算整理仕訳

法人税等 300,000 / 未払法人税等 300,000

❷法人税等の確定納付

未払法人税等 300,000 / 普通預金 300,000

なお、税金の納付書（領収証書）は形式が決まっています。本問は納付書の「確定申告」に○があるので、未払法人税等を支払うことがわかります。もし、納付書の「中間申告」に○が付いている場合は中間納付なので、次の仕訳を行います。

仮払法人税等 300,000 / 普通預金 300,000

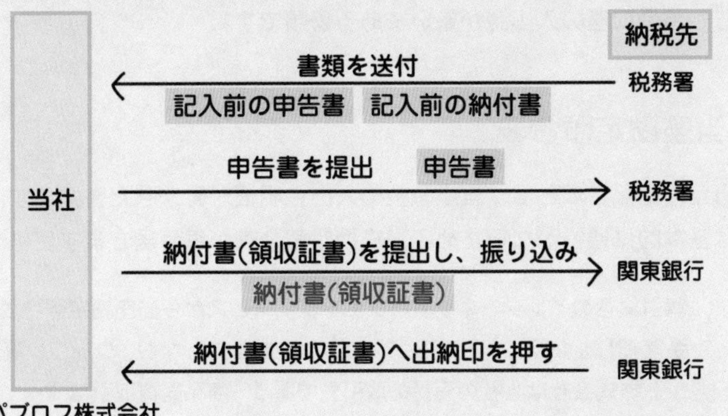

〈証ひょうの読み方〉

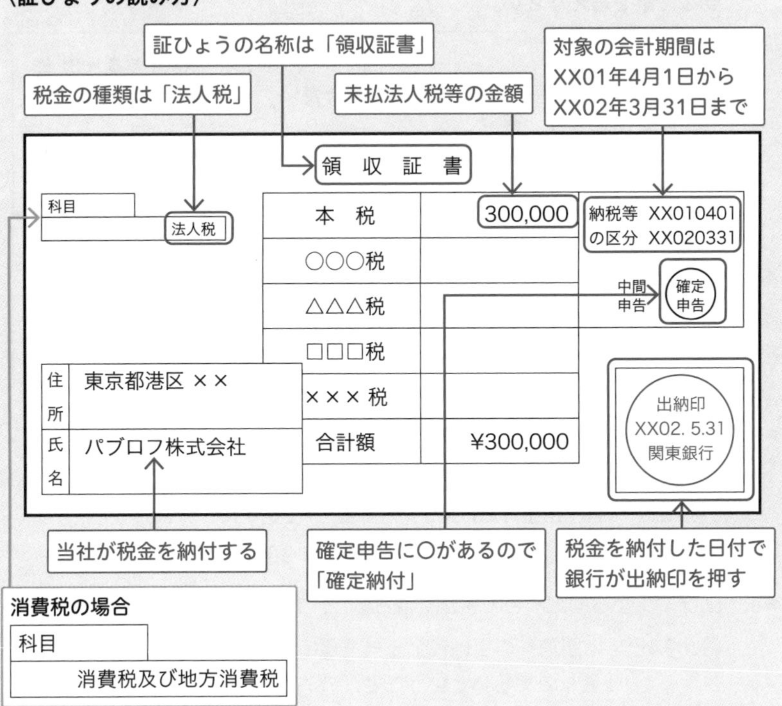

Chapter19-05

重要度★

預金の証ひょう

預金に関係する証ひょうとして、当座勘定照合表、通帳を学習します。どちらも預金口座の入出金が書いてある書類です。

当座勘定照合表

当座勘定照合表とは、当座預金の入出金明細が書かれた書類です。当座預金は基本的に通帳がないため、当座勘定照合表が毎月届きます。

例題 **取引銀行のインターネットバンキングサービスから当座勘定照合表（入出金明細）を参照したところ、次の通りであった。なお、ワンワン商店とペット株式会社は当社の商品の取引先であり、商品売買取引はすべて掛けとしている。また、手形（No.501）は4月30日に振り出したものである。必要な仕訳を答えなさい。**

XX01 年 5 月 31 日

当座勘定照合表

パブロフ株式会社　御中

関東銀行品川支店

取引日	摘要	お支払金額	お預り金額	取引残高
5/4	お振込　ワンワン商店	40,000		1,084,400
5/4	お振込手数料	400		1,084,000
5/12	お振込　ペット株式会社		120,000	1,204,000
5/25	手形引落（No.501）	30,000		1,174,000

解答 **5月4日　買掛金　40,000 / 当座預金 40,400**
支払手数料　400 /
5月12日　当座預金 120,000 / 売掛金　120,000
5月25日　支払手形　30,000 / 当座預金　30,000

解説 証ひょうから勘定科目と金額を読み取り、仕訳を書きます。

❶5月4日　取引先への掛け代金を当座預金から支払っているので、「買掛金」の支払いということが読み取れます。

買掛金 40,000 / 当座預金 40,000

❷5月4日　振込手数料を当座預金口座から支払ったので、「支払手数料」を使うことが読み取れます。

支払手数料 400 / 当座預金 400

取引❶と❷は同じ取引なので、仕訳を合算します。

❸5月12日　取引先から掛け代金を当座預金で回収したので、「売掛金」の回収ということが読み取れます。

当座預金 120,000 / 売掛金 120,000

❹5月25日　手形が引き落とされ当座預金口座から支払ったので、「支払手形」の支払いということが読み取れます。

支払手形 30,000 / 当座預金 30,000

〈証ひょうの読み方〉

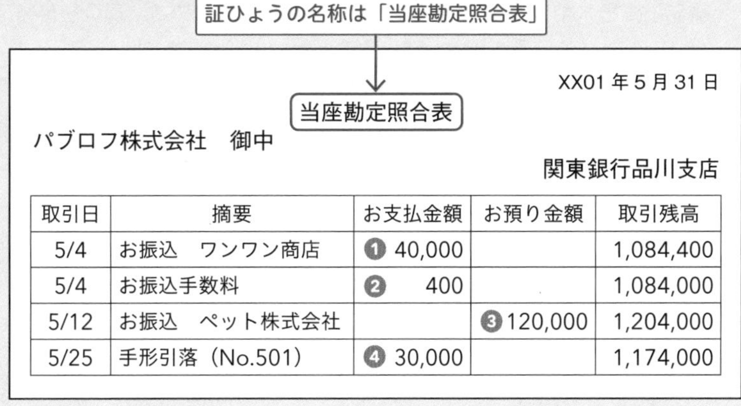

XX01 年 5 月 31 日

当座勘定照合表

パブロフ株式会社　御中

関東銀行品川支店

取引日	摘要	お支払金額	お預り金額	取引残高
5/4	お振込　ワンワン商店	❶ 40,000		1,084,400
5/4	お振込手数料	❷ 400		1,084,000
5/12	お振込　ペット株式会社		❸ 120,000	1,204,000
5/25	手形引落（No.501）	❹ 30,000		1,174,000

通帳

通帳とは、普通預金、定期預金の入出金明細が書かれたものです。通帳にはパソコンの画面で見るWEB通帳と紙の通帳の2種類があります。

例題　**取引銀行のインターネットバンキングサービスから普通預金口座のWEB通帳（入出金明細）を参照したところ、次の通りであった。そこで、各取引日において必要な仕訳を答えなさい。**

入出金明細

日付	内容	出金金額	入金金額	取引残高
5/15	ATM 入金		200,000	380,500
5/20	携帯電話利用料金	48,000		332,500
5/28	電気料金	65,000		267,500

解答　**5月15日　普通預金 200,000 / 現金 200,000**

5月20日　通信費 48,000 / 普通預金 48,000

5月28日　水道光熱費 65,000 / 普通預金 65,000

解説　証ひょうから勘定科目と金額を読み取り、仕訳を書きます。

❶5月15日　ATMから普通預金口座へ入金しているので、現金を普通預金口座へ入金していることが読み取れます。

普通預金 200,000 / 現金 200,000

❷5月20日　携帯電話利用料金を普通預金口座から支払ったので、「通信費」を使うことが読み取れます。

通信費 48,000 / 普通預金 48,000

❸5月28日　電気料金を普通預金口座から支払ったので、「水道光熱費」を使うことが読み取れます。

水道光熱費 65,000 / 普通預金 65,000

〈証ひょうの読み方〉

入出金明細と書いてあるが、
証ひょうの名称は「WEB通帳」

入出金明細

日付	内容	出金金額	入金金額	取引残高
5/15	ATM 入金		❶200,000	380,500
5/20	携帯電話利用料金	❷ 48,000		332,500
5/28	電気料金	❸ 65,000		267,500

動画解説

練習問題 Chapter19 01-05

問題1から問題4の取引について仕訳しなさい。ただし、勘定科目は、次の中から最も適当と思われるものを選びなさい。

現　　金	**普通預金**	**仕　　入**	**売　　上**
買 掛 金	**売 掛 金**	**建　　物**	**備　　品**
仮払消費税	**仮受消費税**	**仮払法人税等**	**未払法人税等**

問題1 P.304

商品を仕入れ、品物とともに次の納品書を受け取り、代金は後日支払うこととした。消費税の会計処理は税抜方式によっている。

納品書

パブロフ株式会社　御中

関西ワンワン株式会社

品物	数量	単価	金額
高級ドッグフード	30	2,000	¥60,000
大衆ドッグフード	100	800	¥80,000
	消費税		¥14,000
	合計		¥154,000

問題2 P.307

事務用の机を購入し、品物と引き替えに代金を現金で支払い、次の領収書を受け取った。

領収書

パブロフ株式会社　御中

関西家具株式会社

品物	数量	単価	金額
木製テーブルセット（A タイプ）	10	120,000	¥1,200,000
組み立て料	10	3,300	¥33,000
配送料	−	−	¥7,000
	合計		¥1,240,000

上記の合計額を領収しました。

収入印紙
㊞ 400円

問題3 P.309

店頭における1日分の売上の仕訳を行うにあたり、集計結果は次の通りであった。また、代金はすべて現金による決済であった。消費税の会計処理は税抜方式によっている。

売上集計表

XX01 年 7 月 5 日

品物	数量	単価	金額
ドッグフード（究極の牛肉）	100	5,000	¥500,000
ドッグフード（至高の魚介）	150	5,000	¥750,000
ワンコのおやつ(ビーフジャーキー)	400	300	¥120,000
ワンコのおやつ(ささみスティック)	550	300	¥165,000
	消費税		¥153,500
	合計		¥1,688,500

問題4 P.314

以下の納付書にもとづき、当社の普通預金口座から振り込んだ。

領　収　証　書

科目
法人税

税目	金額
本　税	270,000
○○○税	
△△△税	
□□□税	
××× 税	
合計額	¥270,000

納税等の区分　XX010401　XX020331

中間申告（○印）　確定申告

住所	東京都港区 ××
氏名	パブロフ株式会社

出納印
XX01.11.25
関東銀行

解説・解答

問題1

❶商品を仕入れたので、仕入が増える。仕入は費用（ホームポジション左）なので、増えるときは左に書く。

60,000＋80,000＝140,000

仕入　　140,000 /

❷消費税を支払うので、仮払消費税が増える。仮払消費税は資産（ホームポジション左）なので、増えるときは左に書く。

仕入　　140,000 /
仮払消費税　14,000 /

❸代金は後日支払うので、買掛金が増える。買掛金は負債（ホームポジション右）なので、増えるときは右に書く。

仕入　　140,000 / **買掛金 154,000**
仮払消費税　14,000 /

借方科目	金額	貸方科目	金額
仕　入	140,000	買　掛　金	154,000
仮払消費税	14,000		

問題2

❶事務用の机を購入したので、備品が増える。備品は資産（ホームポジション左）なので、増えるときは左に書く。組み立て料と配送料は備品の取得原価に加算する。

1,200,000＋33,000＋7,000＝1,240,000

備品 1,240,000 /

❷代金は現金で支払ったので、現金が減る。現金は資産（ホームポジション左）なので、減るときは右に書く。

備品 1,240,000 / 現金 1,240,000

借方科目	金額	貸方科目	金額
備　品	1,240,000	現　金	1,240,000

問題3

❶商品を売ったので、売上が増える。売上は収益（ホームポジション右）なので、増えるときは右に書く。

500,000＋750,000＋120,000＋165,000＝1,535,000

/ 売上　　1,535,000

❷消費税を受け取ったので、仮受消費税が増える。仮受消費税は負債（ホームポジション右）なので、増えるときは右に書く。

/売上　　　1,535,000
/仮受消費税　153,500

❸代金は現金による決済であったので、現金が増える。左に書く。

現金 1,688,500 /売上　　　1,535,000
/仮受消費税　153,500

解答

現　　金	1,688,500	売　　上	1,535,000
		仮受消費税	153,500

問題4

❶普通預金口座から振り込んだので、普通預金が減る。普通預金は資産（ホームポジション左）なので、減るときは右に書く。

/ 普通預金 270,000

❷証ひょうは法人税の本税の「中間申告」の納付書なので、仮払法人税等が増える。仮払法人税等は資産（ホームポジション左）なので、増えるときは左に書く。

仮払法人税等 270,000 / 普通預金 270,000

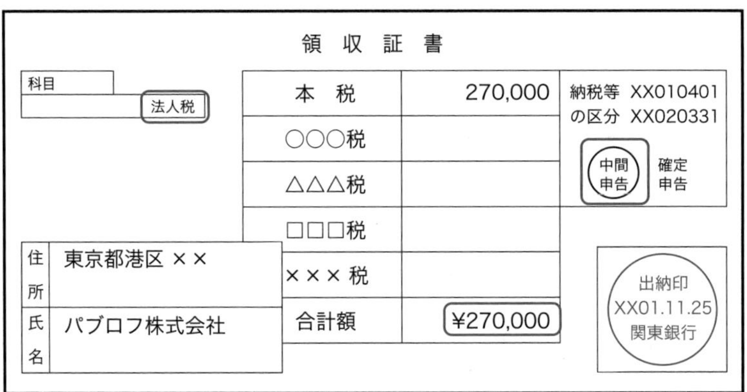
領　収　証　書

科目　法人税

本　税	270,000
○○○税	
△△△税	
□□□税	
××× 税	
合計額	¥270,000

納税等の区分　XX010401　XX020331

中間申告　確定申告

住所　東京都港区 ××

氏名　パブロフ株式会社

出納印　XX01.11.25　関東銀行

なお、日付の情報からも中間納付とわかります。納税等の区分が「XX010401」「XX020331」と書いてあり、期首（XX01年4月1日）と期末（XX02年3月31日）の日付を表しています。また、出納印の日付がXX01.11.25と書いてあり、XX01年11月25日に納付しているので、中間納付していることが日付からもわかるのです。

仮払法人税等	270,000	普通預金	270,000

Part3 | 帳簿等

Chapter20

伝票会計

担当者がそれぞれ仕訳帳に書くと…

1人が仕訳帳に書くと…

伝票を使うと…

Chapter20-01 重要度★★

伝票会計（三伝票制）

ここでは「伝票」について学びます。

簿記3級では伝票を3つ使う「三伝票制」を学びます。「3伝票制」とも書きます。

お兄さん、伝票って何で必要なの？

伝票を使うと、たくさんの人で取引を処理できるんだよ。

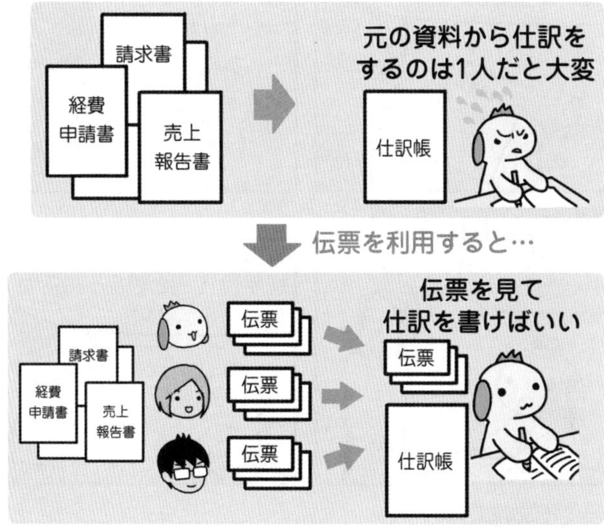

これはスゴイ！

情報がバラバラにならないように、仕訳帳は1冊なんだ。作業を分担できるように、伝票を使っているんだよ。

三伝票制　3つのルール

取引を伝票に書き起こすことを**起票**（きひょう）といいます。三伝票制では入金伝票、出金伝票、振替伝票という3種類の伝票を使って取引を起票します。

①入金伝票　現金が増えたときには必ず入金伝票を使う

商品20,000円を売り上げ、現金を受け取った。

入　金　伝　票
X1年 8月 20日
売上 20,000

通常の仕訳にすると…
現金 20,000 / 売上 20,000

②出金伝票　現金が減ったときには必ず出金伝票を使う

商品12,000円を仕入れ、現金で支払った。

出　金　伝　票
X1年 8月 12日
仕入 12,000

通常の仕訳にすると…
仕入 12,000 / 現金 12,000

③振替伝票　入金・出金伝票の他すべて

商品5,000円を掛けで売り上げた。

振　替　伝　票
X1年 8月 14日
売掛金 5,000/売上 5,000

通常の仕訳にすると…
売掛金 5,000 / 売上 5,000

Part 3 帳簿等　Ch 20 伝票会計

Chapter20-02

重要度★★

一部現金取引

一部が現金で取引された場合、どのように伝票に起票すればよいのでしょうか。

一部現金取引とは

1つの仕訳の中で、左側（借方）または右側（貸方）に**現金**と**現金以外の勘定科目**が出てくる取引のことを**一部現金取引**といいます。下の例では右側（貸方）に現金と買掛金が出てくるので一部現金取引ということができます。

例題 **商品¥100を仕入れ、代金のうち¥80については現金で支払い、残額は掛けとした。**

仕訳 **仕入 100 / 現金　80**
/ 買掛金 20

本問では、出金伝票を使うのか？　振替伝票を使うのか？　書き方がわかりません。一部現金取引はこれまで学んだ伝票のルールをそのまま利用することができないのです。

そこで、**①取引を分解する方法**と、**②取引を擬制（ぎせい）する方法**という考え方を使います。①②の考え方を使うことで、これまで学んだ伝票のルールを利用して伝票を書くことができます。

①取引を分解する方法

一部現金取引を現金取引と掛け取引に分けて仕訳を書きます。このように仕訳を書くことで、伝票のルールに従って起票することができます。

仕訳 **仕入 80 / 現金　80**
仕入 20 / 買掛金 20

〈伝票の書き方〉

出　金　伝　票
仕入 80

振　替　伝　票
仕入 20 / 買掛金 20

②取引を擬制する方法（全額をいったん掛けとする方法）

一部現金取引について、全額をいったん掛け取引として仕訳を書き、同時に掛け代金の一部を現金で支払ったとして仕訳を書きます。実際には一部現金取引ですが、このように取引を擬制して仕訳を書くことで、伝票のルールに従って起票することができます。

仕訳　**仕入　100 / 買掛金 100**
　　　買掛金　80 / 現金　80

〈伝票の書き方〉

出　金　伝　票
買掛金 80

振　替　伝　票
仕入 100 / 買掛金 100

①と②は何が違うの？

①の取引を分解する方法では、商品80円を現金で仕入れ、商品20円を掛けで仕入れたと仮定して、仕訳を書くんだよ。

本当は1つの仕訳だけど、伝票に記入するために、2つの仕訳に分解するんだね。

その通りだよ。
②の取引を擬制する方法では、商品100円を掛けで仕入れ、買掛金80円を現金で支払ったと仮定して、仕訳を書くんだよ。

まとめ

一部現金取引の場合、次のように仕訳の書き方を工夫して伝票に起票する。
①取引を分解する方法
②取引を擬制する方法

練習問題 Chapter20 01-02

問題1から問題4の取引について各伝票を起票しなさい。当社は三伝票制を採用しており、勘定科目は、次の中から最も適当と思われるものを選びなさい。

現　　金　　普通預金　　仕　　入　　売　　上
買 掛 金　　売 掛 金　　発 送 費　　未 払 金

問題1

P.324

仕入先より商品¥90,000を現金で仕入れた。

入　金　伝　票
(　　　　)(　　　　)

出　金　伝　票
(　　　　)(　　　　)

振　替　伝　票			
借方科目	金額	貸方科目	金額

問題2

P.326

得意先へ商品Cを¥300,000で販売し、送料¥8,000を加えた合計額を掛けとした。また、同時に配送業者へ商品Cを引き渡し、送料¥8,000は現金で支払った。

入　金　伝　票
(　　　　)(　　　　)

出　金　伝　票
(　　　　)(　　　　)

振　替　伝　票			
借方科目	金額	貸方科目	金額

問題3

P.326

商品¥250,000を仕入れ、代金のうち¥50,000については現金で支払い、残額は掛けとした。
この取引を三伝票制で起票する場合、(1) 取引を現金仕入れと掛け仕入れとに分解して処理する方法および (2) いったん全額を掛けによる仕入れ取引として処理する方法の2つがある。それぞれについて、答案用紙における各伝票の空欄をうめなさい。

(1) 取引を現金仕入れと掛け仕入れとに分解して処理する方法

出 金 伝 票	
科目	金額
(　　)	(　　)

振 替 伝 票			
借方科目	金額	貸方科目	金額
(　　)	(　　)	(　　)	(　　)

(2) いったん全額を掛けによる仕入れ取引として処理する方法

出 金 伝 票	
科目	金額
(　　)	(　　)

振 替 伝 票			
借方科目	金額	貸方科目	金額
(　　)	(　　)	(　　)	(　　)

問題4 P.326

X2年1月24日に商品￥320,000を売り渡し、代金のうち￥20,000については現金で受け取り、残額は掛けとした。以下の各伝票の空欄をうめなさい。

入 金 伝 票
X2 年 1 月 24 日
売 掛 金 (　　)

振 替 伝 票			
借方科目	金額	貸方科目	金額
(　　)	(　　)	(　　)	(　　)

解説・解答

問題1

❶商品を現金で仕入れたときの仕訳を書く。

仕入90,000 / 現金90,000

❷現金で支払ったので、仕入の仕訳は出金伝票に書く。

解答

入 金 伝 票	
(　　)	(　　)

出 金 伝 票	
(仕入)	(90,000)

振 替 伝 票			
借方科目	金額	貸方科目	金額

問題2

❶商品を掛けで売ったときの仕訳を書く。

売掛金 308,000 / 売上 308,000
発送費　 8,000 / 現金　 8,000

❷現金で支払ったので、発送費の仕訳は出金伝票に書く。現金勘定が出てこない仕訳（売上の仕訳）は振替伝票に書く。

解答

入　金　伝　票	
(　　　)	(　　　)

出　金　伝　票	
(**発送費**)	(8,000)

振　替　伝　票			
借方科目	金額	貸方科目	金額
売掛金	308,000	**売上**	308,000

問題3

❶まず、元となる商品仕入れの仕訳を書く。

仕入 250,000 / 買掛金 200,000
**　　　　　　 / 現金　 50,000**

❷問題文の指示に従い、仕訳を書く。

（1）取引を現金仕入れと掛け仕入れとに分解して処理する方法

仕入　200,000 / 買掛金 200,000　←　振替伝票
仕入　 50,000 / 現金　 50,000　←　出金伝票

（2）いったん全額を掛けによる仕入れ取引として処理する方法

仕入　250,000 / 買掛金 250,000　←　振替伝票
買掛金 50,000 / 現金　 50,000　←　出金伝票

❸伝票に記入する。

（1）取引を現金仕入れと掛け仕入れとに分解して処理する方法

出　金　伝　票	
科目	金額
(**仕入**)	(50,000)

振　替　伝　票			
借方科目	金額	貸方科目	金額
(**仕入**)	(200,000)	(**買掛金**)	(200,000)

（2）いったん全額を掛けによる仕入れ取引として処理する方法

出　金　伝　票	
科目	金額
(**買掛金**)	(50,000)

振　替　伝　票			
借方科目	金額	貸方科目	金額
(**仕入**)	(250,000)	(**買掛金**)	(250,000)

問題4

❶まず、元となる商品売り上げの仕訳を書く。

売掛金 300,000 / 売上 320,000
現金　　20,000 /

❷問題で与えられている入金伝票の勘定科目が「売掛金」なので、取引を擬制する方法を採用していることがわかる（取引を分解する方法の場合、入金伝票には売上が記入される）。取引を擬制する方法では、全額をいったん掛けとするので、次の仕訳となる。

売掛金 320,000 / 売上　320,000　　←　振替伝票
現金　　20,000 / 売掛金　20,000　　←　入金伝票

❸伝票に記入する。

入金伝票
X2 年 1 月 24 日
売掛金（20,000）

振替伝票			
借方科目	金額	貸方科目	金額
（売掛金）	（320,000）	（売上）	（320,000）

豆知識 **問題4が取引を分解する方法だった場合**

もし、問題4が取引を分解する方法だった場合、入金伝票に記入されるのは「売上」となります。

売掛金 300,000 / 売上 300,000
現金　　20,000 / 売上　20,000

入金伝票
X2 年 1 月 24 日
売上 20,000

振替伝票			
借方科目	金額	貸方科目	金額
売掛金	300,000	売上	300,000

Chapter20-03

重要度★

伝票会計（仕訳日計表）

1日分の伝票を勘定科目ごとに集計する表のことを仕訳日計表といいます。伝票は、取引を行った従業員がそれぞれ書いているので、伝票だけでは会社全体としての売上の金額などがわかりません。そこで、1日の終わりに伝票を集計して仕訳日計表を作り、会社全体でどれだけ取引をしたか確認できるようにします。

仕訳日計表の作成

仕訳日計表をどのように作成するのか、例題を見ていきましょう。

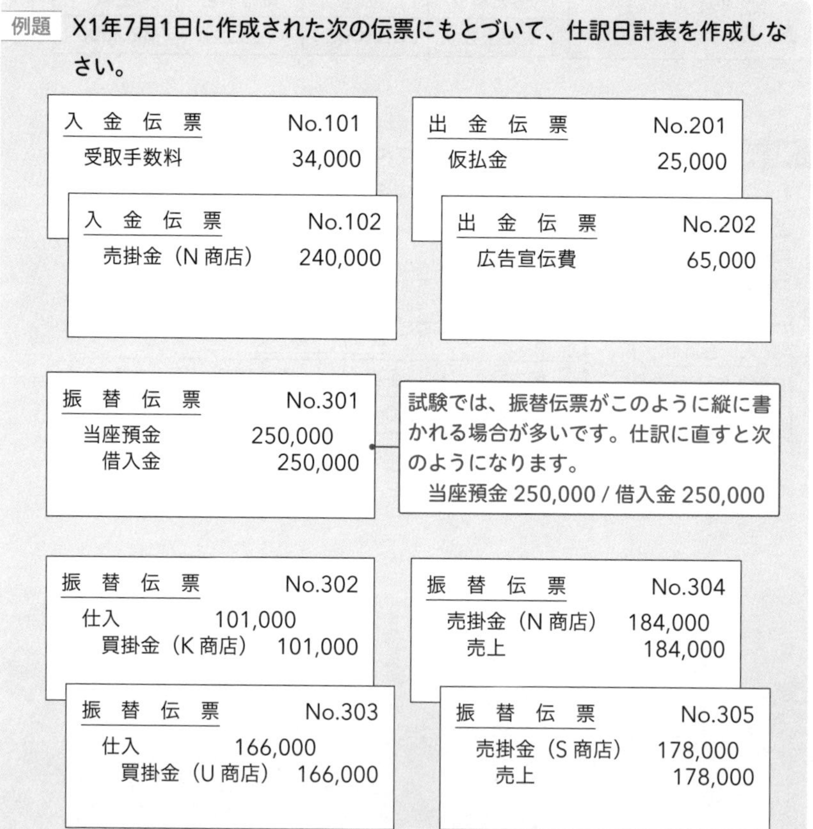

例題　X1年7月1日に作成された次の伝票にもとづいて、仕訳日計表を作成しなさい。

入　金　伝　票　No.101
受取手数料　34,000

入　金　伝　票　No.102
売掛金（N商店）　240,000

出　金　伝　票　No.201
仮払金　25,000

出　金　伝　票　No.202
広告宣伝費　65,000

振　替　伝　票　No.301
当座預金　250,000
借入金　250,000

振　替　伝　票　No.302
仕入　101,000
買掛金（K商店）　101,000

振　替　伝　票　No.303
仕入　166,000
買掛金（U商店）　166,000

振　替　伝　票　No.304
売掛金（N商店）　184,000
売上　184,000

振　替　伝　票　No.305
売掛金（S商店）　178,000
売上　178,000

解説

ステップ1 下書き用紙に仕訳を書く。

下書き

入金伝票	No.101	現金	34,000	/	受取手数料	34,000
〃	No.102	現金	240,000	/	売掛金	240,000
出金伝票	No.201	仮払金	25,000	/	現金	25,000
〃	No.202	広告宣伝費	65,000	/	現金	65,000
振替伝票	No.301	当座預金	250,000	/	借入金	250,000
〃	No.302	仕入	101,000	/	買掛金	101,000
〃	No.303	仕入	166,000	/	買掛金	166,000
〃	No.304	売掛金	184,000	/	売上	184,000
〃	No.305	売掛金	178,000	/	売上	178,000

ステップ2 仕訳を仕訳日計表に写す。

解答

仕訳日計表のページ数

総勘定元帳の番号を記入する欄

仕訳日計表

X1年7月1日 7ページ

借方	元丁	勘定科目	元丁	貸方
274,000		現金		90,000
362,000		売掛金		240,000
250,000		当座預金		
25,000		仮払金		
		買掛金		267,000
		借入金		250,000
		売上		362,000
		受取手数料		34,000
267,000		仕入		
65,000		広告宣伝費		
1,243,000				1,243,000

Part 3 帳簿等

Ch 20 伝票会計

動画解説

練習問題 Chapter20 03

パブロフ株式会社は、日々の取引を入金伝票、出金伝票および振替伝票に記入し、これを1日分ずつ集計して仕訳日計表を作成している。下記に示された8月1日の伝票にもとづき、仕訳日計表を作成しなさい。

入金伝票	No.101
受取手数料	23,000

入金伝票	No.102
売上	66,000

出金伝票	No.201
仕入	75,000

出金伝票	No.202
広告宣伝費	30,000

振替伝票	No.301
売掛金(A商店)	99,000
売上	99,000

振替伝票	No.302
仕入	40,000
買掛金(D商店)	40,000

[答案用紙]

仕訳日計表

X1年8月1日

借方	勘定科目	貸方
	現金	
	売掛金	
	買掛金	
	売上	
	受取手数料	
	仕入	
	広告宣伝費	

解説・解答

仕訳日計表の問題。まず伝票を見て下書き用紙に仕訳を書き、次に仕訳を仕訳日計表に写す。

下書き

入金伝票	No.101	現金	23,000 /	受取手数料	23,000
	No.102	現金	66,000 /	売上	66,000
出金伝票	No.201	仕入	75,000 /	現金	75,000
	No.202	広告宣伝費	30,000 /	現金	30,000
振替伝票	No.301	売掛金	99,000 /	売上	99,000
	No.302	仕入	40,000 /	買掛金	40,000

次の❶～❽は、解答の❶～❽に対応しています。

❶No.101とNo.102の仕訳の左側に現金があるので合計し、仕訳日計表の現金の左側に書きます。
　23,000＋66,000＝89,000
❷No.301の仕訳の左側に売掛金99,000があるので、仕訳日計表の売掛金の左側に書きます。
❸No.201とNo.302の仕訳の左側に仕入があるので合計し、仕訳日計表の仕入の左側に書きます。
　75,000＋40,000＝115,000
❹No.202の仕訳の左側に広告宣伝費30,000があるので、仕訳日計表の広告宣伝費の左側に書きます。
❺No.201とNo.202の仕訳の右側に現金があるので合計し、仕訳日計表の現金の右側に書きます。
　75,000＋30,000＝105,000
❻No.302の仕訳の右側に買掛金40,000があるので、仕訳日計表の買掛金の右側に書きます。
❼No.102とNo.301の仕訳の右側に売上があるので合計し、仕訳日計表の売上の右側に書きます。
　66,000＋99,000＝165,000
❽No.101の仕訳の右側に受取手数料23,000があるので、仕訳日計表の受取手数料の右側に書きます。

最後に左側（借方）合計と右側（貸方）合計を記入します。

仕訳日計表

X1年8月1日

借　　方	勘定科目	貸　　方
❶ 89,000	現金	❺ 105,000
❷ 99,000	売掛金	
	買掛金	❻ 40,000
	売上	❼ 165,000
	受取手数料	❽ 23,000
❸ 115,000	仕入	
❹ 30,000	広告宣伝費	
333,000		333,000

練習問題で作った仕訳日計表を見ると、今日、現金がどれだけ増えてどれだけ減ったか一目でわかるね。

現金は89,000円増えて、105,000円減ったんだ！

１日の売上や仕入の金額もパッと見てわかるよ。

ええと、今日の売上は165,000円、仕入は115,000円。

仕訳日計表を使って、１日の売上目標を達成しているか確認したり、会社を管理したりするのにも役立つね。

仕訳日計表って便利だね！

Chapter21

帳簿

Chapter21-01 重要度★★

帳簿（ちょうぼ）

帳簿（ちょうぼ）とは、仕訳や勘定科目の残高などの情報を記録するための書類のことです。

主要簿（しゅようぼ）と補助簿（ほじょぼ）

帳簿には、**主要簿**と**補助簿**の2種類があります。主要簿とは、必ず作成しなければならない帳簿のことです。補助簿とは、必要に応じて作成する帳簿のことです。補助簿は、取引の内容を詳しく書くための補助記入帳と、勘定科目を取引先別や商品別に把握するための補助元帳に分かれます。

帳簿の名前			内容
主要簿		仕訳帳	毎日の取引の仕訳を書くもの
		総勘定元帳	勘定ごとの残高がわかるもの
補助簿	補助記入帳	現金出納帳	現金の入金・出金を詳細に記録するもの
		当座預金出納帳	当座預金の預け入れ・引き出しを詳細に記録するもの
		小口現金出納帳	小口現金の受け入れ・支払いを詳細に記録するもの
		仕入帳	仕入の取引を詳細に記録するもの
		売上帳	売上の取引を詳細に記録するもの
		支払手形記入帳	支払手形の明細と決済状況を記録するもの
		受取手形記入帳	受取手形の明細と回収状況を記録するもの
	補助元帳	商品有高帳	商品ごとの入庫・出庫を詳細に記録するもの
		固定資産台帳	固定資産を種類別に管理するために記録するもの
		買掛金元帳	仕入先ごとに買掛金の発生・支払いを記録するもの
		売掛金元帳	得意先ごとに売掛金の発生・回収を記録するもの

帳簿の流れ

取引が行われた後に、帳簿に記帳(きちょう)して、他の帳簿に転記(てんき)します。記帳とは、帳簿に記入することです。また、転記とは、ある帳簿から他の帳簿に書き写すことです。

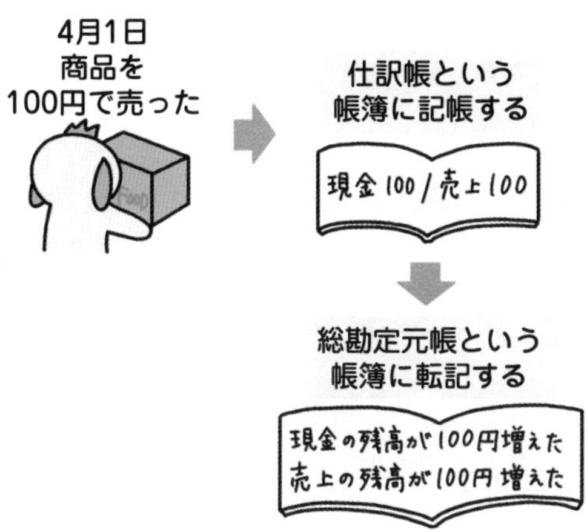

主要簿と補助簿でよく出る内容

主要簿と補助簿は種類がたくさんありますが、すべて覚えるのは大変です。まずは試験でよく出る内容を優先して理解し、問題を解く練習をするのがオススメです。

出題の頻度	主要簿と補助簿
◎ 試験でよく出る内容	①総勘定元帳の記入（Ch13、Ch21） ②商品有高帳の記入（Ch21） ③補助簿の選択問題（Ch21）
○ たまに出題される内容	●固定資産台帳 ●当座預金出納帳 ●仕入帳 ●売上帳 ●買掛金元帳 ●売掛金元帳
△ ほとんど出題されない内容	●仕訳帳 ●現金出納帳 ●小口現金出納帳 ●支払手形記入帳 ●受取手形記入帳

Chapter21-02

重要度★

仕訳帳（しわけちょう）

今まで習った仕訳を書く帳簿を仕訳帳（しわけちょう）といいます。

仕訳帳は、日々の取引の**仕訳を書くための帳簿**です。仕訳帳には、仕訳だけでなく日付や取引内容も書きます。いつ、どのような取引があったのか、後でわかるようにするためです。

例題　**4月2日　ドッグフード工場へ買掛金5,000円を現金で支払った。**
5日　ドッグフード工場より商品6,000円を仕入れ、2,000円を現金で支払い、残りは掛けとした。

解答

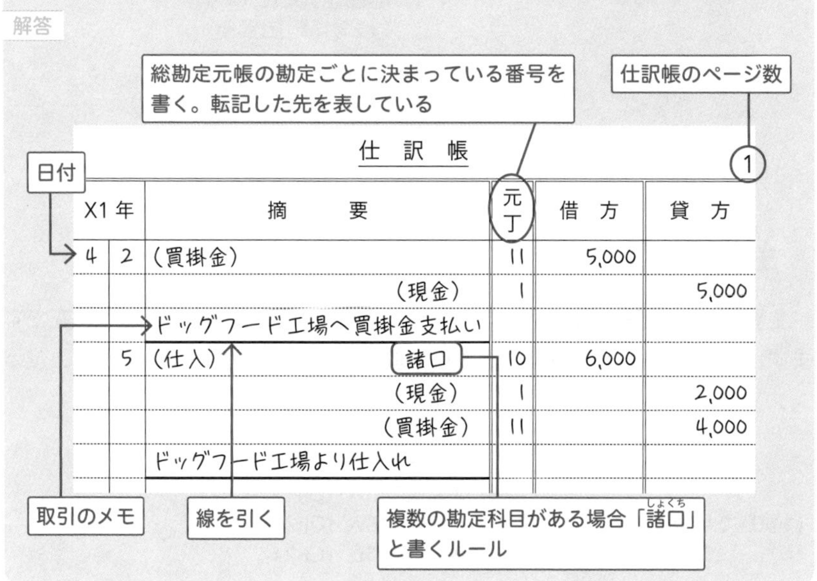

帳簿の日付欄を書くさいに、同じ月に行われた取引については月の記入を省略します。上の仕訳帳では、4月5日の日付欄には「4」を省略して「5」だけを記入します。

元丁欄は、仕訳からどの番号の総勘定元帳に書き写した（転記した）か、わかるようにしているんだよ。総勘定元帳については次のページで学習するよ。

Chapter21-03

重要度★★★

総勘定元帳（そうかんじょうもとちょう）

勘定科目別で増減を記録したものを総勘定元帳（そうかんじょうもとちょう）といいます。

仕訳帳を見ながら、総勘定元帳に記入していきます。

総勘定元帳は、各勘定科目の**増減を記録した帳簿**です。仕訳帳の仕訳を見て、総勘定元帳に書き写します。

仕　訳　帳　　1

X1年		摘　　要	元丁	借　方	貸　方
4	2	（買掛金）	11	5,000	
		（現金）	1		5,000
		ドッグフード工場へ買掛金支払い			
	5	（仕入）　諸口	10	6,000	
		（現金）	1		2,000
		（買掛金）	11		4,000
		ドッグフード工場より仕入れ			

それぞれの勘定の総勘定元帳に転記する

摘要には、「現金」の反対側の勘定名を書く

総　勘　定　元　帳

仕訳帳のページ数

現　金　　1

X1年		摘　要	仕丁	借　方	X1年		摘　要	仕丁	貸　方
4	1	前期繰越	✓	100,000	4	2	買掛金	1	5,000
						5	仕入	〃	2,000

日付

前期の残高

仕訳帳には書いていないので✓を書く

仕　入　　10

X1年		摘　要	仕丁	借　方	X1年		摘　要	仕丁	貸　方
4	5	諸口	1	6,000					

相手科目が複数の場合、「諸口」と書く

総勘定元帳についてはChapter13で詳しく学習したよ。

Part 3 帳簿等
Ch 21 帳簿

練習問題 Chapter21 01-03

次の取引を仕訳帳と総勘定元帳に記帳しなさい。

4月10日　A店より商品を10,000円仕入れ、小切手を振り出した。
　14日　C店へ商品を25,000円売り上げ、手付金15,000円を差し引き、残額を掛けとした。

[留意事項]

・元帳番号は、下記のとおりである。
1：現金、2：当座預金、10：仕入、11：買掛金、12：支払手形、
13：前払金、20：売上、21：売掛金、22：受取手形、23：前受金

・仕訳帳と総勘定元帳の摘要欄に記入する語句は次の中から最も適当と思われるものを選びなさい。

現　金	**当座預金**	**仕　入**	**買　掛　金**
支払手形	**前 払 金**	**売　上**	**売　掛　金**
受取手形	**前 受 金**	**損　益**	**A店より仕入れ**
前期繰越	**次期繰越**	**諸　口**	**C店への売り上げ**

[答案用紙]

仕　訳　帳

2

X1年		摘　要	元丁	借　方	貸　方
		(　　　)			
		(　　　)			
		(　　　)			
		(　　　)			
		(　　　)			

総　勘　定　元　帳

当座預金

2

X1年		摘　要	仕丁	借　方	X1年		摘　要	仕丁	貸　方
4	1	前期繰越	✓	300,000					

仕　入　10

X1年		摘　要	仕丁	借　方	X1年		摘　要	仕丁	貸　方

売　上　20

X1年		摘　要	仕丁	借　方	X1年		摘　要	仕丁	貸　方

売掛金　21

X1年		摘　要	仕丁	借　方	X1年		摘　要	仕丁	貸　方
4	1	前期繰越	✓	5,000					

前受金　23

X1年		摘　要	仕丁	借　方	X1年		摘　要	仕丁	貸　方
					4	1	前期繰越	✓	15,000

解説・解答

ステップ1 問題文を読んで下書きに仕訳を書く。

4/10　仕入　10,000 / 当座預金　10,000
4/14　前受金　15,000 / 売上　25,000
　　　売掛金　10,000 /

ステップ2 下書きの仕訳にもとづき仕訳帳を記帳する。

下書きの4月10日の仕訳を見て仕訳帳の日付欄に「4」「10」、摘要欄の左側に勘定科目「仕入」、元丁欄に仕入の元帳番号「10」、借方欄に金額「10,000」を記入する。次に摘要欄の右側に勘定科目「当座預金」、元丁欄に当座預金の元帳番号「2」、貸方欄に金額「10,000」を記入する。最後に摘要欄に取引内容「A店より仕入れ」を記入する。

下書きの4月14日の仕訳を見て仕訳帳の日付欄に「14」、摘要欄の右側に勘定科目「売上」、元丁欄に売上の元帳番号「20」、貸方欄に金額「25,000」を記入する。次に摘要欄の左側に勘定科目を書くが前受金と売掛金の複数の勘定科目が出てくるため「諸口」と記入し、その下の行に内訳として「前受金」「売掛金」を記入する。元丁欄に前受金と売掛金の元帳番号「23」「21」、借方欄に金額「15,000」「10,000」を記入する。最後に摘要欄に取引内容「C店への売り上げ」を記入する。

仕 訳 帳

2

X1 年		摘 要	元丁	借 方	貸 方
4	10	(仕入)	10	10,000	
		(当座預金)	2		10,000
		A店より仕入れ			
	14	諸口 (売上)	20		25,000
		(前受金)	23	15,000	
		(売掛金)	21	10,000	
		C店への売り上げ			

ステップ3 仕訳帳から総勘定元帳に転記する。

仕訳帳の4月10日に仕入が借方にあるので、総勘定元帳の仕入勘定の借方に❶日付、❷仕訳帳のページ数、❸金額を転記し、摘要欄には相手勘定科目の「当座預金」を記入する。当座預金が貸方にあるので、総勘定元帳の当座預金勘定の貸方に❶日付、❷仕訳帳のページ数、❹金額を転記し、摘要欄には相手勘定科目の「仕入」を記入する。

仕 訳 帳

❷2

X1 年		摘 要	元丁	借 方	貸 方
❶4	10	(仕入)	10	❸ 10,000	
		(当座預金)	2		❹ 10,000
		A店より仕入れ			

当座預金

2

X1 年		摘 要	仕丁	借 方	X1 年		摘 要	仕丁	貸 方
4	1	前期繰越	✓	300,000	❶4	10	仕入	❷2	❹ 10,000

仕 入

10

X1 年		摘 要	仕丁	借 方	X1 年		摘 要	仕丁	貸 方
❶4	10	当座預金	❷2	❸ 10,000					

仕訳帳の4月14日の転記も同様の手順で行う。売上の相手勘定科目は複数あるため、諸口を使う点に注意。

なお、仕訳帳や総勘定元帳などの日付欄を記入。

解答

仕　訳　帳

2

X1 年		摘　　要		元丁	借　方	貸　方
4	**10**	**（　仕入　）**		**10**	**10,000**	
			（当座預金）	**2**		**10,000**
		A 店より仕入れ				
	14	**諸口**	**（　売上　）**	**20**		**25,000**
		（ 前受金 ）		**23**	**15,000**	
		（ 売掛金 ）		**21**	**10,000**	
		C 店への売り上げ				

総　勘　定　元　帳

当座預金　2

X1 年		摘　要	仕丁	借　方	X1 年		摘　要	仕丁	貸　方
4	1	前期繰越	✓	300,000	**4**	**10**	**仕入**	**2**	**10,000**

仕　　入　10

X1 年		摘　要	仕丁	借　方	X1 年		摘　要	仕丁	貸　方
4	**10**	**当座預金**	**2**	**10,000**					

売　　上　20

X1 年		摘　要	仕丁	借　方	X1 年		摘　要	仕丁	貸　方
					4	**14**	**諸口**	**2**	**25,000**

売掛金　21

X1 年		摘　要	仕丁	借　方	X1 年		摘　要	仕丁	貸　方
4	1	前期繰越	✓	5,000					
	14	**売上**	**2**	**10,000**					

前受金　23

X1 年		摘　要	仕丁	借　方	X1 年		摘　要	仕丁	貸　方
4	**14**	**売上**	**2**	**15,000**	4	1	前期繰越	✓	15,000

Chapter21-04

重要度★★★

商品有高帳(先入先出法)

しょうひんありだかちょう　さきいれさきだしほう

種類別に商品の入出庫を記録する帳簿を商品有高帳（しょうひんありだかちょう）といいます。商品の単価を計算する方法のうち、先入先出法（さきいれさきだしほう）を学びます。

商品有高帳は、商品の種類別に**入出庫を記録する帳簿**です。商品を出庫するときの単価の計算は、先入先出法か移動平均法で行います。

先入先出法とは、**先に仕入れた商品から先に出庫する**と仮定して、出庫する商品の単価（払出単価）を決定する方法です。下の例題で説明すると、8月7日に商品10個を売ったときに、まずは前月繰越の商品5個（単価790円）が売れて、そして8月5日に仕入れた商品5個（単価1,000円）が売れたと考えます。このように、先に仕入れた商品から出庫して売れたと考えます。

例題　**商品の払出単価は先入先出法で行っている。**

8月　1日　前月末のドッグフードLの在庫は1個790円で5個残っていた。
5日　ドッグフードLを1個1,000円で10個仕入れた。
7日　ドッグフードLを1個1,500円で10個売り上げた。
12日　ドッグフードLを1個900円で10個仕入れた。
14日　ドッグフードLを1個1,500円で12個売り上げた。

解答

商品有高帳

ドッグフードL

日付		摘要	受入			払出			残高		
			数量	単価	金額	数量	単価	金額	数量	単価	金額
8	1	前月繰越	5	790	3,950				5	790	3,950
	5	仕入	10	1,000	10,000				┌5	790	3,950
									└10	1,000	10,000
	7	売上				┌5	790	3,950			
						└5	1,000	5,000	5	1,000	5,000
	12	仕入	10	900	9,000				┌5	1,000	5,000
									└10	900	9,000
	14	売上				┌5	1,000	5,000			
						└7	900	6,300	3	900	2,700
	31	次月繰越				3	900	2,700			
			25	—	22,950	25	—	22,950			
9	1	前月繰越	3	900	2,700				3	900	2,700

赤色 → 31 次月繰越

合計 → 25

動画解説

練習問題 Chapter21 04

今月の取引を商品有高帳に記帳し、繰り越しを行いなさい。
商品の払出単価は先入先出法で計算している。

6月 2日　ドッグフードXを1個10,000円で20個仕入れた。
　　14日　ドッグフードXを1個12,000円で20個売り上げた。
　　16日　ドッグフードXを1個9,900円で10個仕入れた。
　　29日　ドッグフードXを1個14,000円で10個売り上げた。

［答案用紙］

商品有高帳
ドッグフードX

日付		摘要	受入			払出			残高		
			数量	単価	金額	数量	単価	金額	数量	単価	金額
6	1	前月繰越	5	8,000	40,000				5	8,000	40,000

解説・解答

ステップ1 問題文の情報を商品有高帳に記入する。6月2日に商品を仕入れたので、受入欄に記入する。

6月 2日　ドッグフードXを1個10,000円で20個仕入れた。

日付		摘要	受入			払出			残高		
			数量	単価	金額	数量	単価	金額	数量	単価	金額
6	1	前月繰越	5	8,000	40,000				5	8,000	40,000
	2	仕入	20	10,000	200,000						

ステップ2 6月2日の残高欄を記入する。商品の払出単価は「先入先出法」なので、残高欄には「前月から繰り越した商品5個」と「2日に仕入れた商品20個」を分けて書く。最後に残高欄の5個と20個の前に [をつけて、6月2日の残高の数量が5個と20個の合計25個とわかるようにする。

日付		摘　　要	受　入			払　出			残　高		
			数量	単価	金額	数量	単価	金額	数量	単価	金額
6	1	前月繰越	5	8,000	40,000				5	8,000	40,000
	2	仕　　入	20	10,000	200,000				[5	8,000	40,000
									20	10,000	200,000

ステップ3 14日に商品を売ったので、払出欄に記入する。先入先出法なので、まずは先に仕入れていた前月繰越の5個（単価8,000円／個）を払い出し、残り15個は6月2日に仕入れた商品（単価10,000円／個）を払い出す。最後に払出欄の5個と15個の前に [をつけて、6月14日の払出の数量が5個と15個の合計20個とわかるようにする。

問題文に書いてある商品を売った単価12,000円／個を使わないように注意。商品有高帳は「商品をいくらで売ったか」ではなく「いくらで仕入れた商品が払い出されたか」を記録する帳簿である。

14日　ドッグフードXを1個12,000円で20個売り上げた。

日付		摘　　要	受　入			払　出			残　高		
			数量	単価	金額	数量	単価	金額	数量	単価	金額
6	1	前月繰越	5	8,000	40,000				5	8,000	40,000
	2	仕　　入	20	10,000	200,000				[5	8,000	40,000
									20	10,000	200,000
	14	売　　上				[5	8,000	40,000			
						15	10,000	150,000			

ステップ4 6月14日の残高欄を記入する。14日に払い出しを行ったので、残高欄の数量は2日に仕入れた商品が5個（単価10,000円／個）となる。

14日の残高欄　前月繰越　5個－5個＝0個
　　　　　　　2日仕入　20個－15個＝5個

日付		摘　　要	受　入			払　出			残　高		
			数量	単価	金額	数量	単価	金額	数量	単価	金額
6	1	前月繰越	5	8,000	40,000				5	8,000	40,000
	2	仕　　入	20	10,000	200,000				[5	8,000	40,000
									20	10,000	200,000
	14	売　　上				[5	8,000	40,000			
						15	10,000	150,000	5	10,000	50,000

ステップ5 6月16日に商品を仕入れたので、受入欄に記入する。次に6月16日の残高欄を記入する。商品の払出単価は「先入先出法」なので、残高欄には「14日に残っている商品5個」と「16日に仕入れた商品10個」を分けて書く。最後に残高欄の5個と10個の前に［をつけて、6月16日の残高の数量が5個と10個の合計15個とわかるようにする。

16日　ドッグフードXを1個9,900円で10個仕入れた。

日付		摘要	受入			払出			残高		
			数量	単価	金額	数量	単価	金額	数量	単価	金額
	14	売上				［5	8,000	40,000			
						15	10,000	150,000	5	10,000	50,000
	16	仕入	10	9,900	99,000				［5	10,000	50,000
									10	9,900	99,000

ステップ6 29日に商品を売ったので、払出欄に記入する。先入先出法なので、まずは先に仕入れていた6月2日の5個（単価10,000円／個）を払い出し、残り5個は6月16日に仕入れた商品（単価9,900円／個）を払い出す。

29日　ドッグフードXを1個14,000円で10個売り上げた。

次に払出欄の5個と5個の前に［をつけて、6月29日の払出の数量が5個と5個の合計10個とわかるようにする。最後に6月29日の残高欄を記入する。払い出しにより、残高欄の数量は16日に仕入れた商品が5個（単価9,900円／個）となる。

29日の残高欄　2日仕入　5個－5個＝0個
　　　　　　　16日仕入　10個－5個＝5個

日付		摘要	受入			払出			残高		
			数量	単価	金額	数量	単価	金額	数量	単価	金額
	16	仕入	10	9,900	99,000				［5	10,000	50,000
									10	9,900	99,000
	29	売上				［5	10,000	50,000			
						5	9,900	49,500	5	9,900	49,500

ステップ7 6月の取引をすべて書き終わり、最後に繰り越しを行う。商品は資産の勘定科目なので、翌月に残高を引き継ぐため繰り越しが必要である。

❶6月末日は30日なので、日付に30日、摘要欄に次月繰越を書く。払出欄に29日の残高（直前の取引後の残高）5個、単価9,900円／個、金額49,500円を記入する。本来、次月繰越は赤字で記入するが簿記の試験では赤ペンが使えないので、問題を解くさいには黒字で書くことになる。

❷受入欄と払出欄の金額が一致しているかを確認するため、合計を記入する。受入欄と払出欄の合計の行に上に一重線を引き、下に二重線を引く。さらに、下の二重線を日付、残高欄に引き、月が替わったことがわかるようにする。

受入数量の合計　5＋20＋10＝35個

受入金額の合計　40,000＋200,000＋99,000＝339,000円

払出数量の合計　5＋15＋5＋5＋5＝35個

払出金額の合計　40,000＋150,000＋50,000＋49,500＋49,500
＝339,000円

❸7月1日に前月繰越を書き、6月30日に書いた払出欄の内容を受入欄と残高欄の両方に書き写す。

	日付		摘要	受入			払出			残高		
				数量	単価	金額	数量	単価	金額	数量	単価	金額
❶		30	次月繰越				5	9,900	49,500			
❷				35	—	339,000	35	—	339,000			
❸	7	1	前月繰越	5	9,900	49,500				5	9,900	49,500

商品有高帳

ドッグフードX

日付		摘要	受入			払出			残高		
			数量	単価	金額	数量	単価	金額	数量	単価	金額
6	1	前月繰越	5	8,000	40,000				5	8,000	40,000
	2	仕入	20	10,000	200,000				┌ 5	8,000	40,000
									└ 20	10,000	200,000
	14	売上				┌ 5	8,000	40,000			
						└ 15	10,000	150,000	5	10,000	50,000
	16	仕入	10	9,900	99,000				┌ 5	10,000	50,000
									└ 10	9,900	99,000
	29	売上				┌ 5	10,000	50,000			
						└ 5	9,900	49,500	5	9,900	49,500
	30	次月繰越				5	9,900	49,500			
			35	—	339,000	35	—	339,000			
7	1	前月繰越	5	9,900	49,500				5	9,900	49,500

Chapter21-05

重要度★★★

商品有高帳（移動平均法）

在庫の単価を計算する方法のうち、移動平均法を学びます。

移動平均法とは、商品を出庫する場合に使う単価を平均単価で計算する方法です。

移動平均法とは、**出庫する商品の単価は同じ**と仮定して、出庫する商品の単価（払出単価）を平均単価で計算する方法です。下の例題で説明すると、まずは8月5日に商品を仕入れたとき、前月繰越と8月5日の商品から平均単価を計算します。そして、8月7日に商品10個を売ったときには、10個とも出庫する商品単価は同じ（平均単価930円）であると考えます。

例題 **商品の払出単価は移動平均法で行っている。**

8月 1日　前月末のドッグフードLの在庫は1個790円で5個残っていた。
5日　ドッグフードLを1個1,000円で10個仕入れた。
7日　ドッグフードLを1個1,500円で10個売り上げた。
12日　ドッグフードLを1個900円で10個仕入れた。
14日　ドッグフードLを1個1,500円で12個売り上げた。

解答

合計金額 (3,950+10,000) ÷ 合計数量 (5+10) = 平均単価 930

商品有高帳
ドッグフードL

日付		摘要	受入			払出			残高		
			数量	単価	金額	数量	単価	金額	数量	単価	金額
8	1	前月繰越	5	790	3,950				5	790	3,950
	5	仕入	10	1,000	10,000				15	930	13,950
	7	売上				10	930	9,300	5	930	4,650
	12	仕入	10	900	9,000				15	910	13,650
	14	売上				12	910	10,920	3	910	2,730
	31	次月繰越				3	910	2,730			
		合計	25	—	22,950	25	—	22,950			
9	1	前月繰越	3	910	2,730				3	910	2,730

赤色（31 次月繰越）

動画解説

練習問題 Chapter21 05

今月の取引を商品有高帳に記帳し、繰り越しを行いなさい。
商品の払出単価は移動平均法で計算している。

6月 2日　ドッグフードXを1個10,000円で20個仕入れた。
　　14日　ドッグフードXを1個12,000円で20個売り上げた。
　　16日　ドッグフードXを1個9,900円で10個仕入れた。
　　29日　ドッグフードXを1個14,000円で10個売り上げた。

［答案用紙］

商品有高帳
ドッグフードX

日付		摘要	受入			払出			残高		
			数量	単価	金額	数量	単価	金額	数量	単価	金額
6	1	前月繰越	5	8,000	40,000				5	8,000	40,000

解説・解答

ステップ1 問題文の情報を商品有高帳に記入する。6月2日に商品を仕入れたので、受入欄に記入する。

6月 2日　ドッグフードXを1個10,000円で20個仕入れた。

日付		摘要	受入			払出			残高		
			数量	単価	金額	数量	単価	金額	数量	単価	金額
6	1	前月繰越	5	8,000	40,000				5	8,000	40,000
	2	仕入	20	10,000	200,000						

ステップ2 6月2日の残高欄を記入する。商品の払出単価は「移動平均法」なので、前月繰越の5個と6月2日に仕入れた20個を区別せずにまとめて25個、単価は平均単価でどれも同じと考える。移動平均法の書き方のコツは、まずは数量、次に金額、最後に単価を記入すること。

数量　5＋20＝25個
金額　40,000＋200,000＝240,000円
単価　240,000円÷25個＝9,600円／個

日付		摘要	受入			払出			残高		
			数量	単価	金額	数量	単価	金額	数量	単価	金額
6	1	前月繰越	5	8,000	40,000				5	8,000	40,000
	2	仕入	20	10,000	200,000				25	9,600	240,000

ステップ3 14日に商品を売ったので、払出欄に記入する。移動平均法なので、20個（平均単価9,600円／個）を払い出す。払出欄の数量に20個、単価に9,600円／個を記入する。次に払出金額、残高欄の数量、単価（6月2日の残高と同じ単価）、金額を計算し、記入する。
問題文に書いてある商品を売った単価12,000円／個を使わないように注意。商品有高帳は「商品をいくらで売ったか」ではなく「いくらで仕入れた商品が払い出されたか」を記録する帳簿である。
14日　ドッグフードXを1個12,000円で20個売り上げた。

払出金額　9,600×20＝192,000円
残高数量　25－20＝5個
残高単価　9,600円／個
残高金額　9,600×5＝48,000円

日付		摘要	受入			払出			残高		
			数量	単価	金額	数量	単価	金額	数量	単価	金額
6	1	前月繰越	5	8,000	40,000				5	8,000	40,000
	2	仕入	20	10,000	200,000				25	9,600	240,000
	14	売上				20	9,600	192,000	5	9,600	48,000

ステップ4 6月16日に商品を仕入れたので、受入欄に記入する。次に6月16日の残高欄を記入する。商品の払出単価は「移動平均法」なので、6月14日残高の5個と6月16日に仕入れた10個を区別せずにまとめて15個、単価は平均単価でどれも同じと考える。

16日　ドッグフードXを1個9,900円で10個仕入れた。

数量　5＋10＝15個
金額　48,000＋99,000＝147,000円
単価　147,000円÷15個＝9,800円／個

日付		摘要	受入			払出			残高		
			数量	単価	金額	数量	単価	金額	数量	単価	金額
	14	売　上				20	9,600	192,000	5	9,600	48,000
	16	仕　入	10	9,900	99,000				15	9,800	147,000

ステップ5 29日に商品を売ったので、払出欄に記入する。移動平均法なので、10個（平均単価9,800円／個）を払い出す。払出欄の数量に10個、単価に9,800円／個を記入する。次に払出金額、残高欄の数量、単価（6月16日の残高と同じ単価）、金額を計算し、記入する。

29日　ドッグフードXを1個14,000円で10個売り上げた。

払出金額　9,800×10＝98,000円
残高数量　15－10＝5個
残高単価　9,800円／個
残高金額　9,800×5＝49,000円

日付		摘要	受入			払出			残高		
			数量	単価	金額	数量	単価	金額	数量	単価	金額
	16	仕　入	10	9,900	99,000				15	9,800	147,000
	29	売　上				10	9,800	98,000	5	9,800	49,000

ステップ6 6月の取引をすべて書き終わり、最後に繰り越しを行う。商品は資産の勘定科目なので、翌月に残高を引き継ぐため繰り越しが必要である。

❶6月末日は30日なので、日付に30日、摘要欄に次月繰越を書く。払出欄に29日の残高（直前の取引後の残高）5個、単価9,800円／個、金額49,000円を記入する。

❷受入欄と払出欄の金額が一致しているかを確認するため、合計を記入する。受入欄と払出欄の合計の行に上に一重線を引き、下に二重線を引く。さらに、下の二重線を日付、残高欄に引き、月が替わったことがわかるようにする。

受入数量の合計　5＋20＋10＝35個
受入金額の合計　40,000＋200,000＋99,000＝339,000円
払出数量の合計　20＋10＋5＝35個
払出金額の合計　192,000＋98,000＋49,000＝339,000円

❸7月1日に前月繰越を書き、6月30日に書いた払出欄の内容を受入欄と残高欄の両方に書き写す。

	日付		摘要	受入			払出			残高		
				数量	単価	金額	数量	単価	金額	数量	単価	金額
❶		30	次月繰越				5	9,800	49,000			
❷				35	—	339,000	35	—	339,000			
❸	7	1	前月繰越	5	9,800	49,000				5	9,800	49,000

商品有高帳
ドッグフードX

日付		摘要	受入			払出			残高		
			数量	単価	金額	数量	単価	金額	数量	単価	金額
6	1	前月繰越	5	8,000	40,000				5	8,000	40,000
	2	仕入	20	10,000	200,000				25	9,600	240,000
	14	売上				20	9,600	192,000	5	9,600	48,000
	16	仕入	10	9,900	99,000				15	9,800	147,000
	29	売上				10	9,800	98,000	5	9,800	49,000
	30	次月繰越				5	9,800	49,000			
			35	—	339,000	35	—	339,000			
7	1	前月繰越	5	9,800	49,000				5	9,800	49,000

Part 3 帳簿等
Ch 21 帳簿

売上総利益とは

試験では商品有高帳と関連して売上総利益を計算する問題が出ることがあります。売上総利益は次のように計算します。

売上－売上返品＝純売上高 **純売上高－売上原価＝売上総利益**

売上返品は、得意先に一度売った商品が返品されて戻ってきた金額です(P.058)。売上から売上返品を引いた金額を**純売上高**といいます。

売上原価は、売った商品の元々仕入れた金額です（P.060）。純売上高から売上原価を引いた金額を**売上総利益**といいます。

先入先出法の場合

P.347の問題（先入先出法）を使って、純売上高と売上総利益を計算すると次のようになります。

売上　問題文から売上の金額を計算します。

14日　12,000円×20個＝240,000円

29日　14,000円×10個＝140,000円

合計　240,000円＋140,000円＝380,000円

売上返品　0円

純売上高　売上380,000円－売上返品0円＝380,000円

売上原価　商品有高帳の払出欄が売上原価の金額です。

日付		摘要	受入			払出		
			数量	単価	金額	数量	単価	金額
6	1	前月繰越	5	8,000	40,000			
	2	仕入	20	10,000	200,000			
	14	売上				5	8,000	40,000
						15	10,000	150,000
	16	仕入	10	9,900	99,000			
	29	売上				5	10,000	50,000
						5	9,900	49,500
	30	次月繰越				5	9,900	49,500
			35	—	339,000	35	—	339,000
7	1	前月繰越	5	9,900	49,500			

14日　40,000＋150,000＝190,000円

29日　50,000＋49,500＝99,500円

合計　190,000円＋99,500円＝289,500円

売上総利益　純売上高380,000円－売上原価289,500円＝90,500円

移動平均法の場合

P.352の問題（移動平均法）を使って、純売上高と売上総利益を計算すると次のようになります。

売上　問題文から売上の金額を計算します。

14日　12,000円×20個＝240,000円

29日　14,000円×10個＝140,000円

合計　240,000円＋140,000円＝380,000円

売上返品　0円

純売上高　売上380,000円－売上返品0円＝380,000円

売上原価　商品有高帳の払出欄が売上原価の金額です。

日付		摘要	受入			払出		
			数量	単価	金額	数量	単価	金額
6	1	前月繰越	5	8,000	40,000			
	2	仕入	20	10,000	200,000			
	14	売上				20	9,600	192,000
	16	仕入	10	9,900	99,000			
	29	売上				10	9,800	98,000
	30	次月繰越				5	9,800	49,000
			35	―	339,000	35	―	339,000
7	1	前月繰越	5	9,800	49,000			

14日　192,000円

29日　98,000円

合計　192,000円＋98,000円＝290,000円

売上総利益　純売上高380,000円－売上原価290,000円＝90,000円

Part 3 帳簿等 Ch 21 帳簿

Chapter21-06

重要度★★

固定資産台帳

固定資産を種類別に管理するために記録する帳簿を固定資産台帳（こていしさんだいちょう）といいます。

固定資産台帳は、固定資産が実際に会社に保管されているかを確認するため、**固定資産の管理**を目的として使用します。このため、管理番号を使って、固定資産を区別します。また、固定資産台帳は減価償却の計算を行うためにも使用します。このため、**減価償却の計算**に必要な情報も記入します。

例題　次の資料より、X9年3月31日現在（決算日）の固定資産台帳を作成しなさい。当社の減価償却はすべて定額法によっており、残存価額はゼロ、間接法で記帳している。

X1年4月1日　本社に使用する建物（管理番号1001、耐用年数25年）を50,000,000円で購入した。また、事務で使用する机3台（管理番号3001、耐用年数15年）を330,000円で購入した。

X5年4月1日　営業で使用する自動車2台（管理番号2001、耐用年数6年）を6,000,000円で購入した。

X8年10月1日　営業で使用するパソコン2台（管理番号3003、耐用年数4年）を400,000円で購入した。

解説　まず、資料を参考にして上段と下段の期首（期中取得）取得原価を記入します。自動車は車両運搬具、パソコンや机は備品です。当期に取得した固定資産の償却期間（月数）には、当期に使った月数を記入します。

次に、減価償却費などを計算して下段の残りの部分❶～⓰へ記入します。

〈管理番号1001〉

期首累計額なのでX1年4月1日購入からX8年3月31日前期末までの7年

当期減価償却費　50,000,000÷25年＝2,000,000…❸

期首累計額　2,000,000×7年＝14,000,000…❶

差引期首帳簿価額　50,000,000－14,000,000＝36,000,000…❷

期末帳簿価額　36,000,000－2,000,000＝34,000,000…❹

〈管理番号2001〉

X5年4月1日購入からX8年3月31日前期末までの3年

6,000,000÷6年＝1,000,000…❼

1,000,000×3年＝3,000,000…❺

6,000,000－3,000,000＝3,000,000…❻

3,000,000－1,000,000＝2,000,000…❽

〈管理番号3001〉

X1年4月1日購入からX8年3月31日前期末までの7年

330,000÷15年＝22,000…⓫　22,000×7年＝154,000…❾

330,000－154,000＝176,000…❿

176,000－22,000＝154,000…⓬

〈管理番号3003〉

400,000÷4年×6か月÷12か月＝50,000…⓯

当期取得なので、期首減価償却累計額はなし…⓭

差引期首（期中取得）帳簿価額には取得原価を記入する…⓮

400,000－50,000＝350,000…⓰

解答

固定資産台帳　X9年3月31日現在

管理番号	取得年月日	用途	数量	耐用年数	償却方法	償却期間（月数）
	建物					
1001	X1.4.1	本社	1	25年	定額法	12
	車両運搬具					
2001	X5.4.1	営業用	2	6年	定額法	12
	備品					
3001	X1.4.1	事務用机	3	15年	定額法	12
3003	X8.10.1	営業用PC	2	4年	定額法	6

下段へ続く

上段より続く

期首(期中取得)取得原価	期首減価償却累計額	差引期首（期中取得）帳簿価額	当期減価償却費	期末帳簿価額
50,000,000	❶ 14,000,000	❷ 36,000,000	❸ 2,000,000	❹ 34,000,000
6,000,000	❺ 3,000,000	❻ 3,000,000	❼ 1,000,000	❽ 2,000,000
330,000	❾ 154,000	❿ 176,000	⓫ 22,000	⓬ 154,000
400,000	⓭	⓮ 400,000	⓯ 50,000	⓰ 350,000

Part 3 帳簿等　Ch 21 帳簿

動画解説

練習問題 Chapter21 06

当期の固定資産の取引は次の通りである。固定資産台帳の記入を行いなさい。会計期間はX5年4月1日からX6年3月31日までの1年間である。

X5年　4月　1日　総務用にパソコン4台（管理番号5002）を800,000円で購入した。

X6年　2月　1日　営業用にパソコン3台を480,000円（管理番号5003）で購入した。

X6年　3月31日　決算にあたり、固定資産の減価償却を行った。パソコンの耐用年数は4年、残存価額ゼロ、定額法、間接法にて記帳している。期中に取得した固定資産について、減価償却は月割計算を行う。

［答案用紙］

固定資産台帳　　X6 年 3 月 31 日現在

管理番号	取得年月日	用途	数量	耐用年数	償却方法	償却期間（月数）
	備品					
5001	X4.4.1	事務用 PC	2	4 年	定額法	12
5002		総務用 PC				
5003		営業用 PC				

下段へ続く

上段より続く

期首（期中取得）取得原価	期首 減価償却累計額	差引期首（期中取得）帳簿価額	当期 減価償却費	期末 帳簿価額
600,000	150,000	450,000		

解説・解答

管理番号5001　事務用PC

当期減価償却費　600,000÷4年＝150,000

期末帳簿価額　　450,000－150,000＝300,000

管理番号5002　総務用PC

取得年月日、数量、耐用年数　問題文の情報を記入

償却方法　X6年3月31日の情報を記入

償却期間（月数）　X5年4月1日からX6年3月31日までの12か月を記入

期首（期中取得）取得原価　800,000（取得原価）を記入

期首減価償却累計額　当期X5年4月1日に取得したので空欄

差引期首（期中取得）帳簿価額　800,000－0＝800,000

当期減価償却費　800,000÷4年×12か月÷12か月＝200,000

期末帳簿価額　　800,000－200,000＝600,000

管理番号5003　営業用PC

取得年月日、数量、耐用年数　問題文の情報を記入

償却方法　X6年3月31日の情報を記入

償却期間（月数）　X6年2月1日からX6年3月31日までの2か月を記入

期首（期中取得）取得原価　480,000（取得原価）を記入

期首減価償却累計額　当期X6年2月1日に取得したので空欄

差引期首（期中取得）帳簿価額　480,000－0＝480,000

当期減価償却費　480,000÷4年×2か月÷12か月＝20,000

期末帳簿価額　　480,000－20,000＝460,000

固定資産台帳　　　X6 年 3 月 31 日現在

管理番号	取得年月日	用途	数量	耐用年数	償却方法	償却期間（月数）
	備品					
5001	X4.4.1	事務用 PC	2	4 年	定額法	12
5002	**X5.4.1**	総務用 PC	**4**	**4年**	**定額法**	**12**
5003	**X6.2.1**	営業用 PC	**3**	**4年**	**定額法**	**2**

下段へ続く

上段より続く

期首（期中取得）取得原価	期首減価償却累計額	差引期首（期中取得）帳簿価額	当期減価償却費	期末帳簿価額
600,000	150,000	450,000	**150,000**	**300,000**
800,000		**800,000**	**200,000**	**600,000**
480,000		**480,000**	**20,000**	**460,000**

Part 3 帳簿等　Ch 21 帳簿

Chapter21-07

重要度★

現金出納帳(げんきんすいとうちょう)

仕訳帳や総勘定元帳だけでは、詳細な取引の内容がわかりません。現金の入出金明細(にゅうしゅっきんめいさい)を記録する帳簿を現金出納帳(げんきんすいとうちょう)といいます。

現金出納帳は、現金の**入金と出金を記録した帳簿**です。入金は収入欄に、出金は支出欄に記入します。

例題　次の取引について現金出納帳の記帳と繰り越しを行いなさい。

7月　1日　6月末の現金残高は1,000円であった。
　　10日　ドッグフード工場から商品500円を現金で仕入れた。
　　14日　商品600円をペットショップに現金で売り上げた。
　　24日　備品800円を現金で購入した。

解答

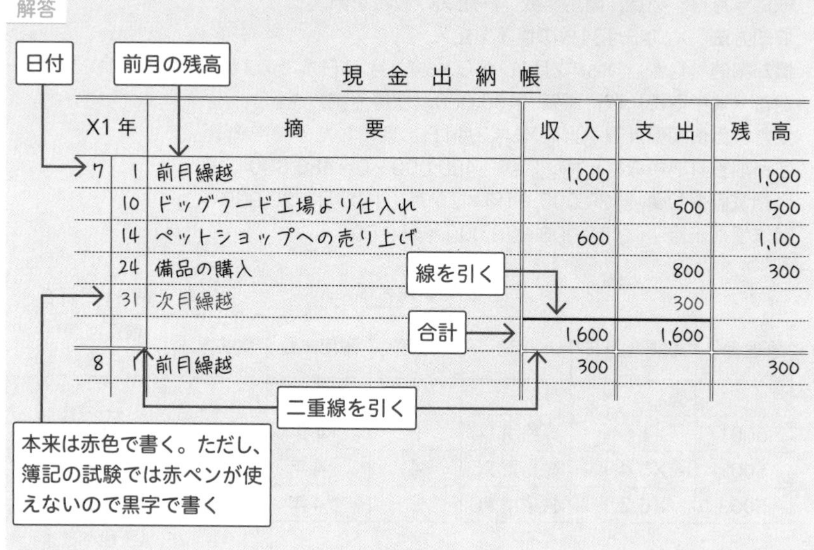

現　金　出　納　帳

X1年		摘要	収入	支出	残高
7	1	前月繰越	1,000		1,000
	10	ドッグフード工場より仕入れ		500	500
	14	ペットショップへの売り上げ	600		1,100
	24	備品の購入		800	300
	31	次月繰越		300	
			1,600	1,600	
8	1	前月繰越	300		300

今回は、前期繰越じゃないの？

総勘定元帳は1年ごとに合計を記入するから前期繰越、現金出納帳などの補助簿は1か月ごとに合計を記入するから前月繰越という用語を使うんだよ。

Chapter21-08

重要度★

当座預金出納帳（とうざよきんすいとうちょう）

当座預金の預け入れや引き出しの明細を記録する帳簿を当座預金出納帳（とうざよきんすいとうちょう）といいます。

当座預金出納帳は、当座預金の**預け入れと引き出しを記録した帳簿**です。預け入れは預入欄に、引き出しは引出欄に記入します。

例題　**次の取引について当座預金出納帳の記帳と繰り越しを行いなさい。**

7月 1日　**6月末の当座預金残高は50,000円であった。**

10日　**ペットショップから売掛金10,000円が当座預金に振り込まれた。**

14日　**ドッグフード工場へ小切手（番号001）を振り出して買掛金6,000円を支払った。**

24日　**水道光熱費9,000円を小切手（番号002）を振り出して支払った。**

解答

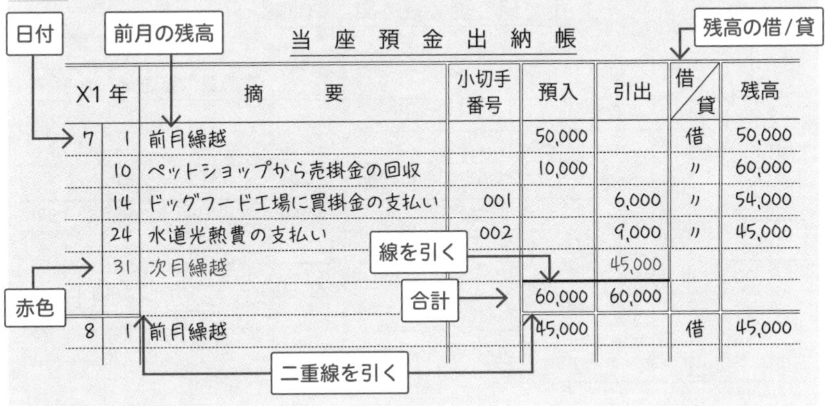
当座預金出納帳

X1年		摘要	小切手番号	預入	引出	借/貸	残高
7	1	前月繰越		50,000		借	50,000
	10	ペットショップから売掛金の回収		10,000		〃	60,000
	14	ドッグフード工場に買掛金の支払い	001		6,000	〃	54,000
	24	水道光熱費の支払い	002		9,000	〃	45,000
	31	次月繰越			45,000		
				60,000	60,000		
8	1	前月繰越		45,000		借	45,000

残高の横の「借/貸」って、何なの？

残高が借方（左側）ならプラス残高、貸方（右側）ならマイナス残高ってことだね。当座借越って覚えてる？

うん、当座預金のマイナス残高。そうか、当座借越のときは、「貸」って書けばいいんだね。なるほど～。

Chapter21-09

重要度★

小口現金出納帳

小口現金の受け取りと支払いの明細を記録する帳簿を小口現金出納帳といいます。**小口現金出納帳**は、小口現金の**入金と出金を記録した帳簿**です。入金（小口現金の補給）を受入欄に、出金は支払欄に記入します。小口現金の補給は、月初の場合と月末の場合などがあります。ここでは月初の補給について見ていきましょう。

例題：小口現金の担当者ミホさんの取引

次の小口現金に関する取引について小口現金出納帳の記帳と繰り越しを行いなさい。

8月 1日　7月末の小口現金残高は5,000円であった。
10日　消耗品費（ノート10冊）1,340円。
15日　得意先ペットショップへの宅配便の代金1,200円。
9月 1日　小口現金残高が5,000円になるように現金により補給した。

解答

小口現金出納帳

受入	X1年		摘要	支払	内訳		
					交通費	発送費	消耗品費
5,000	8	1	前月繰越				
		10	ノート10冊の代金	1,340			1,340
		15	ペットショップへの宅配便の代金	1,200		1,200	
			合計	2,540		1,200	1,340
		31	次月繰越	2,460			
5,000				5,000			
2,460	9	1	前月繰越				
2,540		〃	本日補給				

日付
赤色
合計
5,000－2,540
5,000－2,460

小口現金出納帳は、小口現金の担当者ミホさんが書くものなのさ。

パブロフが書かなくていいんだ。

パブロフくんは、小口現金出納帳を見て、仕訳帳に記帳するんだよ。

動画解説

練習問題 Chapter21 07-09

問題1と問題2に答えなさい。各帳簿の摘要欄に記入する語句は次の中から最も適当と思われるものを選びなさい。

前月繰越	**A店より仕入れ**	**新幹線チケット代**
次月繰越	**C店への売り上げ**	**プレゼント代**
損　益	**当座預金の引き出し**	**プリンターのインク代**
諸　口	**現金の引き出し**	**本日補給**

問題1

P.362、P.363

次の取引について、現金出納帳、当座預金出納帳の記帳と繰り越しを行いなさい。

6月 4日　C店へ商品1,000円を現金で売り上げた。
8日　C店へ商品2,000円を売り上げ、代金は当座預金口座に振り込まれた。
12日　A店から商品500円を現金で仕入れた。
17日　A店から商品3,000円を仕入れ、代金は小切手（番号012）を振り出した。
25日　当座預金口座から現金5,000円を引き出した。

［答案用紙］

現　金　出　納　帳

X1 年		摘　　要	収　入	支　出	残　高
6	1	前月繰越	10,000		10,000

当座預金出納帳

X1年		摘要	小切手番号	預入	引出	借/貸	残高
6	1	前月繰越		700,000		借	700,000

問題2

P.364

次の小口現金に関する取引について小口現金出納帳の記帳と繰り越しを行いなさい。

7月 4日　新幹線チケット代18,000円（交通費）。
　　12日　プレゼント代12,000円（雑費）。
　　22日　プリンターのインク代25,810円（消耗品費）。
8月 1日　小口現金残高が100,000円になるように現金により補給した。

［答案用紙］

小口現金出納帳

受入	X1年		摘要	支払	内訳		
					交通費	消耗品費	雑費
100,000	7	1	前月繰越				

解説・解答

問題 1

ステップ1 問題文を読んで下書きに仕訳を書く。

下書き

6/ 4 ❶現金 1,000 / 売上 1,000
6/ 8 ❶当座預金 2,000 / 売上 2,000
6/12 仕入 500 / 現金 500 ❷
6/17 仕入 3,000 / 当座預金 3,000 ❷
6/25 ❸現金 5,000 / 当座預金 5,000 ❸

ステップ2 仕訳にもとづき記帳する。現金出納帳は、仕訳で現金が出てくる❶〜❸を記帳し、残高を記帳する。同様に当座預金出納帳は❶〜❸を記帳し、残高を記帳する。残高がプラスの場合、借方（左側）に残高があるので、借／貸欄に借と記入したいが、1行目が借で2行目以降も同様の場合は〃を記入する。

現 金 出 納 帳

X1 年		摘　　要	収　入	支　出	残　高
6	1	前月繰越	10,000		10,000
	4	C店への売り上げ	❶ 1,000		11,000
	12	A店より仕入れ		❷ 500	10,500
	25	当座預金の引き出し	❸ 5,000		15,500

当 座 預 金 出 納 帳

X1 年		摘　　要	小切手番号	預入	引出	借／貸	残高
6	1	前月繰越		700,000		借	700,000
	8	C店への売り上げ		❶ 2,000		〃	702,000
	17	A店より仕入れ			❷ 3,000	〃	699,000
	25	現金の引き出し			❸ 5,000	〃	694,000

ステップ3 翌月に残高を引き継ぐため繰り越しをする。

❶6月末日は30日なので、日付に30日、摘要欄に次月繰越を書く。現金出納帳の支出欄に25日の残高（直前の取引後の残高）15,500円を記入する。当座預金出納帳の引出欄に25日の残高（直前の取引後の残高）694,000円を記入する。本来、次月繰越は赤字で記入するが簿記の試験では赤ペンが使えないので、問題を解くさいには黒字で書くことになる。

❷現金出納帳の収入欄と支出欄の金額が一致しているかを確認するため、合計を記入する。収入欄と支出欄の合計の行に上に一重線を引き、下に二重線を引く。

さらに、下の二重線を日付、残高欄に引き、月が替わったことがわかるようにする。当座預金出納帳も同様に記入する。

❸現金出納帳の7月1日に前月繰越を書き、6月30日に書いた支出欄の内容を収入欄と残高欄の両方に書き写す。当座預金出納帳も同様に記入する。当座預金出納帳の残高がプラスの場合、借方（左側）に残高があるので、借／貸欄に借と記入する。

現　金　出　納　帳

X1 年		摘　　要	収　入	支　出	残　高
6	1	前月繰越	10,000		10,000
	4	C店への売り上げ	1,000		11,000
	12	A店より仕入れ		500	10,500
	25	当座預金の引き出し	5,000		15,500
	30	次月繰越		15,500	
			16,000	16,000	
7	1	前月繰越	15,500		15,500

当　座　預　金　出　納　帳

X1 年		摘　　要	小切手番号	預入	引出	借／貸	残高
6	1	前月繰越		700,000		借	700,000
	8	C店への売り上げ		2,000		〃	702,000
	17	A店より仕入れ	012		3,000	〃	699,000
	25	現金の引き出し			5,000	〃	694,000
	30	次月繰越			694,000		
				702,000	702,000		
7	1	前月繰越		694,000		借	694,000

問題2

ステップ1 問題文を読んで下書きに仕訳を書く。

8月1日の仕訳の書き方は次のとおりである。

❶小口現金出納帳をみると7月1日の時点で小口現金の残高は受入欄の100,000とわかる。下記の計算のとおり、7月中に合計55,810を支払ったので、7月末の小口現金の残高は44,190となる。

7月中の支出　18,000＋12,000＋25,810＝55,810

7月末の残高　100,000－55,810＝44,190

❷8月1日に「小口現金残高が100,000円になるように現金により補給した」と指示があるので、7月中に支払った55,810を補給すると残高が100,000となる。

44,190＋55,810＝100,000

下書き

7/ 4　交通費　18,000 / 小口現金 18,000
7/12　雑費　12,000 / 小口現金 12,000
7/22　消耗品費 25,810 / 小口現金 25,810
8/ 1　小口現金 55,810 / 現金　55,810

ステップ2 仕訳にもとづき記帳する。

❶7月の仕訳で小口現金が出てくるものを小口現金出納帳に記入する。小口現金が減る仕訳は支払欄に記入する。

❷翌月に残高を引き継ぐため繰り越しをする。合計線・二重線を引き、次月繰越、前月繰越を記入する。

❸8月の仕訳で小口現金が出てくるものを小口現金出納帳に記入する。小口現金が増える仕訳は受入欄に記入する。

解答

小口現金出納帳

受入	X1年		摘要	支払	内訳		
					交通費	消耗品費	雑費
100,000	7	1	前月繰越				
		4	新幹線チケット代	18,000	18,000		
		12	プレゼント代	12,000			12,000
		22	プリンターのインク代	25,810		25,810	
			合計	55,810	18,000	25,810	12,000
		31	次月繰越	44,190			
100,000				100,000			
44,190	8	1	前月繰越				
55,810		〃	本日補給				

Chapter21-10

重要度★

仕入帳（しいれちょう）

商品の仕入れ明細を記録する帳簿を仕入帳（しいれちょう）といいます。

仕入帳は、商品の**仕入れを記録**した**帳簿**です。仕入帳は1か月の仕入の金額を把握するために作成します。

例題 **8月 5日 ドッグフード工場からドッグフードM600円を10個、現金で仕入れた。**

12日 ドッグフード工場からドッグフードS400円を5個、ドッグフードL1,000円を10個、掛けで仕入れた。

14日 12日に購入したドッグフードLを1個返品した。

解答

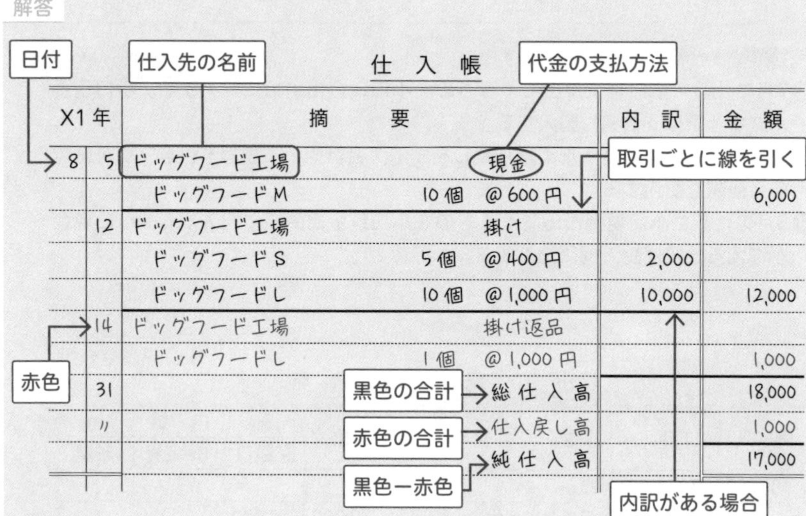

仕入帳

X1年		摘要			内訳	金額
8	5	ドッグフード工場		現金		
		ドッグフードM	10個	@600円		6,000
	12	ドッグフード工場		掛け		
		ドッグフードS	5個	@400円	2,000	
		ドッグフードL	10個	@1,000円	10,000	12,000
	14	ドッグフード工場		掛け返品		
		ドッグフードL	1個	@1,000円		1,000
	31			総仕入高		18,000
	〃			仕入戻し高		1,000
				純仕入高		17,000

返品はなんで**赤色**で書くの？

仕入が**マイナス**になるものは**赤色**で書くルールなんだ。パッと見たときに、見やすいから色を分けてるのさ。

うん、わかりやすい。よ〜し、練習問題やるぞやるぞ〜♪

Chapter21-11

重要度★

買掛金元帳（仕入先元帳）

かいかけきんもとちょう

仕入先別に買掛金の状況を把握するために作られる帳簿を買掛金元帳（仕入先元帳）といいます。これで支払い状況の確認をします。

買掛金元帳は、仕入先別に**買掛金の増減を記録した帳簿**です。

例題 8月 1日 7月末のドッグフード工場に対する買掛金残高は4,000円であった。
12日 ドッグフード工場から商品12,000円を掛けで仕入れた。
14日 12日に購入した商品1,000円を返品した。
31日 ドッグフード工場の買掛金4,000円を現金で支払った。

解答

仕入先の名前を書く

日付

買掛金のホームポジションは右（貸方）。残高が貸方なので「貸」と書く

赤色

合計

買　掛　金　元　帳
ドッグフード工場

X1年		摘　要	借　方	貸　方	借/貸	残高
8	1	前月繰越		4,000	貸	4,000
	12	掛け仕入れ		12,000	〃	16,000
	14	返品	1,000		〃	15,000
	31	買掛金の支払い	4,000		〃	11,000
	〃	次月繰越	11,000			
			16,000	16,000		
9	1	前月繰越		11,000	貸	11,000

買掛金元帳ってなんで作るの？

支払いがすべて行われているかを確認するためなんだ。担当者が支払いをうっかり忘れていたら大変だよね？

うん、迷惑かかっちゃう。大切なんだね。

Part 3 帳簿等 Ch 21 帳簿

Chapter21-12

重要度★

売上帳（うりあげちょう）

商品の売り上げ明細を記録する帳簿を売上帳（うりあげちょう）といいます。

売上帳は、商品の**売り上げを記録した帳簿**です。売上帳は1か月の売上の金額を把握するために作成します。

例題　8月 7日　ペットショップにドッグフードM1,000円を10個、現金で売り上げた。

14日　大きい犬のお姉さんにドッグフードS600円を5個、ドッグフードL1,500円を10個、掛けで売り上げた。

20日　7日に販売したドッグフードMが1個返品された。

解答

売上帳

X1年		摘要			内訳	金額
8	7	ペットショップ		現金		
		ドッグフードM	10個	@1,000円		10,000
	14	大きい犬のお姉さん		掛け		
		ドッグフードS	5個	@600円	3,000	
		ドッグフードL	10個	@1,500円	15,000	18,000
	20	ペットショップ		現金返品		
		ドッグフードM	1個	@1,000円		1,000
	31			総売上高		28,000
	〃			売上戻り高		1,000
				純売上高		27,000

売上先（得意先）の名前／代金の支払方法／日付／赤色／黒色の合計→総売上高／赤色の合計→売上戻り高／黒色－赤色→純売上高

赤色で書くのは、どんなものがあるの？

返品を**赤字**で書くんだ。仕入でも売上でも同じなんだよ。

重要度★

売掛金元帳（得意先元帳）

得意先別に売掛金の状況を把握するために作られる帳簿を売掛金元帳（得意先元帳）といいます。これで回収状況の確認をします。

売掛金元帳は、**得意先別に売掛金の増減を記録した帳簿**です。

例題 8月 1日 7月末のペットショップへの売掛金残高は12,000円であった。
7日 ペットショップへ商品16,000円を掛けで売り上げた。
20日 7日に販売した商品1,000円が返品された。
31日 ペットショップの売掛金10,000円を現金で回収した。

解答

得意先の名前を書く

売掛金のホームポジションは左（借方）。残高が借方なので「借」と書く

売 掛 金 元 帳
ペットショップ

X1 年		摘 要	借 方	貸 方	借/貸	残高
8	1	前月繰越	12,000		借	12,000
	7	掛け売り上げ	16,000		〃	28,000
	20	返品		1,000	〃	27,000
	31	売掛金の回収		10,000	〃	17,000
	〃	次月繰越		17,000		
			28,000	28,000		
9	1	前月繰越	17,000		借	17,000

日付 → 8/1、赤色 → 次月繰越、合計 → 28,000

売掛金元帳も、お金を回収できたか確認するためのものなの？

うん、**代金回収がすべて行われているか**を確認するためのものなんだ。商品を渡した後にお金がもらえないと、タダで渡したことになるからね。

なるほど、お金を回収するのは大切なんだ。

Chapter21-14

重要度★

手形記入帳

支払手形の状況を確認するための帳簿を**支払手形記入帳**、受取手形の状況を確認するための帳簿を**受取手形記入帳**といいます。

手形記入帳は、手形の発生と支払い・回収状況を記録した帳簿です。

例題：支払手形の取引　支払場所はすべて関東銀行とする。

10月10日　ネオDog（株）から商品6,000円を仕入れ、約束手形（手形番号101）を振り出した。満期日は12月10日。

11月10日　ネオDog（株）の買掛金12,000円を支払うため、約束手形（手形番号201）を振り出した。満期日は2月10日。

12月10日　約束手形（手形番号101）が決済された。

解答

支払手形記入帳

X1年		手形種類	手形番号	摘要	受取人	振出人	振出日		満期日		支払場所	手形金額	てん末		
							月	日	月	日			月	日	摘要
10	10	約手	101	仕入	ネオDog㈱	当社	10	10	12	10	関東銀行	6,000	12	10	支払
11	10	約手	201	買掛金	ネオDog㈱	当社	11	10	2	10	関東銀行	12,000			

決済したので支払と書く

空欄。未払の状況

例題：受取手形の取引　支払場所はすべて関東銀行とする。

9月20日　ペットショップに商品10,000円を売り上げ、約束手形（手形番号10）を受け取った。満期日は11月20日。

10月20日　ペットショップの売掛金を20,000円を約束手形（手形番号21）で受け取った。満期日は2月20日。

11月20日　約束手形（手形番号10）が決済された。

解答

受取手形記入帳

X1年		手形種類	手形番号	摘要	支払人	振出人または裏書人	振出日		満期日		支払場所	手形金額	てん末		
							月	日	月	日			月	日	摘要
9	20	約手	10	売上	ペットショップ	ペットショップ	9	20	11	20	関東銀行	10,000	11	20	入金
10	20	約手	21	売掛金	ペットショップ	ペットショップ	10	20	2	20	関東銀行	20,000			

決済されたので入金と書く

空欄。未回収の状況

動画解説

練習問題 Chapter21 10-14

問題1 P.370、P.371

次の取引について、仕入帳の記帳、買掛金元帳の記帳と繰り越しを行いなさい。各帳簿の摘要欄に記入する語句は次の中から最も適当と思われるものを選びなさい。

総仕入高	**ドッグフード工場**	**買掛金の支払い**
純仕入高	**ドッグフードS**	**掛け仕入れ**
仕入戻し高	**ドッグフードM**	**前月繰越**
掛け	**ドッグフードL**	**次月繰越**
掛け返品	**支払手形**	**損益**

10月 7日 ドッグフード工場からドッグフードM600円を150個仕入れ、約束手形を振り出した。
10日 ドッグフード工場の買掛金40,000円を現金で支払った。
16日 ドッグフード工場からドッグフードS400円を20個、ドッグフードL1,000円を60個、掛けで仕入れた。
18日 16日に購入したドッグフードLを10個返品した。

[答案用紙]

仕入帳

X1年		摘要	内訳	金額

買掛金元帳

ドッグフード工場

X1年		摘要	借方	貸方	借/貸	残高
10	1	前月繰越		62,000	貸	62,000

問題2

P.374

当期の受取手形の取引は次の通りである。受取手形記入帳の記帳を行いなさい（手形はすべて関東銀行が支払場所である）。

7月11日　ペットショップに商品80,000円を売り上げ、約束手形（手形番号31）を受け取った。満期日は9月11日。

8月15日　ペットショップの売掛金30,000円を約束手形（手形番号42）で受け取った。満期日は12月15日。

9月11日　約束手形（手形番号31）が決済された。

［答案用紙］

受取手形記入帳

X1年		手形種類	手形番号	摘要	支払人	振出人または裏書人	振出日		満期日		支払場所	手形金額	てん末		
							月	日	月	日			月	日	摘要

解説・解答

問題1

❶取引を記入する。返品は赤字で記入する。❷総仕入高、仕入戻し高、純仕入高を求める。❸合計線・二重線を引き、帳簿を締め切る。

仕　入　帳

X1 年		摘　　要			内　訳	金　額
10	7	ドッグフード工場		支払手形		
		ドッグフードM	150個	@600円		90,000
	16	ドッグフード工場		掛け		
		ドッグフードS	20個	@400円	8,000	
		ドッグフードL	60個	@1,000円	60,000	68,000
	18	ドッグフード工場		掛け返品		
		ドッグフードL	10個	@1,000円		10,000
	31			総 仕 入 高		158,000
	〃			仕入戻し高		10,000
				純 仕 入 高		148,000

買　掛　金　元　帳

ドッグフード工場

X1 年		摘　　要	借　方	貸　方	借/貸	残高
10	1	前月繰越		62,000	貸	62,000
	10	買掛金の支払い	40,000		〃	22,000
	16	掛け仕入れ		68,000	〃	90,000
	18	掛け返品	10,000		〃	80,000
	31	次月繰越	80,000			
			130,000	130,000		
11	1	前月繰越		80,000	貸	80,000

問題 2

❶7月11日、8月15日に手形を受け取ったので、日付欄～手形金額欄を記入する。❷9月11日に手形番号31が決済されたので、てん末欄に記入する。

受　取　手　形　記　入　帳

X1 年		手形種類	手形番号	摘要	支払人	振出人または裏書人	振出日		満期日		支払場所	手形金額	てん末		
							月	日	月	日			月	日	摘要
7	11	約 手	31	売 上	ペットショップ	ペットショップ	7	11	9	11	関東銀行	80,000	9	11	入金
8	15	約 手	42	売掛金	ペットショップ	ペットショップ	8	15	12	15	関東銀行	30,000			

Chapter21-15

重要度★★★

補助簿の選択問題

帳簿の問題では、取引を見てどの補助簿（ほじょぼ）へ記入するのかを選択する問題が出題されます。

勘定科目と補助簿の関係

仕訳を書いたときに次の勘定科目が出てくると、それに対応した補助簿に記入します。仕入と売上は、商品の出入りがあるため、商品有高帳にも記入する点に注意が必要です。

取引	勘定科目	補助簿
現預金	現金	現金出納帳
	当座預金	当座預金出納帳
	小口現金	小口現金出納帳
仕入	仕入	仕入帳、商品有高帳
	支払手形	支払手形記入帳
	買掛金	買掛金元帳（仕入先元帳）
売上	売上	売上帳、商品有高帳
	受取手形	受取手形記入帳
	売掛金	売掛金元帳（得意先元帳）
固定資産	建物、備品など	固定資産台帳

補助簿の選択問題

補助簿の選択問題とはどのようなものか、例題を使って見ていきましょう。

例題　当社のX1年6月中の取引は次の通りであった。それぞれの日付の取引がどの補助簿に記入されるのか、該当する補助簿の欄に○印を付して答えなさい。

6月 4日　札幌商店から商品￥200,000を仕入れ、代金は掛けとした。

10日　札幌商店に対する掛け代金￥120,000を当座預金から札幌商店の銀行口座へ振り込んだ。

20日　札幌商店に対する掛け代金￥80,000の支払いとして、約束手形を振り出した。

[答案用紙]

日付＼帳簿		現金出納帳	当座預金出納帳	商品有高帳	売掛金元帳(得意先元帳)	買掛金元帳(仕入先元帳)	仕入帳	売上帳	受取手形記入帳	支払手形記入帳
6	4									
	10									
	20									

解説

ステップ1 まず仕訳を書きます。

6月 4日　**仕入　200,000／買掛金　200,000**

10日　**買掛金120,000／当座預金120,000**

20日　**買掛金　80,000／支払手形　80,000**

ステップ2 次に仕訳を見ながら補助簿の欄に○を付けます。

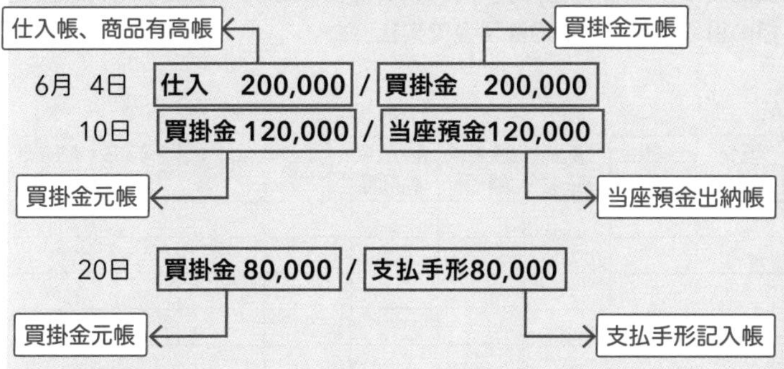

解答

日付＼帳簿		現金出納帳	当座預金出納帳	商品有高帳	売掛金元帳(得意先元帳)	買掛金元帳(仕入先元帳)	仕入帳	売上帳	受取手形記入帳	支払手形記入帳
6	4			○		○	○			
	10		○			○				
	20					○				○

動画解説

練習問題 Chapter21 15

次の取引がどの補助簿に記入されるのか、該当する補助簿の欄に○印を付して答えなさい。

(1) 和歌山商店に仕入原価¥55,000の商品を¥98,000で販売し、代金のうち¥38,000は同店振り出しの約束手形を受け取り、残額は掛けとした。

(2) 山形商店より商品¥70,000を仕入れ、代金のうち¥20,000は小切手を振り出し、残額は約束手形を振り出して支払った。

(3) 山形商店に対する買掛金¥50,000を支払うために、約束手形を振り出した。

(4) 青森商店振り出しの約束手形¥300,000が満期を迎え、当社の当座預金口座に無事入金された旨の連絡が取引銀行より届いた。

(5) 秋田商店より商品¥45,000を仕入れ、代金は掛けとした。なお、当社負担の引取運賃¥2,000は現金で支払った。

[答案用紙]

	現金出納帳	当座預金出納帳	商品有高帳	売掛金元帳(得意先元帳)	買掛金元帳(仕入先元帳)	仕入帳	売上帳	受取手形記入帳	支払手形記入帳
(1)									
(2)									
(3)									
(4)									
(5)									

解説・解答

ステップ1 まず仕訳を書く。

(1) **受取手形 38,000 / 売上98,000**
　　売掛金　60,000 /

(2) **仕入 70,000 / 当座預金 20,000**
　　　　　　　　/ 支払手形 50,000

(3) **買掛金 50,000 / 支払手形 50,000**

(4) **当座預金 300,000 / 受取手形 300,000**

(5) **仕入 47,000 / 買掛金 45,000**
　　　　　　　　/ 現金　　2,000

ステップ2 次に仕訳を見ながら補助簿の欄に○を付ける。

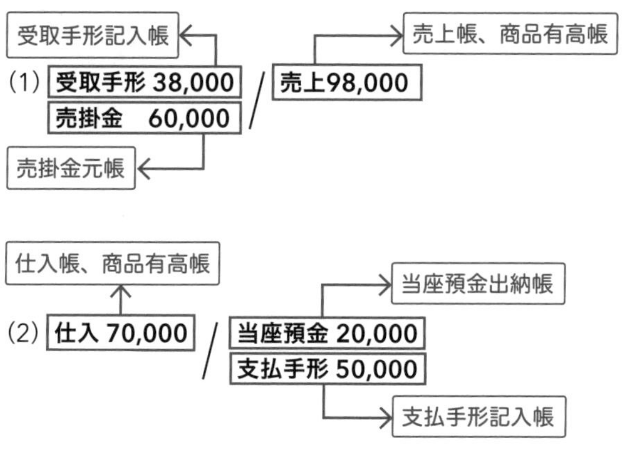

(3) **買掛金 50,000** / **支払手形 50,000**
買掛金元帳 ← 買掛金　支払手形 → 支払手形記入帳

(4) **当座預金 300,000** / **受取手形 300,000**
当座預金出納帳 ← 当座預金　受取手形 → 受取手形記入帳

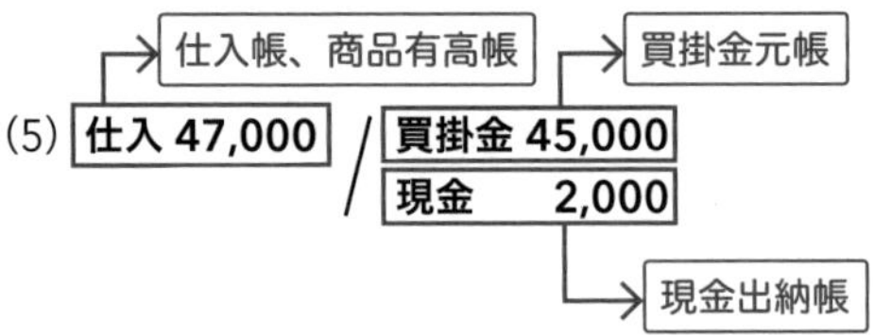

解答

	現金出納帳	当座預金出納帳	商品有高帳	売掛金元帳（得意先元帳）	買掛金元帳（仕入先元帳）	仕入帳	売上帳	受取手形記入帳	支払手形記入帳
(1)			○	○			○	○	
(2)		○	○			○			○
(3)					○				○
(4)		○						○	
(5)	○		○		○	○			

豆知識 計算用紙（下書き用紙）の使い方

日商簿記3級の試験では、計算用紙を使って計算や下書きを行い、そこで得られた仕訳や金額を答案用紙に書くことになります。本書の練習問題や総仕上げ問題集を解くさいにも、答案用紙とは別に、白紙やノートなどを用意して計算や下書きを書く練習をしてください。
試験でも計算用紙を使いますが、統一試験（紙の試験）とネット試験でもらえる計算用紙の形式が違うので、別々にご紹介します。

統一試験（紙の試験）

統一試験（紙の試験）では問題用紙、答案用紙、計算用紙が同じ冊子に綴じこまれており切り離すことができません。そこで、計算や下書きは問題用紙や答案用紙の余白部分や、計算用紙を広げた部分に書くと見やすいです。試験会場の机が狭く計算用紙を広げられない場合には、計算用紙を折って使うと省スペースになります。

ネット試験

ネット試験ではA4サイズの白紙を2枚もらえます。A4サイズの下書き用紙を半分に折って使うと、スペースを有効利用し、たくさん書くことができます。

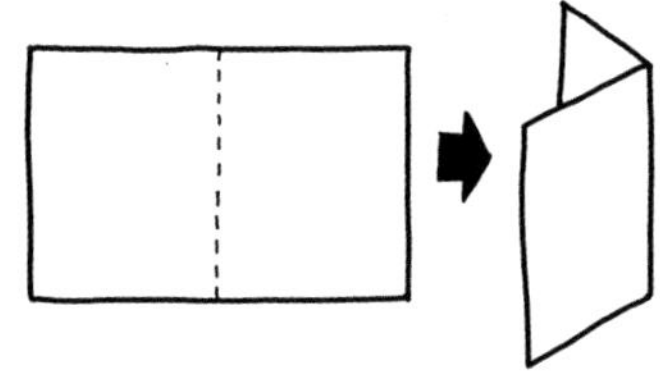

この本が終わったら、何をすればいいの？

【購入特典】ネット試験の模試を受けてみる

本書の購入特典として「パブロフ簿記」のホームページで、ネット試験（CBT方式）の模試が体験できます。ソフトをダウンロードする必要がなく、ネット環境さえあれば、パソコンでもスマートフォンでも問題を解くことができます。ネット試験を受験される方は、実際の試験と同じようにパソコンで解くのがオススメですが、パソコンがない場合はスマートフォンで体験してみてください。

購入特典 パブロフ簿記ネット試験の体験ページ

パソコンのWebブラウザに次のURLを入力するか、スマートフォンでQRコードを読み取り、特典のWebページにアクセスします。そこからパスワードを入力するとネット試験の模擬試験を解くことができます。

https://pboki.com/net/t3s2024.html
3級テキスト＆問題集専用パスワード：w75e

※本書の購入特典は簡単にネット試験を体験できるように、受験者情報の入力等は省略していますので、日商簿記のネット試験とは少し仕様が異なる点をご了承ください。
また、本書の購入特典であるネット試験の体験ページの提供期間は2025年3月末までとなります。

問題をたくさん解く

日商簿記検定では「問題を読んで理解する」→「計算用紙（下書き）を使って計算し、仕訳を書く」→「答案用紙に解答を書く」という流れで解答を導きます。

そのため、日商簿記検定に合格するためには、テキストを理解するだけでなく、自分の手を動かして問題をたくさん解く練習が必要です。

本書の練習問題を解いていない方

本書の練習問題をまだ解いていない場合は、ぜひ一度、自分の手を動かし

て解いてみてください。練習問題の答案用紙は次のURLからダウンロードすることができます

https://www.shoeisha.co.jp/book/download/9784798182001

答案用紙をダウンロードして印刷する環境がない方は、白紙を用意して仕訳（解答）を書くことをオススメします。精算表などの問題は、テキストに直接書き込むか、テキストの答案用紙を拡大コピーして書き込んでください。

本書の練習問題をすべて解き終わった方

本書の練習問題をすべて解き終わった場合は、基本的な簿記の問題には慣れているといえます。本書と同じシリーズの『パブロフ流でみんな合格 日商簿記3級 総仕上げ問題集』を使って、試験レベルの問題に取り組んでみてください。

動画で解き方を学ぶ

本書では、すべての練習問題について、動画で解き方を詳しく解説しています。苦手な問題や、解き方がわからない問題は、練習問題の各ページに付いているQRコードを読み取って動画解説をご覧ください。ネット環境があれば、パソコンやスマートフォンから無料で見ることができます。

ブログ「パブロフ簿記」で受験情報をチェックする

著者のブログ「パブロフ簿記」では、試験の最新情報などを発信しています。本書についての質問も受け付けている他、「よくある質問」では今までの質問もご覧になれます。

https://pboki.com/

INDEX
索引

英数字

あ

か

さ

た

な

ら

著者紹介

よせだあつこ

willsi 株式会社取締役。公認会計士。
監査法人トーマツを経て willsi 株式会社を設立。著書『パブロフ流でみんな合格　日商簿記3 級』は Amazon 簿記検定部門で売り上げ 1 位を獲得。簿記学習アプリ「パブロフ簿記」はシリーズ累計 100 万ダウンロードの大ヒット。簿記ブログ「パブロフ簿記」は月間 140 万ページビューを超すなど、簿記受験生から絶大な支持を得ている。簿記講師や監査法人での実務経験から、わかりやすい解説・合格できる解法を受験生へ伝えている。プログラミング・イラスト・漫画などなんでもこなすレアな会計士。

▶ブログ

著者のブログに、問題の動画解説・試験前の過ごし方・当日の持ち物などの情報を掲載。こちらで質問も受け付けています。
https://pboki.com/

▶簿記アプリ

「パブロフ簿記 3 級」好評発売中！
Android、iPhone のアプリマーケットで「パブロフ」と検索。

表紙・本文デザイン　大下賢一郎
DTP　マーリンクレイン

簿記教科書 パブロフ流でみんな合格
日商簿記 3 級 テキスト&問題集 2024 年度版

2024 年 2 月 22 日　初版第 1 刷発行
2024 年 5 月 25 日　初版第 2 刷発行

著　　者　よせだあつこ
発 行 人　佐々木 幹夫
発 行 所　株式会社 翔泳社（https://www.shoeisha.co.jp）
印刷・製本　日経印刷 株式会社

ISBN978-4-7981-8200-1　Printed in Japan